"十三五"工商管理类课程规划教

商品养护

于 威 郑晓楠 主编

Maintenance

of

Commodity

经济管理出版社
ECONOMY & MANAGEMENT PUBLISHING HOUSE

图书在版编目（CIP）数据

商品养护/于威，郑晓楠主编. —北京：经济管理出版社，2015.12
ISBN 978-7-5096-4171-2

Ⅰ.①商… Ⅱ.①于… ②郑… Ⅲ.①商品养护—高等职业教育—教材 Ⅳ.①F760.4

中国版本图书馆 CIP 数据核字（2016）第 007304 号

组稿编辑：王光艳
责任编辑：许 兵 张 荣
责任印制：黄章平
责任校对：超 凡

出版发行：经济管理出版社
　　　　　（北京市海淀区北蜂窝 8 号中雅大厦 A 座 11 层　100038）
网　　　址：www. E-mp. com. cn
电　　　话：(010) 51915602
印　　　刷：三河市延风印装有限公司
经　　　销：新华书店
开　　　本：720mm×1000mm/16
印　　　张：21.25
字　　　数：357 千字
版　　　次：2016 年 3 月第 1 版　2016 年 3 月第 1 次印刷
书　　　号：ISBN 978-7-5096-4171-2
定　　　价：68.00 元

前言

　　商品养护是连锁经营、市场营销、电子商务、物流管理等经济管理类专业的必修课程之一，其中连锁经营、市场营销、电子商务侧重于商品养护基础知识（商品学）的学习，物流管理侧重于商品专业养护知识的学习。本书在内容编写上更侧重于连锁经营、市场营销、电子商务三个专业的岗位知识，以商品营销所需商品学知识、商品销售和家庭养护知识为主，以专业养护为辅。通过本书的学习，学生可以学到足够用的商品分类、商品目录、商品质量、商品标准、商品检验、商品包装等商品学总论知识，可以系统、全面地学到食品、纺织品、日用工业品等几大类商品的基本属性以及分类知识、质量要求与检验知识、流通领域养护操作知识，为以后从事相关专业工作打下一定基础。

　　本书体例上有一定独特之处，每一小节都设立了"商品故事"、"知识储备"、"讨论时间"三个环节，小节内针对个别问题以"引例"的形式进行了详细的应用解释，每章设有"能力训练"，强化高职学生对理论知识的应用能力。本书突出了基础性、应用性、实践性，注重高职学生的可持续发展，注重高职学生的商品文化素质培养。

　　参加本书编写的有大连职业技术学院的于威、郑晓楠、张敏、齐迹、赵明晓、李志波、刘丹。编写的具体分工为：

于威编写绪论、第 1 章、第 4 章、第 5 章、第 7 章、第 8 章，郑晓楠编写第 10 章，齐迹编写第 3 章，刘丹编写第 6 章，张敏编写第 2 章，李志波、赵明晓编写第 9 章。全书由于威和郑晓楠主编，负责提纲拟定，总纂定稿。

本书在编写的过程中吸收、引用、借鉴了有关专家、学者的研究成果，无论参考文献中是否列出，在此对这些文献的作者和译者表示由衷的感谢和诚挚的谢意。本书在编写过程中得到了大连职业技术学院的大力支持，在此表示感谢。

由于编者水平有限，书中难免有不当和疏漏之处，欢迎读者和专家提出意见、批评和指正。

目录

绪论

商品养护就是对商品的养护，若想养护好商品，首先必须了解商品、认识商品，才能做好养护工作。商品养护是贯穿整个供应链管理的，在连锁零售行业中涉及的职业岗位包括销售、仓储配送、运输、装卸、采购等。

学习内容

商品养护要立足于职业岗位，对于商品养护的内容本书主要从以下几个方面进行学习研究：

（1）研究商品分类。商品分类是商品科学研究的基础，是商品运营管理的重要手段。商品分类的研究内容主要有商品分类的概念、原则、标志选用、方法及应用；企业商品目录的编制、常见商品目录介绍。

（2）研究商品质量与质量管理。商品质量是商品养护的中心内容，是企业和消费者关心的热点，也是商品进入市场流通的通行证。提高和保证商品质量是人们生活水平日益提高的需要，也是增强我国国民实力的需要。

研究商品质量的内容主要有商品质量的概念及商品质量的构成、有形商品质量的基本要求和服务质量、流通和消费过程对商品质量的影响；商品质量管理的发展阶段、质量管理的工具和方法；质量认证及质量体系认证，质量认证标志。

（3）研究商品检验与评价。商品检验是对商品质量进行控制和管理的一种有效手段。建立快速、准确、实用的商品检验方法，用于商品验收和质量监督检验，对防止不合格商品和假冒伪劣商品进入流通领域、确保商品的质量、保证商品品质规格和要求、保护消费者的权益具有重要的作用。商品标准是评价商品质量好坏的理论依据，加速采用国际标准和国外先进标准，对促进技术进步，提高产品质量，加快与国际惯例接轨具有重要的意义。

商品检验和商品标准的研究内容主要有商品检验的概念、种类和作用，商品检验中的抽样，商品检验的项目及依据，商品检验的常用方法；商品标准的概念、分类，商品标准的分级，商品标准化。

（4）研究商品包装。商品包装是商品生产的重要组成部分，绝大多数商品只有经过包装，才算完成生产过程，才能进入流通领域和消费领域。商品包装和装潢也是一种特殊商品，本身具有价值和使用价值，包装和装潢是促使被包装商品实现其价值和使用价值的手段。

商品包装的研究内容主要有商品包装的概念、功能，合理化包装，包装材料和包装技法，包装标识。

（5）实用商品知识介绍。实用商品知识介绍以食品、日用品、纺织品等大类商品为例，分别从商品故事、分类、质量特性、质量检验、包装、储运等方面进行常见商品的自然属性和社会属性的重点介绍。为储运养护奠定基础。

（6）研究商品储运和养护。商品从被生产商生产出来最终由零售商进行销售，这一管理过程中不可或缺的环节就是储运，在这一环节中最容易出现商品的损耗与质量下降。因此，储运养护成为保证商品使用价值实现的主要手段之一。

商品储运和养护的研究内容主要有商品的成分与性质，影响商品质量性质变化的主要因素及控制，商品养护的技术和方法，商品的储运管理简介。

学习任务

商品养护课程归属于商品学学科，对商品规划开发—生产—流通—消费—废弃全过程实行科学管理和决策服务，肩负着指导商品使用价值的形成、评价、维护、实现和再生的任务。

（1）指导商品使用价值的形成。通过对商品各种属性、商品资源和市场调查预测、商品的需求研究等手段，不仅可以促进对商品个体使用价值内容的掌握，同时也可以促进对商品群体使用价值的了解，为有关部门实施商品结构调整、商品科学分类、商品的进出口管理与质量监督管理、制定商品标准及政策法规提供决策的科学依据，为企业提供有效的商品需求信息，提出对商品的质量要求和品种要求，指导商品质量改进和新产品的开发。

（2）评价商品使用价值的高低。为保障商品使用价值的实现，要通过检验与测定手段，督促保障商品质量符合标准，维护市场秩序，保护消费者合法权益，创造公平平等的商品交换条件。

（3）防止商品使用价值的降低。对不同的商品，我们为防止质量发生不良变化而造成使用价值的降低甚至消失，在包装、运输、装卸、储存的条件和方法上要适宜。

（4）促进商品使用价值的实现。商品知识需要普及，减少盲目消费。指导消费者认识商品、了解商品、科学选购和使用商品，掌握正确的消费方式和方法，促成交易，促成商品使用价值的实现。

（5）研究商品使用价值的再生。商品废弃物和包装废弃物不可避免地出现在我们的生活中，如何处置、回收和再生等技术问题需要进行研究，以此推动资源节约、低碳生活、保护环境的绿色行动。

| 第 1 章 |

商　品

目标分解

　　知识目标：掌握商品、商品使用价值的概念

　　　　　　　理解商品的构成与使用价值、不同供应链、不同环节商品的分类

　　技能目标：能够进行商品构成的分解

　　　　　　　能够进行商品使用价值分析

　　素养目标：激发学生对商品的兴趣、对生活的热爱

　　　　　　　培养学生整体思考问题的能力

　　　　　　　商品文化与学生人文素质融合提升

1.1　商品的内涵

商品故事

香奈儿 5 号香水

　　1921 年 5 月，当香水创作师恩尼斯·鲍将他发明的多款香水呈现在香奈儿夫人面前让她选择时，香奈儿夫人毫不犹豫地选择了第 5 款，即现在誉满全球的香

奈尔 5 号香水。然而，除了那独特的香味以外，真正让香奈儿 5 号香水成为"香水贵族中的贵族"的却是那个看起来不像香水瓶，反而像药瓶的创意包装。

服装设计师出身的香奈儿夫人，在设计香奈儿 5 号香水瓶时别出心裁。"我的美学观点跟别人不同：别人唯恐不足地往上加，而我一项项地减除。"这一设计理念，让香奈儿 5 号香水瓶简单的包装设计在众多繁复华美的香水瓶中脱颖而出，成为最怪异、最另类，也最为成功的一款造型。香奈儿 5 号以其宝石切割般形态的瓶盖、透明水晶的方形瓶身造型、简单明了的线条，带来一种新的美学观念，并迅速俘获了消费者的心。从此，香奈儿 5 号香水在全世界畅销 80 多年，至今仍然长盛不衰。

1959 年，香奈儿 5 号香水瓶以其所表现出来的独有的现代美荣获"当代杰出艺术品"的称号，跻身于纽约现代艺术博物馆的展品行列。香奈儿 5 号香水瓶成为名副其实的艺术品。对此，中国工业设计协会副秘书长宋慰祖表示，香水作为一种奢侈品，最能体现其价值和品位的就是包装。"香水的包装本身不但是艺术品，也是其最大的价值所在。包装的成本甚至可以占到整件商品价值的 80%。香奈儿 5 号的成功，依靠的就是它独特的、颠覆性的创意包装。"

资料来源：周素萍. 商品包装标志技术［M］. 武汉：华中科技大学出版社，2011.

思考：香奈儿 5 号这一商品都包含了哪些要素？

知识储备

商品是用来交换的劳动产品，具有使用价值和价值两种属性。

商品的概念有两层含义：一是狭义的商品，是指通过市场交换、能够满足人们社会需要的物质形态的劳动产品；二是广义的商品，是指通过市场交换、能够满足人们社会消费需要的所有形态的劳动产品。大数据时代的到来、技术创新的提速使商品的发展呈现出知识化、软件化、服务品牌化等趋势和特点，商品不再局限于需求与经济的结合，开始了需求、文化与经济的结合。

1.1.1　商品的特征

我们将物品划分为劳动产品、天然物品，商品与二者相比具有以下特征：

（1）商品是具有使用价值的劳动产品。商品属于劳动产品，某些天然物，如空气、海水等虽然具有使用价值，但因其不是劳动产品，所以不属于商品。商品具有使用价值，假冒伪劣和残次品（三聚氰胺超标的奶粉）不具有使用价值，不能算作商品。

（2）商品是供社会和别人消费的劳动产品。劳动产品按用途可分为自给自足产品和市场交换产品。自给自足的产品是用来满足自我需要的劳动产品，如服装工厂的半成品、农业基地的自用农产品，它们只对生产者具有使用价值，但对别人没有使用价值，所以不是商品。

（3）商品是通过交换到达消费者手中的劳动产品。商品的交换存在有偿交换和无偿赠予两种形式。有偿交换必须进入市场，并受市场规律的支配，这时才能实现交换价值向使用价值的转变，才能称为商品。

1.1.2　商品的构成

消费者购买商品，其本质是购买一种需求，这种需求体现在商品购买和消费的全过程，包含了对商品本身和无形服务的需求。因此，商品能给人们带来实际功能效用利益和心理需求利益，这两部分构成了商品的整体。

（1）商品体。商品体是人们利用原材料，通过有目的、有效用的劳动投入而创造出来的具体劳动产物。它本身的成分、结构使其具有一定的物理性能、化学性能、生理生化性能等，这些性能使商品体表现出一定的功能或效用，从而满足消费者需要。

（2）有形附加物。商品的有形附加物包括商品名称、商标及其注册标记或品牌、商品条码、商品包装及其标识、专利标记及其原产地标志或证明、质量及安全卫生标志、环境标志、商品使用说明标签或标识、检验合格证、使用说明书、维修卡、购货发票等。

（3）无形附加物。无形附加物是指人们购买有形商品时所获得的各种有形附加物或附加利益，例如，送货服务、免费安装与维修、退换货服务、使用培训、分期付款等。

【引例 1-1】常见商品的构成（见表 1-1）

分析：附加物对商品销售的意义。

表1-1　商品的构成

具体商品	商品体	有形附加物	无形附加物
白茶白牡丹	一芽二叶	包装材料、包装标识等	现场品鉴、储存方法介绍
白茶白毫银针	单芽	包装材料、包装标识等	现场品鉴、储存方法介绍

资料来源：根据资料整理。

讨论时间

香奈儿5号这一商品都包含了哪些要素？

1.2　商品使用价值的认识

商品故事

太姥传仙茶

尧时，太姥山下一农家女子，避战乱逃至山中，栖身鸿雪洞，以种蓝为业，乐善好施，人称蓝姑。那年山里麻疹流行，无数患儿因无药救治而夭折。一日夜里，蓝姑梦见南极仙翁，仙翁告诉她：鸿雪洞顶有一株小树叫茶，是几年前他给王母娘娘御花园送茶种时掉下的一粒种子长成的，它的叶子是治疗麻疹的良药。蓝姑惊喜醒来，趁月色攀上洞顶，在榛莽之中找到那株与众不同的茶树，迫不及待地采下绿叶，晒干后送到每个山村。

神奇的茶叶终于战胜了麻疹病魔。从此，蓝姑精心培育这株仙茶，并教四周的乡亲一起种植。很快，整个太姥山区就变成了茶乡。晚年，蓝姑在南极仙翁的指点下羽化升天，人们感其恩德，尊称她为太姥娘娘，太姥山也因此而得名。

太姥娘娘传种仙茶的故事一直在民间流传下来，她所传制的茶叶就是现在流行的福鼎白茶。至今，在太姥山鸿雪洞还留有一株据说是她亲手种植的福鼎大白茶母株，目前已被列入福建省古树保护名录。

资料来源：根据网络资料整理。

思考：人们为什么要学习培育茶树的方法？

知识储备

1.2.1　消费者需求

消费者需求就是指在一定时间内和一定价格条件下，消费者对某种商品或服务愿意而且能够购买的数量。需求的构成要素有两个：一是消费者愿意购买，即有购买欲望；二是消费者能够购买，即有支付能力，二者缺一不可。

（1）分析消费者行为。想要商品最终为消费者所用，无论是从事生产、存储，还是物流运输、营销等职业都需要了解消费者需要什么类型的商品，需要分析消费者行为。

消费者的购买行为受到文化、社会、个人和心理因素的影响，其中文化因素的影响最为广泛和深远。

文化是一个非常广泛的概念，它在一定程度上影响和决定着人类的欲望和行为。一个人的受教育程度不同，形成的基本价值、认知、偏好和行为的整体观念就不同，对商品的需求也就存在着不同；不同民族、宗教、地理区域的消费者对商品的需求也存在不同；不同社会阶层的消费者对商品的需求也不同。

【引例 1-2】生活方式与消费者的行为（见表 1-2）

分析：消费者生活方式对消费行为的影响。

表 1-2　生活方式与消费行为

消费者生活方式分析	商品
健康	有机、节能、环保、绿色、生态
勤俭节约	低价格
快节奏	快捷、方便

资料来源：根据资料整理。

（2）细分消费者市场。细分消费者市场的目的是通过识别消费者的不同而进行生产、储运、营销计划的调整，最终获得利润。一些主要的细分变量有地理、人文、心理和行为因素。

地理细分要求把市场划分为不同的地理区域单位，如国家、省、市、县（区）。越来越多的公司利用地图软件来展示顾客的地理位置。如一个零售商可以意识到许多顾客在 16.0934 千米（10 英里）半径范围内，并进一步地集中于中心区域，使得他可以更有效地进行有针对性的沟通。不同地理区域，其人文因素也存在很大差别，有些研究把地理细分和人文细分结合起来，提供丰富的对消费者的描述。

人文细分是市场按人文变量细分，如以年龄、性别、家庭规模、家庭生命周期、社会阶层、收入、职业、教育、宗教、种族、代沟、国籍为基础，划分出不同的群体。人文变量是区分消费者群体最常用的基础。

心理细分是根据消费者的社会阶层、生活方式和个性特点，将消费者划分成不同的群体。在同一人文群体中可能存在极大差异的心理特性。

行为细分是根据消费者对一件商品的了解程度、使用情况或反应，将他们划分成不同的群体。

1.2.2　商品的属性

前面陈述商品具有使用价值和价值两种属性，商品的价值属性我们这里不做论述，商品的使用价值属性是本教材论述的重点。下面围绕商品的使用价值阐述商品的自然属性与社会属性。

商品的自然属性构成了使用价值的物质基础，是商品使用价值形成和实现的重要依据和必要条件。

商品的社会属性（除商品价值之外）构成了商品使用价值的社会基础，是社会需要和市场交换需要必不可少的组成部分，是商品使用价值实现的必要条件。

商品的社会属性包括商品的适应性、时代性、心理性、文化性、流行性、民族性、区域性、可持续发展性等，与其相关的商品市场质量、美学质量、包装质量（社会属性部分）综合构成了社会属性方面的商品质量。商品的社会属性具有相对变化性。

商品的自然属性包括商品的功能、性能、性质、成分、结构等。不同效用的商品有着不同的用途、使用方法和使用条件，与此相关的各种属性综合构成了自然属性方面的商品质量。商品的自然属性具有相对稳定性。

对于商品的生产经营者来说，要根据商品社会属性的相对变化性和商品自然属性的相对稳定性，一切从消费者需求出发，不断调整商品结构，生产经营适销对路的商品。

1.2.3 商品使用价值

商品的使用价值是指商品的功能或效用，即商品为了满足消费者的一定需要所能提供的可靠的、必需的功能或效用，如电冰箱的功能或效用是冷藏食物等。

（1）商品的使用价值表示商品和人之间的自然关系，实际上表示商品为人而存在。商品有需求者，可生存；无需求者，即淘汰。商品的使用价值是由商品的属性与人的需要相互作用而形成的。人的需求的不断变化，引导着商品品种多样化与商品质量的不断提升。决定了商品的生产者、经营者要不断地调整商品结构、更新商品品种，使生产企业和商业企业将主观上追求利润与客观上生产销售具有社会使用价值的商品有机地结合成一体。

（2）商品的属性与人的需要的吻合程度决定使用价值的大小。商品的使用价值主要是由商品的自然属性决定的。但商品及其属性本身还不是商品的使用价值，商品和它的属性只是商品使用价值的载体和客观基础。商品的使用价值依赖于人而存在：同样的商品对于不同的人群，表现出不同的使用价值；不同的商品对同样的人群，也可能表现出相同的使用价值。

【引例 1-3】茶叶，世界三大饮品之一。茶叶商品围绕其特有的功能和效用也出现了个性化、保健化、高档化、礼品化趋势（见表 1-3）

分析：消费者类型与商品使用价值的关系。

表 1-3　不同消费群体对茶叶使用价值的要求

消费者类型	对茶叶使用价值的要求
馈赠	保健化、礼品化、高档化
自用	保健化、个性化

资料来源：根据资料整理。

讨论时间

人们为什么要学习培育茶树的方法？请将您的认识写在下面。

_____

_____

_____

能力训练

实训：模拟门店的特色经营
一、实训内容

项目名称	模拟门店的特色经营
时间	40分钟
场景	专卖店的商品确立
商品	待定
目的与目标	1. 结合"商品的构成"、"消费者市场细分"知识点，寻找模拟门店商品和服务特色 2. 结合对商品使用价值与人的需求之间的关系认识，明确模拟门店商品品类
要求	1. 结合所选择的专卖商品进行简单的商品构成分析描述 2. 结合消费者市场细分说明为什么选择此品类商品
准备工作	1. 小组成立，明确组长、组员，明确组长的岗位职责 2. 链接中国商品网，认识成千上万的商品
方法	1. 任务讨论 2. 撰写文案 3. 学生操作讲解

二、实训步骤

第一步　小组成立

（1）选组长、店长、助教三者合一。

（2）明确组员分工。

第二步　资料收集

（1）专卖店资料收集。

（2）目标顾客资料收集。

第三步　资料分析

（1）按要求和所学知识分析汇总收集资料。

（2）明确专卖店商品品类。

（3）明确专卖店目标顾客。

（4）撰写专卖店特色经营介绍文案。

第四步　展示讲解

专卖店特色经营文案与 PPT 展示。

三、操作要求

1. 纸张要求：学院作业纸。

2. 格式要求：字迹要求工整、清晰可辨认；标题居中，正文首行缩两格；落款右对齐，表格形式，内容为小组成员＋工作分工＋文案资料。

四、成绩评定

评价内容	分数	自我评价	小组互评	教师评价
PPT 设计	2			
文案资料分析	4			
文案格式	2			
语言表达	2			
合计	10			

本章小结

商品是用来交换的劳动产品，具有使用价值和价值两种属性。

商品整体构成包括商品体、有形附加物、无形附加物。

消费者需求就是指在一定时间内和一定价格条件下，消费者对某种商品或服务愿意而且能够购买的数量。需求的构成要素有两个：一是消费者愿意购买，即有购买欲望；二是消费者能够购买，即有支付能力，二者缺一不可。

消费者的购买行为受到文化、社会、个人和心理因素的影响。其中文化因素的影响最为广泛和深远。细分消费者市场主要的细分变量有地理、人文、心理和行为因素。

围绕商品的使用价值，商品的自然属性主要包括商品的功能、性能、性质、成分、结构等，商品的社会属性包括商品的适应性、时代性、心理性、文化性、流行性、民族性、区域性、可持续发展性等。

商品的使用价值是指商品的功能或效用，即商品为了满足消费者的一定需要所能提供的可靠的、必需的功能或效用。商品的使用价值表示商品和人之间的自然关系，实际上表示商品为人而存在。商品的属性与人的需要的吻合程度决定使用价值的大小。

知识测试

一、填空题

1. 需求的构成要素有两个：一是（   ），二是（   ），二者缺一不可。

2. 商品的构成包括商品体、（   ）、（   ）。

3. （   ）是商品使用价值的载体和客观基础。

4. 分期付款属于商品的（   ）。

5. 使用说明书属于商品的（   ）。

二、判断题

1. 消费者购买商品，其实质是购买一种需要。（   ）

2. 商品是使用价值和价值的对立统一体。（   ）

3. 商品的属性是构成其使用价值的物质基础。（   ）

4. 层次性好是线分类法最突出的优点。（   ）

5. 商品条码是商品目录的重要组成部分。（   ）

三、选择题

1. 商品的（   ）是本学科研究的中心内容。

A. 使用价值　　　B. 价值　　　　C. 质量　　　　D. 交换价值

2. 商品是具有使用价值的（   ）。

A. 劳动产品　　　B. 社会产品　　　C. 工业品　　　　D. 农产品

3. 商品的使用价值主要是由商品的（   ）决定的。

A. 自然属性　　　B. 社会属性　　　C. 经济属性　　　D. 政治属性

4. 商品使用价值是由（   ）和（   ）的吻合程度而形成的。

A. 商品属性　　　B. 消费者需求　　C. 商品质量　　　D. 商品价值

5. 从本质上说，消费者购买的不是商品本身，而是它的（   ）。

A. 功能或效用　　B. 附加服务　　　C. 使用价值　　　D. 价值

四、多项选择题

1. 商品的无形附加物有（   ）等。

A. 送货上门　　　B. 售后维修　　　C. 免费调试　　　D. 使用说明书

2. 商品的有形附加物有（　　）等。

A. 购物发票　　　　B. 条形码　　　　　C. 分期付款　　　　D. 使用说明书

3. 一些主要的细分变量有（　　）。

A. 地理因素　　　　B. 人文因素　　　　C. 心理因素　　　　D. 社会因素

4. 商品的使用价值就是商品的（　　）。

A. 功能　　　　　　B. 效用　　　　　　C. 价值性　　　　　D. 价格

5. 商品的自然属性包含了（　　）等。

A. 功能　　　　　　B. 性能　　　　　　C. 性质　　　　　　D. 成分　　　E. 结构

五、概念题

1. 商品

2. 商品的使用价值

六、简答题

1. 消费者购买行为的影响因素有哪些？

2. 细分消费者市场的变量有哪些？

3. 商品的自然属性与社会属性。

七、论述题

1. 以具体商品为例阐述商品的构成。

2. 以具体商品为例阐述商品使用价值与消费者需求的关系。

| 第 2 章 |

商品分类

目标分解

知识目标：了解商品分类的概念

掌握商品分类的过程

理解商品分类方法与标志的选用

技能目标：能够进行简单的商品集合分类

初步具备建立商品分类体系的能力

素养目标：丰富学生生活中的商品分类常识

培养学生生活中的归类能力

商品文化与学生人文素质融合提升

2.1 商品分类的内涵

商品故事

龙井茶的分类与分级

龙井茶因其产地不同，分为西湖龙井、钱塘龙井、越州龙井三种，除了西湖产区 168 平方公里内产的茶叶叫作西湖龙井外，其他两地产的俗称为浙江龙井。

西湖龙井按照产地不同，又有"狮（狮峰）、龙（龙井）、云（云栖）、虎（虎跑）、梅（梅家坞）"五个品牌，各自在产地小环境和炒制技巧上略有差异，导致茶叶品质各具特色。

因为采摘时间不同，分为"明前茶"和"雨前茶"。在清明前采制的叫"明前茶"，谷雨前采制的叫"雨前茶"。向来有"雨前是上品，明前是珍品"的说法。

最初，西湖龙井茶分为特级和一级至十级共 11 个级，其中特级又分为特一等、特二等和特三等，其余每个级再分为五个等，每个级的"级中"设置级别标准样。随后稍作简化，改为特级和一级至八级，共分 43 个等级。到 1995 年，进一步简化了西湖龙井的级别，只设特级（分为特二等和特三等）和一级至四级；同年，浙江龙井分为特级和一级至五级，共六个级别。

特级：一芽一叶初展，扁平光滑。

一级：一芽一叶开展，含一芽二叶初展，较扁平光洁。

二级：一芽二叶开展，较扁平。

三级：一芽二叶开展，含少量二叶对夹叶，尚扁平。

四级：一芽二、三叶与对夹叶，尚扁平，较宽、欠光洁。

五级：一芽三叶与对夹叶，扁平较毛糙。

资料来源：http://wenku.baidu.com/view/06623b0902020740be1e9b4d.html? from=search.

思考：为什么要进行商品分类？商品分类标志如何选用？

知识储备

2.1.1　商品分类的一般过程

商品分类是根据一定的管理目的，为满足商品生产、流通、消费活动的全部或部分需要，以所选择的适当的商品基本特征作为分类标志，将管理范围内的任何一个商品集合总体进行合理划分的过程。

（1）明确分类对象所包含的范围。我们要进行分类，是对一个集合总体进行分类，是一个明确范围的集合总体，是 100 件还是 50 件，对于工作者来说是明确已知的。

（2）明确分类的目的。不同的人，出于不同的目的，对相同的商品进行分类，也会出现不同的结果。同样是一批福鼎白茶，用于销售、储运、科研等不同的目的我们会进行不同的分类。

（3）选择适当的标志。《茶，一片树叶的故事》里向我们展示了采茶、制茶、品茶的那些事情。我们知道了毛茶、成品茶，这是按照茶叶的加工程度对茶叶进行的分类；我们经常说的白茶、黄茶、青茶、红茶、黑茶是按照制作方法进行的分类；我们又可以将白茶分为大白茶、小白茶和水仙白等，这是按照原材料的不同进行的分类。在不同的领域内，为了不同的管理目的我们会选择和管理需要相适应的分类标志。

2.1.2 商品分类标志的选用

合理的商品分类，让我们面对成千上万的商品可以做到了然于胸，有条不紊地开展各项管理工作。商品集合的分类，是根据既定的分类标志对商品进行系统的划分，建立管理所需的分类体系。商品分类标志的选用实质是商品的属性。

（1）按原材料来源分类。原材料是决定商品成分组成的重要因素，原材料的种类和质量很大程度上反映了商品的质量和商品养护的特点，具体示例见表 2-1。

表 2-1　商品按原材料来源分类示例

商品集合	全部商品	茶叶	畜肉	天然纤维
原材料来源分类	动物性商品	野生茶树	羊肉	植物纤维
	植物性商品	茶园茶树	牛肉	动物纤维
	矿物性商品		猪肉	矿物纤维

以原材料作为分类标志能从本质上反映出每类商品的使用性能、特点及保管要求，为确定商品的运输、储存、分拣、配送、销售提供依据，以利于保证流通领域内商品质量。此种方式适用于原材料对商品性能影响较大的商品，原材料超过两种的商品不适合使用此标志，如电视机、电冰箱等商品。

（2）按加工程度分类。原材料经过一步一步加工，以不同的形态呈现出来，习惯上把它们称为原料、半成品和成品，具体示例见表 2-2。

表 2-2　商品按加工程度分类示例

商品集合	食品
加工程度分类	初加工食品
	再加工食品
	深加工食品

（3）按用途分类。商品的用途表现为商品对使用者所体现的功用，是商品使用价值的重要体现。所以按用途分类是日常生产和生活中普遍采用的一种分类标志，具体示例见表2-3。

表2-3　商品按用途分类示例

商品集合	全部商品	全部商品	工业品	植物油
用途分类	生产资料	食品	日用工业品	食用植物油
	生活资料	工业品	生产用工业品	工业用植物油

以商品用途为标志的分类方法既便于根据用途选用适宜的商品，做到物尽其用，充分发挥商品的效用，也便于分析、比较同一用途的商品的性能和效用，以利于开发新品。这种分类方法是零售经营中常采用的商品分类，商品按用途分类经营，既便于经营管理，也便于消费者选购。

（4）按化学成分分类。所有的商品原材料可以单一，但化学成分却永远不会单一。商品中所含化学成分的种类和数量对商品品质、用途、营养价值和性质等有着至关重要的影响，故按化学成分的分类方法便于研究和了解商品的品质、特性、用途、效用和储运条件，是研究商品使用价值的重要分类方法。许多商品采用此种分类方法，具体示例见表2-4。

表2-4　商品按化学成分分类示例

商品集合	全部商品	合成纤维
化学成分分类	有机商品	聚酯纤维
	无机商品	聚酰胺纤维
		聚丙烯腈纤维
		聚乙烯纤维
		聚丙烯纤维
		……

（5）按加工方法分类。商品的加工方法或制造工艺的不同影响和决定着商品的质量，赋予商品不同的品质和特征，从而形成截然不同的商品品种。按加工方法分类适用于采用不同的工艺方法加工产品，对产品的质量和特征影响较大的情况，具体示例见表2-5。

表 2-5 商品按加工方法分类示例

商品集合	茶叶	红茶	绿茶
按加工方法分类	红茶	工夫红茶	蒸青绿茶
	绿茶	小种红茶	炒青绿茶
	乌龙茶	红碎茶	
	黑茶		
	白茶		
	黄茶		

这种分类方法能反映商品的外观和内在特征及特性，有利于商品的生产和经营。对于那些虽然加工方法不同，但成品质量特征不会产生实质性区别的商品，不宜采用此种分类方法进行分类。

（6）按商品流通范围分类。商品的质量和性能以及不同商品的供给与需求的不同，决定了商品的流通范围有大小之别，而流通范围在某种程度上又反映出商品的市场销路及质量情况。根据市场范围，商品可分为地方商品、内销商品、外销商品。根据产地，商品可分为地产商品、外地商品、进口商品。

2.2 商品分类体系

商品故事

商品分类体系

某超市的食品商品分类体系（部分）

大分类	中分类	小分类
食品 01	酒饮组 01	碳酸饮料 01
		一般饮料 02
		乳品饮料 03
		啤酒 04
		国产酒 05
		进口酒 06

思考：商品分类体系包含哪些内容？如何编制？

知识储备

2.2.1 商品分类体系建立

商品可以按许多标志进行划分，具体分类方法包括线分类法和面分类法两种。在建立商品分类体系时这两种方法常常被结合起来使用。

在商品分类中可将商品集合总体划分为包括大类、中类、小类、品种、细目在内的完整的具有内在联系的类目系统。这个类目系统即为商品分类体系。

【引例 2-1】商品分类体系（见表 2-6）

表 2-6　商品分类体系

商品类目名称	应用实例	
商品门类	消费品	消费品
商品大类	食品	日用工业品
商品中类	饮料	家用化学品
商品小类	茶叶	洗涤用品
商品品类或类目	绿茶	肥皂
商品种类	炒青绿茶	洗衣皂
商品亚种	龙井茶	增白皂
商品品种	新昌龙井茶	美式玖增白皂
商品细目	特级新昌龙井茶	美式玖增白皂
库存量单位（SKU）	特级新昌龙井茶 300 克绿色方盒	美式玖增白皂 238 克附赠品藻粉

资料来源：根据资料整理。

（1）线分类法。线分类法也称层级分类，是把拟分类的商品集合总体按选定的属性或特征逐次地分成相应的若干层次类目的过程。上下层级存在隶属关系，各层级的分类标志可以不同，但同层级的分类标志只能有一个，严格遵守分类标志选用的唯一性原则。线分类法是一种传统的分类方法，在国内商品生产、流通领域和国际贸易的商品分类体系中被广泛使用。

按线分类法对商品进行分类，建立的商品分类体系的优点是层次性好、信息容量大、类目之间逻辑关系反应较好、便于手工和计算机处理。缺点是结构弹性不好，不利于商品类目层次的删减，所以在使用时要预留足够的后备容量。

【引例 2-2】 线分类体系应用实例（见表 2-7）

表 2-7 线分类体系

加工方法	初制干燥方法不同	茶叶外形不同
绿茶	炒青绿茶	长炒青
红茶	晒青绿茶	圆炒青
黑茶	烘青绿茶	扁炒青
花茶		
白茶		

资料来源：根据资料整理。

（2）面分类法。面分类法也称平行分类法，是把拟分类的商品集合总体根据其本身固有的属性或特征分成相互之间没有隶属关系的面（分类子集），每个面都包含一组类目；然后将隶属于不同面的类目按一定的规律组配成复合类目，从而区分出特征明显的局部商品集合体。

用面分类法进行商品分类，建立的商品分类体系具有结构弹性好、适于计算机处理等优点，缺点是组配结构复杂，不能充分利用容量，不便于手工处理，所以，一般把面分类法作为线分类法的补充。

【引例 2-3】 面分类体系应用实例（见表 2-8、表 2-9）

表 2-8 面分类体系

加工方法	包装颜色	内容物重量
绿茶	红色	300 克
红茶	淡紫色	500 克
青茶	绿色	

资料来源：根据资料整理。

表 2-9 面分类的组配复合类目

重量 ＼ 工艺	绿茶系列	红茶系列	青茶系列
300 克	300 克绿色包装绿茶	300 克红色包装红茶	300 克淡紫色包装台湾冻顶乌龙茶
500 克	500 克绿色包装绿茶	500 克红色包装红茶	500 克淡紫色包装台湾冻顶乌龙茶

资料来源：根据资料整理。

（3）商品代码种类与编码方法。根据商品编码过程中所用的符号类型划分，商品代码种类可分为数字型代码、字母型代码、数字—字母混合型代码和商品条码四种，其中，普遍采用的是数字型代码和商品条码。商品代码的编制方法主要有顺序编码法、层次编码法、平行编码法、混合编码法。

1) 顺序编码法。顺序编码法是按照商品类目在分类体系中出现的先后次序，依次赋予顺序数字代码的编码方法。其优点是使用方便，易于管理，但代码本身没给出任何有关编码对象的其他信息。通常为了满足信息处理的要求，多采用等长码，即每个代码标志的数列长度（位数）完全一致。顺序编码法简单，通常用于容量不大的编码对象集合体。编码时，可以留有"空号"（储备码），以便随时增加类目。

2) 层次编码法。层次编码法是按商品类目在分类体系中的层级顺序，依次赋予对应的数字代码的编码方法，即代码的层次与分类层级相一致。这种编码方法常应用于线分类（层级分类）体系。由于分类对象是按层级归类的，所以在给类目赋予代码时，编码也是按层级依次进行，分成若干个层次，使每个分类的类目按分类层级，一一赋予代码。代码从左至右，第一位代表第一层级（大类）类目，第二位代表第二层级（中类）类目，以此类推。这样，代码的结构就反映了分类层级的逻辑关系。

层次编码法的优点是：代码较简单，逻辑性较强，系统性强，信息容量大，能明确地反映出分类编码对象的属性或特征及其隶属关系，容易查找所需类目，便于机器汇总数据，便于管理和统计；缺点是：结构弹性较差，为延长其使用寿命，往往要用延长代码长度的办法，预先留出相当数量的备用号，从而出现代码的冗余。

3) 平行编码法。平行编码法，也称特征组合编码法，是将编码对象按其属性或特征分为若干个面，每一个面内的编码对象按其规律分别确定一定位数的数字代码，面与面之间的代码没有层次关系和隶属关系，最后根据需要选用各个面中的代码，并按预先确定的面的排列顺序组合成复合代码的一种编码方法。它多用于面分类体系，其优点是编码结构有较好的弹性，可以比较简单地增加分类编码面的数目，必要时还可更换个别的面。但这种编码的缺点是代码过长，冗余度大，代码容量利用率低，因为并非所有可组配的复合代码都有实际意义。

4) 混合编码法。混合编码法是层次编码法和平行编码法的合成，代码的层次与类目的等级不完全相适应。在编码实践中，当把分类对象的各种属性或特征分列出来后，其某些属性或特征用层次编码法表示，其余的属性或特征则用平行编码法表示。这种编码方法吸取了两者的优点，效果往往较理想。

2.2.2　商品分类体系应用

（1）商品基本应用分类体系。随着商品经济的发展，商品的种类令人眼花缭乱，不再仅仅局限于常见商品的物质形态，而已经发展到包含有形、无形的能够满足人们社会消费需求的所有形态（见图2-1）。

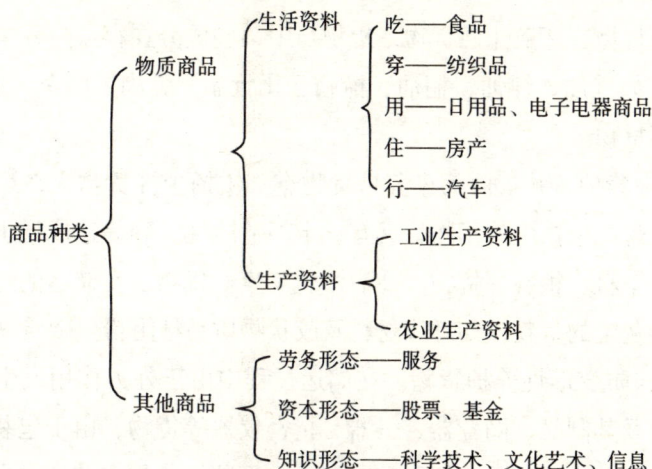

图 2-1　商品基本分类

（2）仓储货物养护特性分类体系。仓储货物养护特性分类体系有如下几种：

1）防湿养护货物。防湿养护货物有：①吸湿性货物，主要由于商品本身的成分和结构使商品容易吸收外部环境的水分，如食糖、食盐、糖果、粮谷、茶叶、水泥、化肥等货物。②散湿性货物，绝大多吸湿性货物在环境湿度降低时会散发水分。③防锈养护货物，主要指金属制品的锈蚀，如高精密仪器、小五金等货物。此类养护主要是由于湿度过高引起，亦可归属到防湿养护货物中。

2）怕冷养护货物。怕冷养护货物有：①怕冷性货物，温度的降低会造成货物品质的改变；冻结性货物，货物在低温条件下具有冻结的特性。一般这两类养护为表面具有较多吸附水或内部组织中含有较多水分的货物容易发生，如矿石、煤炭、食盐、食糖在含水量较大时常冻结。②低温凝固货物，液态货物遇低温凝固，如香水、墨水在0℃以下会凝固。

3）怕热养护货物。怕热养护货物有：①热变性货物，具有随温度升高而发生质量变化的特性，如肥皂、石蜡、橡胶、肉类、鱼类、乳制品等货物。②自燃性货物，此类货物能够在正常存放中自然燃烧，具有危险性，如煤炭自燃、含油脂的纤维自燃等。③自热性货物，具有自行发热特性的货物，如煤炭氧化生热、粮谷生物化学反应生热等。货物在运输中发生自热会引起严重的质量事故，甚至存在燃烧、爆炸等危险。

4）防异味养护货物。防异味养护货物有：①吸味性货物，吸附性较强的商品吸附其他的气体和气味，从而会改变本来气味的货物，如茶叶、烟叶、食糖、木耳、饼干等货物。②散味性货物，货物当中某些成分在存放过程中不断气化向外逸散气味，如汽油、煤油、桐油、樟脑、化妆品、腌肉、腌鱼、肥皂、农药、生皮、油漆等货物。

5）防污染养护货物。防污染养护货物有：①扬尘性货物，在运输、堆放等储存过程中容易产生扬尘的货物，具有一定的危险性，容易造成扬尘性爆炸，如矿粉、石灰、染料、粮谷等货物。②沾污、染尘性货物，在储运的过程中容易吸附扬尘、沾染灰尘的货物，如纤维材料及胶状物质易粘附粉尘杂质等。

6）防碎与防变形性养护货物。在储运过程中由于外力作用发生形态改变的货物，如玻璃及其制品、陶瓷器、玉器、精密仪器等货物，由于包装不合理造成破碎、掉瓷等；毛皮类制品、铝制品、塑料、橡胶等货物在储运中由于方式方法不当造成变形，如食用油、酒类、蜂蜜等货物由于其商品本身的性质和所采用特定包装的性质，容易造成包装开裂而发生渗漏。

7）防虫害养护货物。带虫害、病毒货物，如木材、粮谷等货物，在生长过程中虫害已经存在其中。易遭受虫蛀的货物有毛丝织品、竹藤织品、纸张及纸制品、烟叶和卷烟、干果等。

8）防霉腐养护货物。以有机物为主要构成的物品、生物学物品及其制品、含有生物成分的物品，它们在日常的环境下容易发生霉变和腐烂，如食品、药品、纺织品、皮革、皮毛、粘合剂等。

9）危险品性货物，主要有爆炸品气体、压缩液化或加压溶解的易燃液体、易燃固体物质、氧化物质与有机过氧化物、有毒的物质和感染性物质、放射性物质、腐蚀性物质、杂类危险物质。

（3）电子商务商品分类。随着电子商务和物流技术的发展，网络购物平台已经成为当代年轻人购物的一个重要渠道，如当当网、京东商城、淘宝、天猫、亚马逊等。为了方便消费者的选购，各大网络商家对市场做了充分的细分，以保证消费者能以最快的速度淘到自己心仪的宝贝。其商品分类在电子商务中得到了充分的运用并扮演了非常重要的角色。进入当当网，在网站页面的左侧可以看到当当网的商品分类情况。消费者可以根据自己的购买需求选择不同的商品类别。以图书为例，当当网将图书分为教辅、外语、考试、教材、社会科学、历史、保健、育儿、青春文学、小说、少儿、管理、图书畅销榜、新书热卖榜以及特价书。

（4）实体店商品分类。目前在零售经营中，商品分类并没有统一的标准。超市可根据市场和自身的实际情况对商品进行分类。但商品分类应该以方便顾客购物、方便商品组合、体现企业特点为目的。一般可将经营商品分为大类、中类、小类、单品四个层次。大类是粗线条分类，主要依据生产来源方式、处理保存方式等商品特征划分，如食品超市的大类有水产、畜产、果蔬、日配加工食品、一般食品；中类着重于功能、用途、制造方式、方法、产地等特征来划分，如日配加工食品大类中包含牛奶、豆制品、冰品、冷冻食品等；小类是进行单品管理之前的最小单位、最细的分类，如中类牛奶中包含鲜乳、调味乳、发酵乳等小类；单品是商品分类中不能进一步细分的、完整独立的商品品项，如 355 毫升听装可乐、1.25 升瓶装可乐、2 升瓶装可乐等。

以上所有的商品，营销人员根据商品的耐用性可将其分为耐用品、非耐用品两类；根据消费者购买习惯进行分类可将其分为方便品、选购品、特殊品和非渴求商品。

耐用品使用寿命长，购买频率相对非耐用品低，如冰箱、服装、汽车等；非耐用品一般具有一种或几种用途，消费快，购买频率高，如啤酒、洗涤液等。

方便品指顾客经常购买的或即刻购买的，几乎不做购买比较和购买努力的商品，如报纸、牙膏等；选购品指消费者在选购过程中，对商品的适用性、质量、价格和式样等基本方面要做有针对性比较的商品，如家具、家电、服装等；特殊品指具有独特特征或品牌标记的商品，如具有地理标识的旅游纪念品；非渴求商品指消费者未曾听说过或即便是听说过一般也不想购买的商品，如人寿保险、工艺类陶瓷等。

讨论时间

（1）商品为什么要进行分类？

（2）如何选用商品分类标志?

能力训练

实训：企业商品目录编制

一、实训内容

项目名称	企业商品目录编制
时间	40分钟
场景	信息系统商品基本资料录入前期整理
商品	门店商品SKU集合总体
目的与目标	1. 结合本章知识点，能够对给出的门店商品SKU集合总体进行分类，建立分类体系，进行编码，完成详细商品目录编制并录入信息系统 2. 连锁企业管理信息系统的基本数据资料，是商品运营、数据分析、运营决策的基础
要求	1. 商品分类标志的选用要遵照原则 2. 按照给定编码原则进行编码 3. 季节性商品只列出供应商名
准备工作	1. 信息系统所需资料介绍 　信息系统所需商品基本资料：分类、编号、规格描述（计量单位、包装材料、包装颜色、包装大小、体积、重量等）条形码 2. 编码原则 ## ### ###
方法	1. 任务讨论 2. 撰写文案 3. 学生操作讲解

二、实训步骤

第一步　小组分工

第二步　商品归类

（1）选择分类标志。

（2）建立分类体系。

（3）按编码原则编码。

（4）形成商品目录。

第三步 信息系统录入

第四步 成果展示

三、操作要求

1. 纸张要求：学院作业纸。

2. 格式要求：字迹要求工整、清晰可辨认；标题居中，正文首行缩两格；落款右对齐，表格形式，内容为小组成员+工作分工+文案资料。

四、成绩评定

评价内容	分数	自我评价	小组互评	教师评价
PPT 设计	2			
文案资料分析	4			
文案格式	2			
语言表达	2			
合计	10			

本章小结

商品分类是根据一定的管理目的，为满足商品生产、流通、消费活动的全部或部分需要，将管理范围内的商品集合总体，以所选择的适当的商品基本特征作为分类标志，将任何一个商品集合总体进行合理划分的过程。

商品编码是赋予某种商品以某种代表符号或代码的过程。代表符号或代码就是商品代码，这些代表符号或代码是有一定规则的，一般由字母、数字和特殊标记组成。常用的有条形码和数字型代码。

商品目录也称商品分类目录，是国家、部门或企业按照一定的目的，对所管理经营的商品进行分类、编码，用数码、文字、字母和表格等全面记录和反映商品分类体系的文件形式。一般包括商品名称、商品代码（或编号）、商品分类体系三个部分。

知识测试

一、填空题

1. 商品的（　　　　　　　　　）可以用来作为商品的分类标志。

2. 商品代码的编制方法主要有（　　　　　　　）、（　　　　　　　　　）、
（　　　　　　　）、（　　　　　　　）。

3. 商品按（　　　　　　　）分类，便于研究和了解商品品质特性用途、效用和储运条件。

4. 将茶叶分为红、绿、白、黑、青、花六大基本茶类是按（　　　　　　　）进行分类的。

5. 商品目录是（　　　　　　　）的具体表现。

二、判断题

1. 服装按款式、颜色、型号分类陈列是采用了面分类方法。（　　　　）

2. 根据消费者购买行为习惯可将商品分为耐用品和非耐用品。（　　　　）

3. 商品目录是一成不变的。（　　　）

4. 层次性好是线分类法最突出的优点。（　　　）

5. 现有商品分类，后有商品编码。（　　　）

三、选择题

1. （　　）不属于危险品性货物。

A. 酒精　　　　　B. 硫酸　　　　　C. 汽油　　　　　D. 玻璃

2. 商品分类时主要采用线分类法和面分类法，实践中通常将两种方法
（　　）。

A. 分别使用　　　B. 组合使用　　　C. 都不用

3. 根据（　　）不同，可将商品分为生活资料商品和生产资料商品。

A. 用途　　　　　B. 原材料　　　　C. 加工工艺　　　D. 化学成分

4. 以（　　）为分类标志能从本质上反映出每类商品的使用性能特点及保管
要求。

A. 加工程度　　　B. 原材料　　　　C. 用途　　　　　D. 产地

5. 易吸味的商品是（　　）。

A. 墨水　　　　B. 酒精　　　　C. 食糖　　　　D. 甲苯

四、多项选择题

1. 商品分类方法包含（　　）等。

A. 面分类法　　B. 线分类法　　C. 数字编码法　　D. 条形码

2. 在商品的分类实践中，通常以商品的（　　）作为分类标志。

A. 用途　　　　B. 原材料　　　C. 加工工艺　　　D. 化学成分

3. 商品条码中的条码符号由（　　）等部分构成。

A. 起始符　　　B. 终止符　　　C. 数据符　　　　D. 校验符

4. 属于危险品货物的有（　　）。

A. 硫酸　　　　B. 乙醇　　　　C. 钠　　　　　　D. 啤酒

5. 商品目录由（　　）几部分构成。

A. 商品名称　　B. 商品代码　　C. 商品分类体系　D. 条形码

五、概念题

1. 商品分类

2. 商品编码

3. 商品目录

六、简答题

1. 常见商品分类标志有哪些？

2. 物流货物按自然属性分类有哪些？

七、论述题

试述电子商务中商品分类体系的建立。

第 3 章

商品质量

目标分解

知识目标：掌握我国标准的分级

掌握商品检验的内容

理解商品检验的内涵

技能目标：能够初步具备岗位职责内商品质量监管的能力

能够规避影响商品质量的不当作业管理

能够初步具备区分假冒伪劣商品的能力

能够运用感官检验法对日常商品进行检验

素养目标：培养学生具备一定的法律法规意识

培养学生敬业守信的职业素养

商品文化与学生人文素质融合提升

培训学习一丝不苟、求真务实的职业精神

3.1　商品质量的内涵

西湖龙井的质量判别

西湖龙井茶是指杭州市人民政府划定的西湖龙井茶基地生产的茶鲜叶，并按西湖龙井茶标准生产加工的绿茶。2001 年 4 月，杭州市人民政府将西湖区西湖乡行政区域（东至南山村，西至灵隐、梅家坞，南至梵村，北至新玉泉）内的363.5 公顷的龙井茶基地，划定为西湖龙井茶基地的一级保护区。2001 年 11 月，国家质检总局也对西湖区约 168 平方公里的范围实施了西湖龙井茶产区的原产地保护政策。

传统的西湖龙井茶采用手工炒制而成，炒制中有"抖、透、搭、捺、拓、甩、挺、抓、压、磨"十大手法。目前，随着茶叶机械的发展，机炒茶叶占了很大一部分，其中绝大多数都是机器杀青手工辉锅的。机炒茶和手炒茶差别不大，很难鉴分。一般而言，机炒茶较手炒茶薄而滑；而手炒茶较机炒茶的茶味浓，口感好。

西湖龙井茶在外形、色泽和香气滋味方面都与其他龙井茶有着显著的区别。西湖龙井茶外形扁平光滑，挺直尖削，整齐和谐，以"形美"给人赏心悦目的感觉。其他龙井茶扁平、匀齐都不及西湖龙井茶；西湖龙井茶的色泽总体上嫩绿鲜润，但各区域的茶叶各具特征，如狮峰龙井绿中透黄，呈"糙米色"（宝光色）；西湖龙井茶呈清香或嫩果香，滋味鲜醇甘爽，无涩苦感，而其他龙井茶香气较为平淡，口感浓涩或淡薄，鲜爽甘甜不足。

西湖龙井茶的抽查合格率一直很高，在 2005 年 4 月召开的西湖龙井茶质量安全与品牌保护发布会上，国家茶叶质量监督检验中心主任骆少君女士宣布："西湖龙井茶各项卫生指标基本达到国家标准，铅含量得到有效控制，符合农业部无公害生产标准。"这次会议报告表明：两年来（2004~2005 年），科研部门共检测茶叶样品 328 批次，西湖龙井茶的检测结果全部合格，抽检的西湖龙井茶专卖店，抽检结果为全部符合农业部无公害茶叶标准。对 10 家挂牌的茶叶示范点进行了环境检测，检测结果表明，空气、土壤、水都能达到要求。

资料来源：俞其坤. 西湖龙井茶质量的保护与提高 ［EB/OL］. 道客巴巴，http：//www.doc88.com/p-5174162209656.html.

思考：从西湖龙井茶的质量判别上可以看出商品质量的描述应体现哪些内容？这些内容描述是不是一直如此？

知识储备

无论是供应链，还是价值链，质量管理都是一个核心的话题。

质量就是一组固有特性满足要求的程度。质量概念描述对象包含了商品、过程、体系。

固有的特性指某事或某物中本来就有的，尤其是那种永久的特性。

要求可以是明示的，也包括隐含的或必须履行的需求和期望。

3.1.1　商品质量的概念与特点

（1）商品质量的概念。商品质量是指商品所具有的特征或特性满足规定和隐含的要求（或需求）的程度。

规定是指在国家法律法规、质量标准、规范、合同、图样、技术要求等文件中明确提出的要求。

商品的使用价值取决于消费者的需要程度和商品的属性，与用途有关的属性构成商品的自然质量，例如，与保温瓶的用途有关的技术参数很多，主要项目有容水量、重量、耐温急变性、耐水性、卫生性、保温性等，这些项目参数都具体规定了商品应达到的标准数值。保温瓶的这些限定参数构成了瓶胆质量的具体内容。

隐含的要求是指那些人们公认的、不言而喻的、不必明确的要求，如习惯要求或惯例等，是人和社会对商品的适用性、安全性、卫生性、可靠性、耐久性、美观性、经济性、信息性等方面的人为期望。

特性是指商品一旦形成就客观存在的质量特性，如食品的营养成分和食用价值，日用工业品的各种物理、化学性质等。

1）内在特性。内在特性包括商品的可靠性、适用性、安全性、寿命长短等。

2）外观特性。外观特性包括商品的外观造型、色泽、图案等。

3）经济特性。商品的经济特性不仅看制造成本，还要看商品寿命期的总成本，其中包括在流通和使用过程中由消费者和社会所承担的费用。

特征是指用来区分同类商品不同品种的特别显著的标志，如手机的 3G、4G 等。

【引例 3-1】西湖龙井的商品质量

西湖龙井商品所具有的特征：色泽鲜绿，外形秀美，香气幽芳，滋味甘醇，以"四绝"美名而著称。

西湖龙井商品所具有的特性：含有茶多酚、茶多糖、茶皂素、蛋白质和氨基酸、生物碱、茶色素、维生素和矿物质等成分。

规定：QS 生产许可认证、防伪标志、GB11680-89《食品包装用原纸卫生标准》等。

（2）商品质量的特点。时代在进步，科技在发展，消费者的消费观念日趋多样化，商品质量也体现着它不同的特点。

1）针对性。商品质量是针对一定的使用时间、使用地点、使用条件、使用对象和一定用途而言的。

使用时间。随着技术的不断进步以及市场竞争的加剧，商品更新换代的速度越来越快，产品生命周期越来越短，对于商品质量的评价不能脱离当时的技术经济条件，不同的条件下，对质量的评价会有所不同。

使用地点。由于不同国家、地区以及不同民族、宗教之间在文化上的差异，使得不同消费者对商品质量的评价产生差异。例如，英国的家庭主妇认为红茶比绿茶质量高，营养价值大。

使用条件。商品质量因使用条件的差异而作出相应调整，以克服不同条件所造成的商品使用性能的差异。例如，在日本国内使用的电视机灵敏度低于我国国产电视机，原因是日本电视发射台普及，而且功率大，所以对灵敏度要求不高。

使用对象。质量的评价还会因人而异，消费者由于年龄、职业、收入、文化、宗教信仰、社会阶层、风俗习惯的差异，对商品质量要求不同。例如，东方人喜欢喝开水，对保温瓶的保温性要求很高，而一些西方人习惯喝凉水，所以，并不十分看重这一质量指标。

用途。同一种商品会有不同的用途，用途不同对商品质量的属性权数会有所不同。例如，小麦粉是面筋多一些质量好呢，还是少一些好？这要看其用途，如果做面包，则面筋多可使其在烘烤过程中形成疏松多孔的组织结构，如果用于做饼干，则面筋多了会使口感僵硬。

2）相对性。质量是相对于同类商品（使用目的相同）的不同个体而言的，因而它是一个比较的范畴。质量，并非商品本身所固有的，而是人们评价商品使用价值的一种尺度，正像尺子本身作为衡量的单位，绝对的质量是不存在的，只有在比较中才能赋予质量的意义。尽管单一个体的商品可在既定技术条件（质量指标）比照下，得出其质量结论，但是，这个技术条件（质量指标）事实上是许多商品个体相比较的结果，在此起到比较参照物的作用。

3）可变性。商品质量是一个动态的、发展的、变化的概念，会受到社会经济环境及市场等因素的影响。

从社会经济环境来说，社会的发展，经济形势的变化，会使人们对质量的要求随之变化。在经受能源危机时，人们看好的是那些节油的汽车，似乎节油是汽车质量佳的重要特征；当社会经济复苏，最受青睐的是那些超豪华型轿车。

所以，商品质量绝不是一个静止的概念，它是在不同社会形态下、不同的市场态势下、不同时期的生产技术和不同消费需求下商品属性的综合。

3.1.2　商品质量的基本要求

商品的用途要满足消费需求，必须对商品质量提出基本要求。商品种类繁多，各有不同用途及决定用途的特点，因此不同用途的商品对其质量的要求也不同。商品可分为有形商品和服务性商品，有形商品主要包括吃、穿、用等。服务性商品主要指服务性行业提供的服务，如交通运输、邮电通信、商业金融保险、饮食、宾馆、医疗卫生、文化娱乐、旅游、信息咨询等组织提供的服务。由于服务含义的延伸，有时也包括工业产品的售前、售中、售后服务以及企业内部上道工序对下道工序的服务。

（1）有形商品质量的基本要求。有形商品质量的基本要求是对有形商品的质量特性最基本的要求，所有的有形商品在固有特性上满足了这些基本要求，才能有市场，才能得到目标消费者的认可和购买。

1）使用性。使用性是指商品为满足一定的用途所必须具备的各种性能，它是构成商品使用价值的基本条件。使用性除商品用途所要求的基本性能以外，还包括商品在该用途方面应尽量符合人体工程学原理，满足使用方便等要求，例如，商品的结构要与人体尺寸和形状及各个部位相适应；商品要与人的视觉和听觉能力、触觉能力、味觉和嗅觉能力、速度能力、知觉能力以及信息再处理能力相适应；复杂商品的使用操作要符合简单、易掌握、不易出错等要求。

商品的多功能化扩大了商品的适用范围，使用起来更加方便，比单一功能的商品更受欢迎，已成为现代商品的发展趋势。

【引例 3-2】常见工业品的使用性

冰箱的制冷保温性能、钟表的准确计时性能、服装的遮体保暖功能、食品的营养功能等。对于原料性商品或半成品，使用性能还意味着易加工性能。

资料来源：根据资料整理。

2) 安全卫生性。安全卫生性是指商品在储存、流通和使用过程中保证人身和环境安全健康、不受伤害的能力。

商品的安全卫生性除包括对商品使用者的安全卫生保障之外，按照现代观念考虑，还应包括不给第三者的人身安全、健康，即社会和人类的生存环境造成危害，如空气污染、水源污染以及噪声、辐射、废弃物等现代社会问题。在现代社会中，有关安全卫生的社会要求正愈来愈受到人们的重视，环境保护问题已成为当今社会的一大主题。

【引例 3-3】常见商品的安全卫生隐患

食品有害物质的来源，通常有食品本身产生的毒素，物质对食品的污染，加工中混入的毒素，保管不善产生的毒素，环境或化学药物造成的污染等。

纺织品有害物质来源有纺织品纤维本身、纺织品在加工和染色过程中使用的染料、防缩剂、防皱剂、柔软剂、增白剂等化学物质。化学物质如残留在纺织品表面，就可能造成对皮肤的刺激。吸湿性差的涤纶、腈纶、氯纶、丙纶等合成纤维容易形成静电。

日用工业品中盛放食物的器皿、化妆品、玩具等商品的有害物质主要来源于原材料和加工工艺与技术，电器商品危害主要体现在人身触电、火灾等方面。

资料来源：根据资料整理。

3) 审美性。审美性是商品能够满足人们审美需要的属性。随着社会进步和商品生产的极大发展，人们已不再仅仅满足于物质需求，而对商品有了极高的精神要求。现代社会中，人们不仅要求商品实用，而且还要求商品能给人以美的享受，体现人们的自身价值，这就要求商品物质方面的实用价值与精神方面的审美价值的高度统一，要求商品既实用又美观。商品的审美属性主要表现在商品的形态、色泽、质地、结构、气味、味道和品种多样化等方面。商品的审美性已成为提高商品竞争能力的重要手段之一。

商品的审美性除了商品本身的审美质量以外，还包括其包装装潢的审美性。好的、优质的商品也要有精美的包装，以满足人们对美的需求，同时也可以提高商品的价值，增强商品的竞争力。

【引例3-4】 常见商品的审美性

食品的审美性要求食品应具有良好的色、香、味、形，食品若具有柔和的颜色、诱人的香气、可口的滋味和喜人的外观，那么只要一接触（看到或闻到）它们，就会引起人们良好的反应，人体各消化器官就会分泌较多的消化液，帮助消化和吸收食品中的营养成分，提高食品的营养价值。

服装的审美是指纺织物表面所呈现的外观质量，在色泽、花纹、图案、色彩、款式、风格等方面应具有时代的艺术特色，体现现代开放式的生动、活泼、舒畅的生活风貌；适应季节变化以及人们的年龄差异、个性特点、文化素养等。服装的审美性不仅能使人们的生活丰富多彩，而且能体现人们的精神风貌，充分反映出时代的气息。

日用工业品的审美性主要表现在商品的外观良好，不得有表面瑕疵；商品要有精美的外观，具有艺术性、装饰性、时尚性等，如造型式样新颖、花纹色彩丰富、材料质地考究、装潢大方典雅、有较强的时代感等。

资料来源：根据资料整理。

4）经济性。经济性是指商品的生产者、经营者、消费者都能用尽可能少的费用获得较高的商品质量，从而使企业获得最大的经济效益，消费者也会感到物美价廉。对于消费者来说，总是希望商品的质量特性最好，而其价格又最低，同时其使用、维护成本也最低。商品经济性反映了商品合理的寿命周期费用及商品质量的最佳水平。经济性包括在物美价廉基础上的最适质量，即商品价格与使用费用的最佳匹配。离开经济性孤立地谈质量，没有任何实际意义。

5）寿命和可靠性。寿命通常指使用寿命，有时也包括储存寿命。使用寿命是指工业品商品在规定的使用条件下，保持正常使用性能的工作总时间。储存寿命则指商品在规定条件下使用性能不失效的储存总时间。可靠性是指商品在规定条件下和规定时间内，完成规定功能的能力。它是与商品在使用过程中的稳定性和无故障性联系在一起的质量特性，是评价机电类商品质量的重要指标之一。可靠性通常包括耐用性和设计可靠性，有时维修性也包括在内。

【引例 3-5】食品的保质期与保存期

保质期：预包装食品在标签指明的贮存条件下，预计的终止食用日期。在此日期之后，该预包装食品可能不再适于消费者食用。

保存期：预包装食品在标签指明的贮存条件下，保持品质的期限。在此期限内，产品完全适于销售，并保持标签中不必说明或已经说明的特有品质。超过此期限，在一定时间内，预包装食品可能仍然可以食用。

资料来源：根据资料整理。

6）信息性和可追溯性。信息性是指应为消费者提供的关于商品的有用信息，主要包括：商品名称、用途、规格、型号、重量、原材料或成分；生产厂名、厂址、生产日期、保质期或有效期；商标、质量检验标志、生产许可证；储存条件；安装使用、维护方法和注意事项；安全警告；售后服务内容；等等。这些信息的提供有利于消费者了解商品、比较选购、正确使用、合理维护和安全储存商品，并能使消费者在其权益受到侵害时进行自我保护。

（2）服务性商品的质量要求。对服务性商品的质量要求主要有功能性、时间性、文明性、安全性、舒适性和经济性。

功能性是指服务实现的效能和作用，例如，交通运输的功能是将旅客或货物送达目的地；邮政通信的功能是传递有关信息。使顾客获得这些服务效能是对服务的基本要求。

时间性是指服务能否及时、准确、省时地满足服务需求的能力。对服务来说，时间性非常重要。

文明性不仅是指对顾客要笑脸相迎，还包括对顾客的谦逊、尊重、信任、理解、体谅和与顾客有效的沟通，是满足顾客精神需求的程度。这是服务质量中最难把握但却非常重要的质量特性。

安全性是指服务提供方在对顾客进行服务的过程中，保证顾客人身不受伤害、财物不受损害的能力，即没有任何风险、危险和疑虑，如航空服务是否安全。安全性的提高或改善与服务设施、环境有关，也与服务过程中组织、服务员的技能、态度有关。

　　舒适性是指服务对象在接受服务的过程中感受到的舒适程度。舒适性与服务设施是否适用、方便、舒服，服务环境是否清洁、美观、有秩序等有关。

　　经济性是指为得到相应服务，顾客所付费用的合理程度。这与有形商品质量的经济性是类似的。

　　【引例 3-6】服装销售服务过程（见图 3-1）

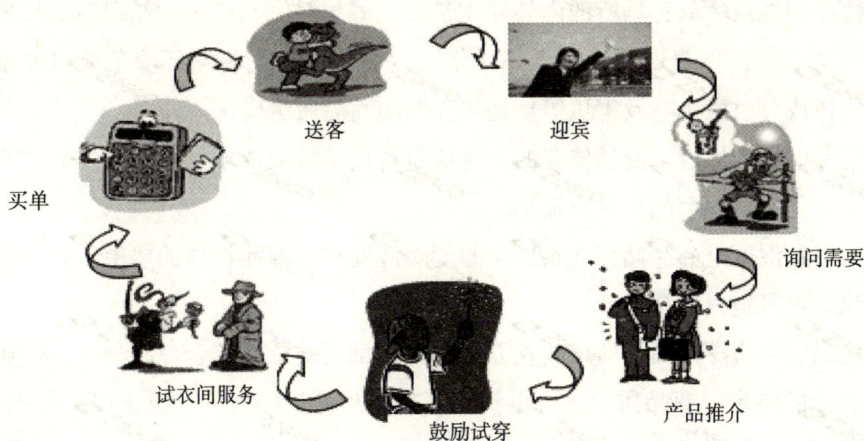

送客　　　　　　迎宾

买单

询问需要

试衣间服务

产品推介

鼓励试穿

图 3-1　服装销售服务过程

资料来源：百度图库。

3.1.3　影响商品质量的因素

　　影响商品质量的因素很多，既有生产环节的影响，也有流通环节的影响。从生产环节看，有的商品来源于制造业，有的商品则来源于种植业和养殖业。要保证和提高商品质量，重要的问题是找出影响商品质量的各种因素，特别是关键因素，只有这样，才能确保商品质量。

　　（1）生产过程中影响产品质量的因素。影响工业产品质量的因素主要有产品设计、原材料、制造工艺、设备和操作方法、标准水平和检验以及包装质量等。忽视任何一个因素，都会使商品质量受到影响。

　　农业生产的产品种类很多，不同的农产品来源不同，影响因素也有所不同，归结起来主要有生产环境、动植物品种、植物栽培技术和动物饲养管理等。

　　（2）流通过程中影响商品质量的因素。流通过程是指商品离开生产环节进入消费环节前的整个过程。这个过程包括商品的运输装卸、仓库储存保管和销售等环节，在这些环节中同样存在着影响商品质量的各种因素，这些因素的作用使得商品的质量不断降低。

1）储运过程。商品储存是指商品脱离生产领域，尚未进入消费领域之前的存放。商品储存是商品流通的一个重要环节，因为商品由生产到消费存在着一个时间差，在这个时期内商品必须经过储存。商品在储存期间，由于商品本身的性质和储存的外部环境的影响，商品会发生一定的变化。商品在储存期间的质量变化与商品的性质、储存场所的内外环境条件、养护技术与措施、储存期的长短等因素有关。商品本身的特性是商品质量变化的内因，而仓储环境条件（如温湿度、气体成分、微生物及害虫等）是储存期间商品质量变化的外因。

商品储存的地点。商品储存的场所应符合商品性质要求，以减少外界因素的影响，避免或减少商品损失或损耗。

温度、湿度是商品储存的条件。温度、湿度符合商品性质的要求，商品质量的变化就可避免或减缓。

堆码、苫垫等是商品储存放置方法。商品堆码的形式符合商品种类、性质和质量变化的要求，商品质量才可得到保证。商品苫垫得当可以防止和减少阳光、风雨对商品质量的影响。

商品可以储存时间的长短是储存期限。商品储存一定要按保存期和保质期保存，贯彻先进先出原则，使商品质量得到保证。

商品进入流通领域，运输是商品流转的必要条件，运输对商品质量的影响与运程的远近、时间的长短、运输的气候条件、运输路线、运输方式、运输工具、装卸工具等因素有关。

看板：商品的运输方式

商品运输可以采用铁路、公路、水运、航空等运输方式。各种运输方式的选择，必须充分考虑商品的性质，运输方式符合商品性质的要求，商品在运输过程中才能避免或减少外界因素的影响，确保商品质量。

温度、湿度、运输工具的清洁状况等是商品运输的基本条件。如果运输时温度、湿度不符合商品要求，运输工具清洁状况差，运输时与有影响物质接触，必然引起商品质量变化，只有上述运输条件控制好，才能确保商品质量。

商品运输中还得注意不能随意抛扔，不得倒置，防晒、防潮、防挤压、防剧烈震动等。这些问题注意到了，商品质量就会少出现问题。

商品在装卸搬运过程中尽量避免发生碰撞、跌落、破碎、散失等现象，这既不会增加商品损耗，也不会降低商品质量。

2）销售服务。销售是商品由流通领域进入消费领域的环节，销售服务的质量也是影响消费者所购商品质量的因素。销售服务过程中的进货验收、入库短期存放、商品陈列、提货搬运、装配调试、包装服务、送货服务、技术咨询、维修和退换货服务等工作质量的高低都将最终影响消费者所购商品的质量。许多商品的质量问题不是商品本身固有的，而往往是由于使用者缺乏商品知识或未遵照商品使用说明书的要求，进行了错误操作或不当操作所引起的。所以，商品良好的售前、售中、售后服务质量已被消费者视为商品质量的重要组成部分。

（3）商品使用过程影响商品质量的因素。商品在消费（使用）过程中，商品的使用范围和条件、商品的使用方法以及维护保养，甚至商品使用后的废弃处理等都影响着商品质量。

1）正确使用。任何商品都有一定的使用范围和条件，在使用范围和使用条件内，商品才能发挥正常功能，否则就会对商品质量造成严重的影响，例如，燃气热水器要区分气源类别；家用电器要区分交流电和直流电以及电源电压值；电脑要注意工作场所的温度、湿度等。商品除有一定的使用范围和条件以外，正确安装也是保证商品质量的因素之一，例如，燃气热水器的分室安装或其烟道的正确安装；有些要求安装地线保护的电器必须按要求正确安装，否则无法保证电器安全，甚至会造成人身伤亡事故。

保证商品质量、延长商品寿命的前提是使用方法和维护保养要正确。消费者只有了解商品的结构、性能等特点，具备一定的商品日常维护保养知识，才能保证商品使用的效用与效率最大化，例如，皮革服装穿用时要避免坚硬物质摩擦或被坚硬物划破等；茶叶饮用时要注意水质和水温及冲泡技巧，存放时要避免异味。生产者应该认真编制商品使用（食用）和养护说明书，使消费者能很容易地掌握商品的使用（食用）方法和养护方法，以便在使用过程中更好地保护商品质量。

2）废弃处理。使用过的商品及其包装物作为废弃物被丢弃到环境中，有些废弃物可回收利用；有些废弃物则不能或不值得回收利用，也不易被自然因素或微生物破坏分解，成为垃圾；还有些废弃物会对自然环境造成污染，甚至破坏生态平衡。由于世界各国越来越关注和忧虑环境问题，不少国际组织积极建议，把对环境的影响纳入商品质量指标体系中。因此，商品及其包装物的废弃物是否容易处理以及是否对环境有害，将成为决定商品质量的又一重要因素。

讨论时间

（1）从对西湖龙井茶质量判别的描述上，你如何定义西湖龙井茶的质量？

_____

_____

（2）西湖龙井茶商品质量的描述是否从未改变？

_____

_____

（3）作为消费者，你如何定义商品质量的高低？

_____

_____

3.2　商品质量监管

商品故事

西湖龙井茶的防伪战

据 2014 年 6 月 4 日《时代报》报道（记者　陈鑫）：西湖龙井茶是中国历史十大传统名茶之首，色泽鲜绿，外形秀美，香气幽芳，滋味甘醇，以有"四绝"美名而著称。诗人总爱用"黄金芽"、"无双品"来表达对西湖龙井茶的情有独钟。然而这一历史名茶，在杭州市政府不断推出防伪标识的同时，却不断遭到"冒充"。

2001年，杭州市政府就推出了"龙井茶防伪标识及其保真系统"。此后，杭州市、西湖区政府和龙井茶产业协会还相继实施了开设专卖店、二维条码认证等多种"防伪"办法。

2014年，杭州市首次出台了《西湖龙井茶规范包装管理办法（试行）》，将"地理标志产品保护防伪标"和"地理标志证明商标防伪标"这两种标识合二为一，集中在一个图标上，被称为"双黄蛋"，目前有87家企业的产品可以使用。

记者根据所购买茶叶包装上商户贴在包装罐底部的防伪标识，登录杭州市质监局监制的地理标志防伪标查验地址，结果显示：这枚防伪标识的确是真的。刮开防伪码区，输入防伪号"13880945427616830"进行验证后，得到的结果是"恭喜您购买到了由杭州××茶叶有限公司生产的西湖龙井茶"。

标签能成功追溯，就能证明这罐茶叶是真正的西湖龙井茶吗？为探寻真相，记者决定前往杭州××茶叶有限公司一探究竟。负责人见到贴标茶叶后吃惊地表示："这罐子一看就不是我们的产品，品牌名、QS标签等身份信息都没有，而且茶叶也和正宗西湖龙井茶差别很大。我们没有给这家商户供过货，也没有跟它有业务往来。"为验证自己的说法，负责人当场致电茶城的上述经营部质问，对方竟称防伪标识是捡来的。

据上海消保委近日发布的2014年度茶叶比较试验通报，市面在售茶叶不符合率高达69.4%。散装销售茶叶的容器上大多不标注生产日期、感官品质等级等信息，全凭商家口述。以茶城的"西湖龙井茶"为例，90%以上不具备西湖产区的品质特征。

资料来源：根据网络报道整理。

思考：（1）真正的西湖龙井茶在包装上要有哪些标识？

（2）故事中采用哪些手段判定西湖龙井茶的真伪？

（3）为什么有了防伪标，依然是假西湖龙井茶？质量管理上哪里出现了问题？

知识储备

3.2.1 商品质量监督

（1）商品质量监督的概述。商品质量监督是根据国家的质量法规和商品质量标准，由国家指定的商品质量监督机构对生产和流通领域的商品和质量保证体系进行监督的活动。

商品质量监督是技术监督的重要组成部分，是国家对商品质量进行宏观管理的手段，其任务是根据国家质量法规和技术标准，对商品进行有效的监督管理和检验，保证商品质量要求，实现对商品质量的宏观控制，保护消费者和生产者的合法权益，维护国家利益不受损失。

商品质量监督的对象是实体，如产品、商品、质量保证体系等；商品质量监督的范围包括生产、流通到运输、存储和销售整个过程。

商品质量监督的依据是国家质量法规和商品技术标准，标准多属于强制性标准。

商品质量监督的主体是用户和第三方。

（2）商品质量监督的种类。我国商品质量监督包括国家质量监督和社会质量监督两种。

国家质量监督是指由国家授权，指定第三方专门机构以公正的立场对商品质量进行的监督检查。这种国家法定的质量监督以政府行政的形式，对可能危及人体健康和人身、财产安全的商品，影响国计民生的重要工业产品及用户、消费者组织反应有质量问题的商品，实行定期或经常性的监督抽查和检验，公开公布商品质量抽查检验的结果，并根据国家有关法规及时处理质量问题，以维护社会经济生活的正常秩序和保护消费者合法权益。国家的商品质量监督由国家技术监督部门规划和组织。

【引例 3-7】大连质监局开展儿童用品质量风险监测

2015 年"六一"前夕，大连质监局组织开展了玩具、文具、童装、家具等儿童用品质量风险监测。在中山区、西岗区、沙河口区、甘井子区、瓦房店市、金州新区、保税区、高新园区八个区（市）、先导区，监测 140 批次儿童用品，有八个批次儿童用品不符合标准要求。采样监测对象为大连市生产企业、商场、超市、批发市场和电商平台。

监测结果显示：大连市生产销售的童装等儿童用品质量稳定；部分橡皮、软尺等塑料文具增塑剂超标；少数儿童玩具重金属超标；部分儿童家具甲醛超标，存在一定的风险隐患。

大连市质监局提醒学生及家长，在选购儿童用品时应注意以下几点：

看标签。标签中至少应包含产品名称、厂名厂址、执行标准、主要材质、填充物成分、产品使用说明、适用年龄范围、安全警示等。切勿购买"三无"产品。

辨外观。选购质地均匀，没有刺鼻异味、光滑无毛刺类产品。

有选择。家长尽量避免选购含有软质 PVC 塑料的儿童产品。

勤通风。购买儿童家具后，建议打开包装，放在通风处一段时间，可以部分去除儿童家具中的异味。

养习惯。叮嘱儿童不要养成咬玩具、文具的坏习惯。养成饭前洗手的好习惯，以免将塑化剂、有机溶剂、重金属或甲醛等摄入体内，危害身体健康。

资料来源：中国质量新闻网，http://www.cqn.com.cn/news/zjpd/dfdt/1044865.html.

社会质量监督常见的主要有社会团体、组织和新闻机构监督，社会舆论监督和用户质量监督。

社会团体、组织和新闻机构的质量监督是指社会团体、组织和新闻机构根据消费者和用户对商品质量的反映，对流通领域的某些商品和市场商品质量进行的监督检查。

社会舆论的监督是指中国质量管理协会用户委员会、中国消费者协会、中国质量万里行组织委员会等组织代表广大消费者和用户的利益，对商品质量实行社会监督。这些组织机构拥有受理消费者投诉、责成损害消费者利益的企业给予赔偿、公布检验结果、通知生产不合格商品的企业改进商品质量等职权。

用户的质量监督是指内外贸部门和使用单位，为确保所购商品的质量而进行的监督检验。如用户购买大型成套设备、装置时，可以按合同的规定自己派人或者委托技术服务部门进驻承制单位，对设备或装置的制造全过程实行质量监督。发现制造单位违反合同规定而粗制滥造时，用户有权通知企业改正或暂停生产，及时把住质量关，以保证成套设备装置的质量。

3.2.2　商业流通企业的商品质量防护

（1）采购环节的商品质量防护。商品通过采购进入流通领域。因此，采购成为流通流域商品质量保证的第一关。采购是一项复杂的活动，通过供应商管理、合同管理、商品管理等管理环节来实现对商品质量的约束保证。

1）合同中的质量描述。在商品流通中，需要一定的方式来描述和界定商品的质量情况，常用的商品质量约束标准主要有：①用样品表示，包含买方样品表示、卖方样品表示。②用文字说明表示，包含规格、等级、标准、品牌或商标、产地名称、说明书或图样。究竟采用何种表示质量的方法，应视商品特性而定。

凡能用科学的指标说明其质量的商品，适于凭规格、等级或标准买卖；有些难以规格化和标准化的商品，适于凭样品买卖；某些质量好并具有一定特色的名优产品，适于凭商标或品牌买卖；某些性能复杂的机器、电器和仪表，适于凭说明书和图样买卖；凡是具有地方风味和特色的产品，可凭产地名称买卖。这些表示质量品质的方法，不能滥用，而应当合理选择。此外，凡能用一种方法表示质量的，一般不宜采用两种或两种以上的方法来表示。如同时采用既凭样品又凭规格买卖则要求交货品质量既要与样品一致，又要符合约定的规格，要做到两全其美，有时难以办到，给履行合同带来困难。

2）零售企业向供应商索要的法规文件。零售企业在经营食品商品时应向供应商索要的法规文件主要有厂家营业执照、厂家卫生许可证，县级以上卫生防疫部门出具的卫生评价报告单和卫生监测报告书等。对于母乳代用品还应有食品批准证书。对于国产保健食品还应有保健食品批准证书。对于国产酒类还应索要酒类批发许可证、酒类生产许可证、商标注册证。对于进口食品（含进口保健食品）应有出入境检验检疫局出具的合格、有效、一一对应的卫生证书及附表原件或加盖中华人民共和国××地区（市）出入境检验检疫局红色公章的复印件，要求随货同行，证书中商品的生产日期、保质期必须与所送商品的生产日期、保质期相符；动植物检验放行单。对于进口酒类应有酒类批发许可证，××地区（市）出入境检验检疫局出具的合格、有效、一一对应的卫生证书及附表原件或加盖中华人民共和国出入境检验检疫局红色公章的复印件，要求随货同行，证书中商品的生产日期、保质期必须与所送商品的生产日期、保质期相符；动植物检验放行单。

零售企业经营进口化妆品，需要供应商提供进出口化妆品卫生许可证、国家检验检疫局或指定单位出具的卫生评价报告单和卫生检测报告书、中华人民共和国海关进口货物报关单。经营国产化妆品，需要供应商提供厂家生产许可证、厂家卫生许可证、特殊用途化妆品卫生审查批件或特殊用途化妆品证书、县级以上卫生防疫站出具的卫生评价报告单和卫生检测报告书。

零售企业经营进口皮鞋，需供应商提供委托代理或委托经销证明、出具合格检验单证、海关进口货物报关单。经营国产皮鞋，需供应商提供厂家营业执照、出具检验报告。

零售企业经营服装、纺织品、皮制品，如是进口商品，需供应商提供委托授权书、国家检验局或指定单位出具的合格检验单证、中华人民共和国海关进口货物报关单；如是国产商品，需供应商提供厂家营业执照、法定质量检验机构出具的检验报告。

零售企业经营日用百货类商品，如是国产商品，需供应商提供厂家营业执照、法定质量检验机构出具的检验报告、厂家生产许可证（压力锅和餐具洗涤剂、无磷洗衣粉、无磷洗衣液、消杀用品、保健用品）；如是进口商品，需供应商委托代理或委托经销证明、国家检验局或指定单位出具的合格检验单证、中华人民共和国海关进口货物报关单。

3）货源选择。采购时应优先选择这些类型的货源。名、特、优产品和性能先进、质量可靠的新产品；国家定点厂家生产的产品；充分证明其质量优良或顾客反映好的产品；通过国际和国家认证的产品；权威部门推荐的产品；按国家标准组织生产的产品；实施生产许可证管理的并已经取得生产许可证的产品。

（2）运输环节中的商品质量防护。运输环节中的商品质量防护包含以下内容：

1）包装。对包装过程进行控制，编制适当的包装作业指导书等。

根据产品特点、储存及运输中的情况进行包装设计，确定包装规范。

选用合适的包装材料，包装材料不能对产品产生不良影响。

在产品的外包装上标出运输中的注意事项。

包装箱外应有技术条件规定的标识，如小心轻放、请勿倒置、易损、防淋、防压、堆码、易燃易爆等标识。箱内有必要的文件，如包装清单、检验合格证等。

2）装卸搬运。编制必要的装卸搬运作业指导书。

使用与产品特性相适应的容器、固定装置、避震装置和运输工具等，对装卸、搬运工具进行适当的维护保养。

做好装卸、搬运的防护工作。装卸时应做到轻装轻放，重不压轻，大不压小，堆放平稳，捆扎牢固，搬运装卸过程中注意防止磕碰、防震、防碎、防雨、防晒、防丢失等。

完善装卸、搬运过程质量、安全防护，如固定、捆扎、隔离、押运等。堆放物件不可歪斜，高度要适当，对易滑动件要用木块垫塞。不准将物件堆放在安全通道内。装运易燃易爆化学危险物品时严禁与其他货物混装。要轻搬轻放，搬运场地不准吸烟。车厢内不准坐人。

装卸、搬运中，应注意保护产品标识，防止丢失或被擦掉。

对装卸、搬运人员进行必要的培训，以熟悉装卸、搬运要求。

（3）仓储环节的商品质量防护。仓储环节的商品质量防护包含以下内容：

1）验收。商品检查无误方可进行卸货、清点入库。对品质不合格的货物如存在严重或致命缺陷，可要求供应商进行换货，对于轻微缺陷的货物，经检验人员、销售部门、设计部门、制造部门等协商后，视生产、销售的现状以及紧急程度决定如何处理。验收项目包括：

发货单核对：看商品种类、数量、品质是否与采购订单相符。

检查各类单据：如装箱单、发票、合格证、质量证明等是否齐全。

检查包装：检验外包装是否完好，入库时是否需要另行包装等，以确保以前发出的订单所采购的货物已经实际到达并完好无损，符合数量要求。

日期检验：对有使用期限的货物应重点检查货物的生产日期、进货日期是否符合相关规定。

感官检验：对货物进行感官检查，依据相关标准、法规、合同约束的要求，判定货物质量。

2）储存。提供安全、可靠的存储区域、场所和设施，储存条件要符合产品养护要求，防止存储期间产品的变质和损坏。

做好防锈、防潮、防变质、防腐蚀、防失效、防虫蛀、防鼠咬、防老化、防破碎、防火、防盗、防水等工作。

对存储的产品做好适当的标识、隔离，防止产品误用。

对储存条件有特殊要求的商品，应做到特别的保管，如有防毒要求的物资应隔离存放。

制订入库、保管、出库的管理规定，如经检查合格的产品方可入库，定期盘点，储存记录完整准确，账、卡、物相符等。

制订必要的监控制度，如规定储存期限，实行先进先出的原则，定期检查等。

（4）销售环节的商品质量防护。销售环节的商品质量防护有以下内容：

1）做好上柜检验工作。商品在上柜销售前，由上货人员进行感官检查，凡发现已过保质期、霉变或包装破损的商品应立即撤柜，不得对外销售；对临近保质期的商品，应及时发出警示，妥善处理，保质期届满一律撤柜，不得对外销售。在检查中发现问题的商品，不得上柜销售。属假冒伪劣或有严重质量问题的商品，应及时向当地工商行政管理部门反映，并进行撤柜处理。建立撤柜商品处理台账，严密监控商品的流向、不得对外流失，更不得弄虚作假，重新包装上市。

2）做好销售环节的卫生规范管理工作。销售环节的卫生规范管理包含了场内、场外等所有设施、设备、场地、人员的卫生管理工作，如人员的卫生标准规范，陈列柜的清洁，幕墙、门窗、地面、扶梯、电梯、楼梯、灯具的清洁、消毒，作业场地设施的清洁消毒等。

3）积极配合相关部门的质量监管工作。积极配合相关机关对流通领域商品质量的监督检查，对在检查中发现的有问题的商品或监测中不合格的商品，应及时撤柜。

【引例3-8】进口婴幼儿奶粉的质量保护

原材料产地质量保护：我是一罐进口婴幼儿奶粉，来自千里之外的澳洲。那里有湛蓝清澈的天空和广袤无垠的大草原，犹如天然氧吧的生态环境孕育着优质的牧草和奶牛。

加工过程质量监控：我出生于一家大型现代化乳品企业，那里专门收集无添加的优质奶源，用先进的生产流水线、高效的作业规范和严格的卫生标准、严格的质量监控让我一出生就被贴上了高品质的"身份标签"。这家工厂已经通过了中国检验检疫部门高标准、严要求的多方位审核，我们也都拥有了唯一的"身份证号"——注册厂号。

运前准备：由于我们是首次踏上前往中国的旅程，需要做准备工作。专供婴幼儿食用的我，因为肩负重要使命，必须有详细而严格的检测报告作为"护照"才能走出澳洲大陆，我的外衣上还必须贴有完整、合格的产品标签，才能顺利抵达我梦想的中国土地。我被放进整洁的仓库，等待长途旅行的起航。

装卸搬运质量保护：一天清晨，两辆装载着集装箱的卡车来接我了！工人们将我们整齐稳固地装进集装箱，不久之后，我和小伙伴们就登上一艘海洋巨轮，满怀着憧憬和期待启程了！

抵达港口报检：经历了20多天的长途跋涉，我跨越太平洋，终于到达了中国上海外高桥口岸，我们被暂时运到了港区的仓库中。这时，我们在中国的新主人和"地接导游"——报检员来看望我们了。我仔细聆听着他们的对话，发现入境要通过的第一道关卡叫做"报检"。报检必须集齐能证明我们身份的相关"神器"，如"准生证"——外贸合同、"健康报告"——"卫生证书"、"身份证"——"原产地证"以及在启程前就准备好的产品标签及检测报告等，才能顺利通关。

外高桥局的老师们业务精湛，服务态度也是一流啊！老师审核《进口食品安全承诺书》时，发现这批婴幼儿奶粉没有放在专门的备案仓库里，把我急坏了！"后来，幸好老师给我详细解释了上海局的相关规定，还专门打印出备案仓库名单给我参考，才能这么快解决问题，真的太感谢他们了！没过多久，我和小伙伴儿们就乘坐"集卡专列"来到了查验场站，在这里我们将迎接新的考验——只听"咔嚓咔嚓"的清脆声响，集装箱的大门被打开了！我大口呼吸着这片晴空下清新的空气，温暖的阳光正照耀着两位检验检疫查验人员忙碌而一丝不苟的身影。他们穿着整齐威严的查验服，带着严肃的神情，手持厚厚一份单证，认真核对着张贴在纸箱上的"出生证明"——注册厂信息。接着，我们被小心翼翼地从集装箱中连箱抱出，轻放于木托盘之上。查验人员对我们的外包装、规格、生产日期以及标签上的原产地、进口商、营养成分表等进行逐一核对，整个过程我们都没有被放在地上，别说内包装了，就连白色金属罐外衣都还是一尘不染。"这批婴幼儿奶粉是首次进口，按照相关规定，我们要进行抽样检测。"查验人员耐心地对陪同我们的新主人说道，"根据进口食品动态管理系统的抽检项目，我们会把样品送到食品中心进行检测，结果合格的话就进入最后的出证环节了。"

进入备案仓库，等检验结果：带着些许不舍我们驶离了外高桥港区，在整洁宽敞的婴幼儿食品备案仓库里，我和小伙伴儿们井井有条地聚在一起。很快，检测结果就出来了，我们的各项指标全部合格。一纸《入境货物检验检疫证明》被交到了主人手里，这是我走完通关旅程的纪念册，也是前往最后一个目的地的入场券呢！

进入销售环节：小伙伴儿们挥手道别，各奔东西，我被送到了一家大型超市的进口食品专柜。我是一罐来自澳洲的进口婴幼儿奶粉。而从我被放入购物车的那一刻起，我将为眼前这个可爱孩子的健康成长付出所有，实现我的价值。

资料来源：中国质量新闻网，http://www.cqn.com.cn/news/zggmsb/disi/1066588.html.

3.2.3　商品质量的标识

（1）商品品级。商品品级是表示商品质量优劣的一种标志，它是指对同一品种的商品，按其达到商品质量标准的程度所确定的等级。

商品品级主要是用"等"或"级"的顺序来表示，如一等、二等、三等或一级、二级、三级，也有的用甲、乙、丙各等或级来表示。一般来说，工业品分三个等级，而食品特别是农副产品、土特产等多为四个等级，最多达到六七个等级，如茶叶、棉花、卷烟等。

商品品级的划分通常采用的方法有百分记分法、限定记分法、限定缺陷法三种。

百分记分法常用于食品等级的划分与评定。它是将各项指标的标准情况规定为一定的分数，重要的指标占分数高，次要的指标占分数低。如果各项指标完全合乎标准要求，则总分为 100 分；如果某一项质量指标不合乎标准要求，就按该项分值适当减分，最后根据合计总分高低按分数段来分等级。百分记分法分数越高，商品质量越好；分数越低，商品质量越差。

限定记分法常用于纺织商品的品级划分。它是将商品的各种疵点规定为一定的分数，以疵点分数的合计总分高低按分数段来划分等级。商品缺陷多，则分数高，商品品级越低，商品质量越差。

限定缺陷法常用于工业品的品级划分。它是在商品可能产生疵点的范围内规定各类商品每个品级限定疵点的种类和数量以及不能出现的疵点和绝对成品为废品的疵点限度等。

看板：园艺产品的分级方式

在国外，等级标准分为国际标准、国家标准、协会标准和企业标准。水果的国际标准是 1954 年在日内瓦由欧共体制定的，许多标准已经重新修订，主要是为了促进经济合作与发展。第一个欧洲国际标准是 1961 年为苹果和梨颁布的。目前已有 37 种产品有了标准，每一种产品包括三个贸易级，每级可有一定的不合格率。特级——特别好，一级——好，二级——销售贸易级（包括可进入国际贸易的散装产品）。这些标准或要求在欧共体国家园艺产品进出口上是强制性的，由欧共体进出口国家检查品质并出具证明。国际标准属非强制性标准，一般标龄长，要求较高。国际标准和各国的国家标准是世界各国均可采用的分级标准。

美国园艺产品的等级标准由美国农业部（USDA）和食品安全卫生署（FSQS）制定。目前美国对园艺产品的正式分级标准为：特级——质量最上乘的产品；一级——为主要贸易级，大部分产品属于此范围；二级——产品介于一级和三级之间，质量明显优于三级；三级——产品在正常条件下包装，是可销售的质量最差的产品。此外，加利福尼亚州等少数几个州设立有自己的园艺产品分级标准。在美国有一些行业还设立了自己的质量标准或某一产品的特殊标准，如杏、粘核桃、加工番茄和核桃，这些标准是由生产者和加工者协商制定的。检查工作由独立部门如加州干果协会和国际检查部门进行。

园艺产品由于供食用的部分不同，成熟标准不一致，所以没有固定的规格标准。在许多国家园艺产品的分级通常是根据坚实度、清洁度、大小、重量、颜色、形状、成熟度、新鲜度以及病虫感染和机械损伤等多方面考虑。我国水果的分级标准是在果形、新鲜度、颜色、品质、病虫害和机械伤等方面已符合要求的基础上，根据果实横径最大部分直径分为若干等级。如我国出口的红星苹果，山东、河北两省的分级标准为，直径为65~90毫米的苹果，每相差5毫米为一个等级，共分为五等。四川省将出口到一些西方国家的柑橘分为大、中、小三个等级。广东省惠州地区出口中国香港、中国澳门的柑橘中，直径51~85毫米的蕉柑，每差五毫米分为一个等级；直径61~95毫米的碰柑，每差五毫米分为一个等级，共分七等；直径51~75毫米的甜橙，每差五毫米分为一个等级，共分五等。

资料来源：潘凯.园艺商品学 [Z].百度文库，2001.

(2) 商品质量认证的分类。商品质量认证标志是指商品经法定的认证机构按规定的认证程序认证合格，准许在该商品及其包装上使用的表明该商品的有关质量性能符合认证标准的标识，包括以下两种：

1) 按认证内容。按认证内容不同分为合格认证、安全认证及综合认证三种。

合格认证。认证机构依据相关的标准和技术要求对产品进行型式检验，用合格证书和合格标志加以证明的认证。属于自愿性认证。

安全认证。以安全标准或商品标准中的安全要求为依据，对商品或只对商品有关安全的项目所进行的认证。世界各国的安全认证通常属于强制性认证。

综合认证。某些有安全要求的商品常常既需要安全认证又需要合格认证，同时需要获得两种认证标志，这种认证称为综合认证。

2) 按认证的约束性。按认证的约束性可分为强制性认证和自愿性认证。

强制性认证：家用电器、汽车、安全玻璃、医疗器械、电线电缆、玩具等产品的质量认证，其中 CQC 认证机构被指定承担强制性产品认证制度（CCC）目录范围内的 18 大类 146 种产品的认证工作。

自愿性认证：相关的质量、安全、性能、电磁兼容等认证要求，认证范围涉及机械设备、电力设备、电器、电子产品、纺织品、建材等 500 多种产品。

（3）常见的质量认证。常见的质量认证包括以下几种：

1）食品质量认证。食品质量认证有有机食品、绿色食品、无公害食品和保健食品。

有机食品标志由农业部下属的中绿华夏有机食品认证中心等机构负责认证，也有一些国外有机食品认证机构在我国开展有机食品认证工作的。目前认证的有机食品种类主要包括有机农作物产品、有机茶产品、有机食用菌产品、有机禽畜产品、有机水产品、有机蜂产品、采集的野生产品以及用上述产品为原料的加工产品。有机食品的主要特点是在生产和加工过程中不使用任何的人工合成的农药、肥料、除草剂、生产激素、防腐剂、添加剂等化学物质，要求原料产地也没有工业企业的直接污染，大气、土壤、水体等环境也要符合国家质量标准。

绿色食品是中国对具有无污染的安全、优质、营养类食品的总称。是指按特定的生产方式生产，并经国家有关的专门机构认定，准许使用绿色食品标志的无污染、无公害、安全、优质、营养型的食品。绿色食品分为 A 级和 AA 级两个等级，绿色食品与有机食品遵守相同的原则和标准。绿色食品认证工作由中国绿色食品发展中心负责。

无公害食品是指在无公害污染的环境中采用安全的生产技术并按相应标准生产的、对身体健康及生态环境不造成危害，符合通用卫生标准并经有关部门认定的产品。即允许限量、限品种、限时间的使用人工合成化学农药、兽药、鱼药、肥料、饲料添加剂等。无公害食品是对食品最基本的要求，其认证工作由农业部农产品质量安全中心负责。

保健食品是食品的一个种类，具有食品的共性，能调节人体的机能，适用于特定人群食用，但不以治疗疾病为目的。"食字"号商品，一般为含有营养成分的食品或含有新资源的食品，由地方卫生部门审批，食品批文号如"×食监字"。由国家卫生部审批、含有新资源食品的批文号为"卫新食字"。"食健字"商品为国家制定的"保健食品管理办法"规定，具有特定保健功能的食品，称为"保健食品"，需经国务院卫生行政部门审批，其批准文号为"×食健字"。"药健字"商品为具有特定保健营养功能的药品，称为"保健药品"，由卫生行政部门严格审批，其批准文号如"×卫药健字"。

2）纺织品质量认证。常见的纺织品质量认证标志有羊毛标志、纯棉标志。

国际羊毛局（IWS）于 1964 年推出纯羊毛标志，1971 年推出了羊毛混纺标志。羊毛混纺标志下要给出精确的混纺比例。带有纯羊毛标志的商品必须是纯新羊毛，即非再生毛，指允许有 0.3% 的杂质，并允许有占总质量 5% 的装饰性非羊毛纤维，如珠片、绣花或加强产品性能的添加物。羊毛混纺标志也不允许使用再生毛，混纺时只允许有一种非羊毛纤维与羊毛混纺，且羊毛含量必须在 60% 以上（与棉混纺时可降到 55%）。申请羊毛标志的程序是：厂家提出申请，国际羊毛局认定该厂具备一定条件后，到厂考察，产品送到指定检测部门检测，合格后，双方签订协议书，颁发"纯羊毛标志"或"羊毛混纺标志"的使用许可证。今后每生产一批产品都要到指定检测部门检测，抽样率为千分之一。

中国棉纺织行业协会于 1997 年推出了纯棉商品标志。纯棉标志的商品是指由 100% 的棉纤维纺制而成且具有较高品质的纯棉织物制品，在使用纯棉标志的商品中有且只允许有由于装饰或功能的需要，使用少量的非棉纤维，但装饰用的纤维必须是可见的，非棉纤维含量不得超过 2%，其他情况不能使用其他纤维。纯棉标志是一种"证明商标"，是证明纯棉商品的棉纤维含量、质量、服务方面的标志，受法律保护。从事纯棉产品的生产单位欲使用纯棉标志，应向"纯棉标志技术委员会"提交申请，经评审符合条件后，签订《纯棉标志使用协议书》，颁发《纯棉标志证明商标标准用证》后，申请单位方可使用。

3）中国环境标志。中国环境标志建立在第三方设立的商品生命周期评价体系的标准之上，是一个基于多重准则的标志。它表明商品不仅质量合格，而且在生产、使用和处理过程中符合环境保护要求，与同类商品相比，具有低毒少害、节约资源等环境优势。该标志由国家环保总局认证中心认证，是目前最权威的绿色标志，它可以受理认证 57 个类别商品。

4）CCC 认证。为更好地与国际市场接轨，自 2003 年 8 月 1 日起，中国以单一的（中国强制性商品）认证制度（以下简称新制度）逐步取代过去由原国家出入境检验检疫局颁布并组织实施的进口商品安全质量许可制度和原国家质量技术监督局颁布并组织实施的产品安全认证强制性监督管理制度（以下简称老制度）。

自 CCC 认证强制执行起，废止 CCIB 及 CCEE 标志。

（4）QS 认证。生产许可证标志由"企业产品生产许可"汉语拼音"QiyechanpinShengchanxuke"的缩写"QS"和"生产许可"中文字样组成。标志主色调为蓝色，字母"Q"与"生产许可"四个中文字样为蓝色，字母"S"为白色。生产许可证标志由企业自行印（贴）。可以按照规定放大或者缩小。

取得生产许可证的企业应当自准予生产许可之日起六个月内完成在其产品或者包装、说明书上标注生产许可证标志和编号的工作。根据产品特点难以标注的裸装产品，可以不予标注。

1）申请条件。企业取得生产许可证，应当符合下列条件：有与拟从事的生产活动相适应的营业执照；有与所生产产品相适应的专业技术人员；有与所生产产品相适应的生产条件和检验检疫手段；有与所生产产品相适应的技术文件和工艺文件；有健全有效的质量管理制度和责任制度；产品符合有关国家标准、行业标准以及保障人体健康和人身、财产安全的要求；符合国家产业政策的规定，不存在国家明令淘汰和禁止投资建设的落后工艺、高耗能、污染环境、浪费资源的情况。法律、行政法规有其他规定的，还应当符合其规定。

2）申办流程。申办流程如下：

第一步：申请和受理。在中华人民共和国境内生产、销售或者在经营活动中列入实施生产许可证管理目录的企业，向所在地省级质量技术监督局工业产品生产许可证办公室提出申请办理工业产品生产许可证时，需要提交《全国工业产品生产许可证申请书》一式三份及相关材料；县级以上质量技术监督局负责本行政区域内工业产品生产许可证的监督检查工作。

第二步：实地考察。企业生产许可证申请被受理以后，应接受审查。审查组织单位将指派 2~4 名审查员组成审查组，根据《××产品生产许可证企业实地核查办法》进行实地核查，审查前 5 日通知企业，核查时间一般为 1~3 天。

第三步：企业产品检验。在第二步接受企业实地核查合格的企业，要进行样品抽样检验。企业根据审查组提供的所有承担该产品生产许可证检验任务的检验机构名单及联系方式，自主选择检验单位，审查组填写《××产品生产许可证抽样单》一式四份。

第四步：审定与发证。国家质检总局自受理企业申请之日起 60 日内作出是否准予许可的决定。符合发证条件的，国家质检总局应当在作出许可决定之日起

10 日内颁发生产许可证；不符合发证条件的，应当自作出决定之日起 10 日内向企业发出《不予行政许可决定书》。国家质检总局自作出批准决定之日起 20 日内，将获证企业名单以公告、网络（http：//www.aqsiq.gov.cn/search/gyxkz/）方式向社会公布。

讨论时间

（1）真正的西湖龙井茶在包装上要有哪些标识？

_____

_____

（2）商品故事中采用哪些手段判定西湖龙井茶的真伪？

_____

_____

_____

（3）为什么有了防伪标，依然是假西湖龙井茶？质量管理上哪里出现了问题？

_____

_____

_____

能力训练

实训：模拟门店食品类商品的自然损耗的降低

一、实训内容

项目名称	模拟门店食品类商品的自然损耗的降低
时间	60 分钟
场景	规范生鲜商品作业流程，加强质量管控
商品	国内产蔬菜、水产、畜肉
目的与目标	1. 能够结合流通环节对商品质量的影响因素的分析进行质量管控要点总结 2. 能够结合质量监督和质量认证的知识分析质量管控的手段与处理方式
要求	1. 从供应链角度考虑流通环节各管理模块的质量管控的重要节点 2. 从商品自然质量防损的角度列数即可

续表

项目名称	模拟门店食品类商品的自然损耗的降低
准备工作	1. 管理条例分享 2. 超标蔬菜质量管控资料分享
方法	1. 任务讨论 2. 撰写文案 3. 学生讲解

二、实训步骤

第一步 小组分工

第二步 资料收集

（1）蔬菜的验收、防损。

（2）水产的验收、鲜度管理。

（3）畜肉的验收、质量管控。

第三步 资料分析

（1）蔬菜的采购、运输、验收、分拣、陈列、销售。

（2）水产的采购、运输、验收、储存、陈列、销售。

（3）畜肉的采购、运输、验收、储存、陈列、销售。

第四步 成果展示

三、操作要求

1. 纸张要求：学院作业纸或 A4 纸。

2. 格式要求：字迹要求工整、清晰可辨认；标题居中，正文首行缩两格；落款右对齐，表格形式，内容为小组成员+工作分工+文案资料。

四、成绩评定

评价内容	分数	自我评价	小组互评	教师评价
PPT 设计	2			
文案资料分析	4			
文案格式	2			
语言表达	2			
合计	10			

本章小结

　　商品质量是指商品所具有的特征或特性满足规定和隐含的要求（或需求）的程度。商品质量具有针对性、相对性、可变性。有形商品质量的基本要求包括了使用性、安全卫生性、审美性、经济性、信息性和可追溯性、寿命和可靠性；服务商品质量的基本要求包括了功能性、时间性、安全性、文明性、舒适性、经济性。生产环节、销售环节、消费使用环节、废弃环节都存在影响商品质量的因素。

　　商品质量监督是根据国家的质量法规和商品质量标准，由国家指定的商品质量监督机构对生产和流通领域的商品和质量保证体系进行监督的活动。我国商品质量监督包括国家质量监督和社会质量监督两种。商业企业对商品质量的防护要从采购源头抓起，注重合同约束，索要法规文件；加强储运、销售环节上的商品养护工作。

　　商品质量标识包含了商品品级、商品质量认证标志等内容。常见的商品质量认证标志有食品质量认证、纺织品质量认证、中国环境标志、CCC认证标志。

　　QS标志。生产许可证标志由"企业产品生产许可"汉语拼音"Qiyechanpin Shengchanxuke"的缩写"QS"和"生产许可"中文字样组成。标志主色调为蓝色，字母"Q"与"生产许可"四个中文字样为蓝色，字母"S"为白色。生产许可证标志由企业自行印（贴）。可以按照规定放大或者缩小。取得生产许可证的企业应当自准予生产许可之日起六个月内完成在其产品或者包装、说明书上标注生产许可证标志和编号的工作。根据产品特点难以标注的裸装产品，可以不予标注。

知识测试

一、填空题

　　1. 质量是一组（　　　　　　　　　）满足（　　　　　　　　　）的程度。

　　2. 商品质量特性包含了（　　　　　　　）、（　　　　　　　）、（　　　　　　　）三个方面。

　　3. 商品质量监督的依据是（　　　　　　　）和（　　　　　　　），标准多属于（　　　　　　）。

4. 在商品流通中，需要一定的方式来描述和界定商品的质量情况，常用的商品质量的约束标准主要用（　　　　　　）、（　　　　　　）表示。

5. 百分记分法分数越高，商品质量（　　　　　　）；分数越低，商品质量（　　　　　　）。

二、判断题

1. 商品在上柜销售前，由负责上货人员进行感官检查，凡发现已过保质期、霉变或包装破损的商品应立即撤柜，不得对外销售。（　　）

2. 对临近保质期的工业品商品，可更换保质期标识重新包装之后再对外销售。（　　）

3. 无公害食品是中国对具有无污染的安全、优质、营养类食品的总称。（　　）

4. 自 CCC 认证强制执行起，废止 CCIB 及 CCEE 标志。（　　）

5. 裸装商品也必须标注 QS 标志。（　　）

三、选择题

1. 食品的保质期、医药商品和化妆品的有效期是指（　　）。

A. 储存寿命　　　B. 使用寿命　　　C. 可靠性　　　D. 特性

2. 服务能否及时、准确、省时地满足服务需求的能力是服务的（　　）。

A. 时间性　　　B. 安全性　　　C. 文明性　　　D. 经济性

3.（　　）是食品的一个种类，具有食品的共性，能调节人体的机能，适用于特定人群食用，但不以治疗疾病为目的。

A. 保健食品　　　B. 有机食品　　　C. 绿色食品　　　D. 无公害食品

4. 下列因素属于工业品生产环节影响商品质量的是（　　）。

A. 原材料　　　B. 运输　　　C. 废弃　　　D. 陈列

5. 下列因素属于工业品销售环节影响商品质量的是（　　）。

A. 原材料　　　B. 堆码　　　C. 陈列柜清洁　　　D. 消费使用

四、多项选择题

1. 质量认证按内容不同分为（　　）。

A. 合格认证　　　B. 安全认证　　　C. 自愿性认证　　　D. 综合认证

2. 采购国产食品，应向供应商索要的法规文件有（　　）。

A.厂家营业执照

B.厂家卫生许可证

C.县级以上卫生防疫站出具的卫生评价报告单

D.县级以上卫生防疫站出具卫生检测报告书

3.下列属于食品质量认证标识的有（　　）。

A.有机食品标识　　　　　　　B.羊毛标志

C.纯棉标志　　　　　　　　　D.无公害食品标志

4.商品在储存期间，由于商品本身的性质和储存的外部环境的影响，商品会发生一定的变化。外部环境主要有（　　）。

A.温、湿度　　　B.气体成分　　　C.微生物　　　D.害虫

5.商品质量监督的对象可以是下列（　　）等实体。

A.产品　　　　B.商品　　　　C.质量保证体系　　　D.销售

五、概念题

1.商品质量

2.商品品级

3.商品质量监督

4.商品质量认证标志

六、简答题

1.商品质量监督的种类有哪些？

2.常见食品质量认证标志有哪些？

七、论述题

1.试述商品质量的影响因素。

2.举例说明有形商品质量的基本要求。

第 4 章

商品检验

目标分解

知识目标：理解商品检验的内涵

掌握商品检验的内容

了解商品检验的分类、方法

掌握我国商品标准的分级

技能目标：能够准确说出包装上标准号的级别

熟练运用感官检验法对日常商品进行检验

素养目标：培养学生一丝不苟、求真务实的职业精神

培养学生整体思考问题的能力

商品文化与学生人文素质融合提升

4.1 商品检验的内涵

商品检验不符合合同规定引发的赔偿

我国某省进出口公司于 2009 年 11 月 9 日与澳大利亚某公司签订一份由我方公司出口化工产品的合同。

合同规定的品质规格是，TiO_2 含量最低为 98%，重量 17.59 公吨，价格为每公吨 1130 美元，总价款为 19775 美元，以信用证方式付款，装运期为 2009 年 12 月 31 日之前，检验条款规定：商品的品质、数量、重量以中国进出口商品检验证书为最后依据。我方收到信用证后，按要求出运货物并提交了单据，其中商检证由我国某省进出口商品检验局出具，检验结果为 TiO_2 含量为 98.53%，其他各项也符合规定。

2010 年 3 月，澳方公司来电反映我方所交货物质量有问题，并提出索赔，5 月 2 日，澳方公司再次提出索赔，并将澳大利亚商检部门（SGS）出具的抽样与化验报告副本传真给我方。SGS 检验报告称，根据抽样调查，发现货物颜色有点发黄，有可见的杂质，TiO_2 的含量是 92.95%。

2010 年 6 月，我方公司对澳方公司的索赔作了答复，指出货物完全符合合同规定，我方有合同规定的商检机构出具的商检证书。但澳方认为，我方货物未能达到合同规定的标准，理由是：

（1）经用户和 SGS 的化验，证明货物与合同规定"完全不符"。

（2）出口商出具的检验证书不是合同规定的商检机构出具的，并且检验结果与实际所交货物不符。

后来，本案经我国驻悉尼领事馆商务室及贸促会驻澳代表处从中协调，由我方公司向澳方赔偿相当一部分损失后结案。

资料来源：百度文库，http://wenku.baidu.com/link?url=FCICCrzPvlMfuIYp_63XMnxWwhJjvX4s99 – 3miqC4VjjjHtnpiakr8RLfIvs6MbkWZd1dqW_O4yjWETBafsui66Zib7–qBVZgWG_fxQ4Jy7.

思考： 商品检验的内容有哪些？商品检验的方法有哪些？

知识储备

商品检验是指商品的供货方、购货方或第三方在一定条件下，借助某种手段和方法，按照合同标准或国际、国家有关法律、法规、惯例，对商品的质量、规格、重量以及包装等方面进行检查，并作出合格与否或通过检验与否的判定，或为维护买卖双方的合法权益，避免或解决各种风险损失和责任划分争议，便于商品交接结算而出具各种有关证书的业务活动。

商品质量检验是商品检验的中心内容，是早期商品质量管理的主要手段和环节，商品生产出来后通过检验剔除不合格品，剩下合格商品加贴合格证后进入市场销售。

4.1.1　商品检验的内容

商品检验的范围很大，大体上包括外质检验与内质检验两个方面。外质检验主要通过感官对商品的外形、结构、花样、色泽、气味、触感、疵点、表面加工质量、表面缺陷、商品包装标签和标签内容等进行检验。内质检验主要通过物理、化学、生物学等方法对商品有效成分的种类含量、有害物质的限量、产品的化学成分、物理性能、机械性能、工艺质量、使用效果等进行检验。

（1）商品质量检验。商品质量检验是商品检验的主要内容。商品质量检验包括成分、规格、等级、性能和外观质量等的检验。商品质量检验用于判断商品的各项指标是否符合标准的各项规定，进一步判定商品是否合格。《产品质量法》是商品质量检验的法律依据，相关标准是商品质量指标检验的技术依据。

【引例 4-1】 被索赔的贸易

我国某外贸公司与欧洲 G 国某公司签订了出口半漂布合同。根据双边贸易协定，凡是从中国进口货物，均按 G 国国家标准进行验收。这批出口半漂布合同的品质条款规定交货品为一等品，每 100 米漂布允许 10 个疵点，每个疵点让码 10 厘米。我国出口后即遭对方索赔，G 国对我出口的 500 多万米半漂布，认为不符合合同品质条款，提出高达 110 万美元的索赔要求。G 国某公司也承认，这个合同的品质要求实际做不到，但已签订了合同，就要赔偿，最后我方公司赔偿相当金额的违约金后了结此案。

资料来源：汪永太.商品学（第 2 版）[M].北京：电子工业出版社，2013.

（2）商品重量和数量的检验。商品的重量检验是根据合同规定，采用规定的计量方式，计量出商品准确重量的检验；商品的数量检验是按照发票、装箱单或尺码明细单等规定，对整批商品进行逐一清点，得到实际装货的准确数量的检验。

（3）商品的包装检验。商品包装检验是根据商品标准或合同的有关规定，对商品的包装标志、包装材料、种类、包装方法等进行检验，判断包装是否符合规定要求的检验活动。商品包装包括商品的运输包装和销售包装检验，一般商品的销售包装技术要求包含在商品标准中，不符合包装技术要求的不能出厂销售；运输包装则由运输部门制定包装规定或由当事人双方在运输合同中根据运输要求制定，运输包装不符合规定会造成一定的货物损失。

【引例 4-2】食品包装标示内容

《预包装食品标签通用标准》（GB7718-2011）规定：直接向消费者提供的预包装食品标签标示应包括食品名称、配料表、净含量和规格、生产者和（或）经销者的名称、地址和联系方式、生产日期和保质期、贮藏条件、食品生产许可证编号、产品标准代号及其他需要标示的内容。

资料来源：预包装食品标签通用标准 [S].

（4）商品安全卫生检验。商品安全检验主要是指电子电器类商品的漏电检验、绝缘性能检验和 X 光辐射检验，服装商品的静电检验等。商品卫生检验是指对商品中的有毒、有害物质及微生物进行的检验，对食品中的添加剂用量、服装商品的甲醛含量等进行的检验。

（5）其他检验。商品进出口检验业务中，除了上述检验内容外，还包括海损鉴定、集装箱检验、进出口商品的残损检验、进出口商品的装运技术条件检验、货载衡量、产地证明、价值证明以及其他业务的检验。

4.1.2　商品检验的依据

（1）我国商品标准的分级。国家标准、行业标准和地方标准的代号、编号办法，由国务院标准化行政主管部门统一规定。企业标准的代号、编号办法，由国务院标准化行政主管部门会同国务院有关行政主管部门规定。标准的出版、发行办法，由制定标准的部门规定。

1）国家标准。国家标准是指由国家标准化主管机构批准发布、在全国范围内统一实施的标准。国家标准分为强制性国家标准和推荐性国家标准。强制性国家标准的代号为"GB"，推荐性国家标准的代号为"GB/T"。

2）行业标准。行业标准是指由专业化主管机构或组织批准发布，在某一行业范围内统一实施的标准。行业标准编号由行业标准代号、标准顺序号和年号构成，若在行业标准代号后加"/T"，则组成推荐性行业标准代号。

3）地方标准。地方标准是指没有国家标准和行业标准，又需要在省、自治区、直辖市范围内统一的工农业产品的技术、安全、卫生等标准。地方标准编号由地方标准代号（DB）、地方标准顺序号和年号构成。

4）企业标准。企业标准是指由企业制定发布、在该企业范围内统一使用的标准。企业标准代号为"Q"。某企业标准编号由企业标准代号、该企业代号、标准顺序号和年号构成。

（2）进出口商品检验的依据。我国 1989 年颁布、2002 年修订的《中华人民共和国进出口商品检验法》第四条规定：国家商检部门制定、调整必须实施商品检验的进出口商品检验目录并公布实施。第五条规定：进口商品未经检验的，不准销售、使用；出口商品未经检验合格的，不准出口。第六条规定：必须实施的进出口商品检验，是指确定列入目录的进出口商品是否符合国家技术规范的强制性要求的合格评定活动。合格评定程序包括：抽样、检验和检查；评估、验证和合格保证；注册、认可和批准以及各项的组合。第七条规定：列入目录的进出口商品，按照国家技术规范的强制性要求进行检验；尚未制定国家技术规范的强制性要求的，应当依法及时制定，未制定之前，可以参照国家商检部门指定的国外有关标准进行检验。第九条规定：法律、行政法规规定由其他检验机构实施检验的进出口商品或者检验项目，依照有关法律、行政法规的规定办理。

1）检验检疫商品目录。2000 年 1 月 1 日，我国国家出入境检验检疫局与海关总署联合发布了 2000 年第一号公告，公布《出入境检验检疫机构实施检疫的进出境商品目录》，并于当年 2 月 1 日起施行。该目录是在原国家商检局制定的《进出口商品检验种类表》和原卫生检疫局制定的《进出口卫生监督检验食品与 H·S 目录对照表》的基础上合并、修订而形成的现行法定检验检疫商品目录。凡列入该目录的进出境商品，必须凭出入境检验检疫机构签发的货物通关证明验放。

2）依据法律、法规和标准实施检验。法律、行政法规规定有强制性标准或者其他必须执行的检验标准的，按照强制性标准或检验标准检验；法律、行政法规未规定有强制性标准或者其他必须执行的检验标准的，按照对外贸易合同约定的检验标准检验，实物标准具有同等效力；法律法规规定的强制性标准或检验标准，低于外贸合同检验标准时，可以按照合同规定的检验标准检验。

（3）内贸商品检验的依据。我国在 1986 年 12 月 2 日发布的《中华人民共和国国境卫生检疫法》，1988 年发布、于 1989 年 4 月 1 日实施的《中华人民共和国标准化法》、《中华人民共和国进出口商品检验法》，1993 年发布并于当年 9 月 1 日起实施的《中华人民共和国产品质量法》，1995 年 10 月 30 日发布的《中华人民共和国食品卫生法》等系列法律、法规，为商品检验提供了实施商品检验的法律依据。

1）质量标准。质量标准是检验商品质量的主要依据，是生产、经营企业必须执行的技术法规。在实际运用中，国家、行业或地方强制性标准是必须执行的标准；而各级推荐性标准企业可以选择执行，也可以选择制定企业标准，这种情况，国家通过标准备案来进行控制，一旦企业确定了执行何种标准并通过技术监督局备案，该标准就是企业必须执行的标准，是商品检验的依据。

2）统检细则。国家和地方监督部门出于对某一产品主要项目进行全面监督抽查的需要，根据国家标准、行业标准或地方标准制定统一检验项目、统一检验方法、统一技术指标和统一判据的统检细则。

3）检验规则。当没有国家标准、行业标准和地方标准时，政府质量监督部门临时制定的检验项目、检验方法、技术指标和判据的检验细则。

4）购销合同。购销双方约定的质量要求，必须共同遵守，一旦发生质量纠纷时，没有违背现行国家法律法规的购销合同的质量要求，就是仲裁的法律依据。

讨论时间

袋装茶出口检验的依据有哪些？

4.2 商品检验的方法

商品故事

看得见的健康

从 2004 年开始，安溪就开始致力于生态茶园的建设，按照"茶园周边有林，路边、沟边有树，梯壁、梯岸有草，茶园内沟外埂"的基本要求，增加生物多样性，改善茶园小气候，同时引进有色粘虫板、太阳能杀虫灯、频振式杀虫灯、茶园释放捕食螨等生物、物理绿色防控技术，建设生态茶园 30 多万亩。

2009 年以来，安溪学习法国葡萄酒庄园模式，2011 年 3 月在全国率先建设"安溪县农资监管与物流追踪平台"。目前，全县有 400 多个农药经营网点，20 多万茶农使用"农资购买卡"。去年安溪茶叶出口 1.2 万吨，出口茶叶连续六年全部通过输入国官方检测。

为了从源头把控茶叶品质，企业还与农户密切协作，建立茶叶质量安全"联作制"管控模式，形成利益共享、风险共担的共同体，把控采购茶叶质量，促使茶农自我约束又互相监督。安溪县还组建 900 多家茶叶专业合作社，并成立福建省首家茶叶合作社联社，带动农户六万多户，管控茶园面积 10 万亩以上。

如此一来，零散茶园从分散型的"散兵游勇"模式向企业化基地转变，茶园管控从此由分散走向集约。企业在茶叶种植、初制、精制等环节上都可以有效把控，茶企由此获得源源不断的安全原料。

产品自检 层层"检测"筑牢防火墙

近日，福建省食品药品监督管理局食品生产安全监管处发布通报，茶叶产品省级监督抽查共抽检全省 468 家企业生产的安溪铁观音、乌龙茶等茶叶产品 542 批次，合格 542 批次，合格率为 100%。

强化茶叶质量检测是抓好茶叶质量安全的支撑。近年来，安溪县投资 3000 多万元在县内建设了两个国家级茶叶检测机构——国家茶叶质量监督检验中心和国家级茶叶检测重点实验室，可承检茶叶质量安全指标 100 多项，覆盖我国和欧、美、日等发达国家法规标准要求，年检测样品3000多个、项目2万多项。

为强化产品安全自检能力，一些茶企不惜投入巨资，建立茶叶检测实验室，承担省乌龙茶质量与安全控制重点实验室的建设。企业建立实验室，引进先进检测设备，基地自产及收购于合作社的原料都要送到实验室，批批严检。所有成品出厂前，还要先经过严格的农残、化学、重金属、微生物等检测，一旦一项指标超标，整批次都出不了大门，整个过程要10天左右。

国家质检总局将安溪铁观音列入新一轮中国—欧盟地理标志互认、互保产品谈判清单，这意味着安溪铁观音今后在欧盟市场上将享受原产地的法律保护。安溪启动陈香型铁观音国家标准的制定，获批泉州国家农业科技园（茶叶园）、国家茶叶质量安全工程技术中心。

安溪县还加大资金投入，在县、乡、村三个层面建立了不同等级的茶叶检测实验室，形成较具特色、覆盖全县的茶叶质量安全检测网络，为茶叶质量安全提供有力的技术保障。

资料来源：http://gx.people.com.cn/n/2014/1218/c361534–23266452.html.

思考：（1）故事中铁观音的检验方法有哪些？

（2）消费者购买茶叶时想了解哪些信息？会用到哪些检验方法？

知识储备

4.2.1　感官检验法

感官检验法是鉴定者利用眼、鼻、口、耳、手等感觉器官，通过眼看、鼻闻、口尝、耳听、手触，对商品的外形、色泽、气味、透明度、滋味、硬度、弹性、声音等感官指标以及包装的结构和装潢等进行审查，判断商品品质优次和包装是否符合要求的鉴定方法。

感官检验法在商品流通领域中使用比较广泛，其优点是：不需要复杂精密仪器、简便易行、快速灵活、成本低、可以依赖实践经验进行判断；缺点是：准确度低，检验项目受感官能力限制，只能得出初步判断，需要进一步检验。

（1）视觉检验法。视觉检验是用人的视觉器官，通过观察商品的外形、结构、外观疵点、颜色、式样、包装的结构和装潢以及其他需要检验的感官指标来评定商品的质量品质。凡是直接能够用眼睛分辨的质量指标都适合视觉检验。具体检验内容和采用方法因商品而异。

【引例 4-3】 茶叶品质的视觉检验

茶叶品质审评中决定茶叶品质的外形、香气、滋味、汤色和叶底中的外形均需通过视觉鉴定来评定。

外形审评（红茶、绿茶和花茶）：首先称取样茶约 250 克，置于样茶盘（评茶盘）中，然后双手持盘以波浪式筛转，在筛转过程中样茶大体分为面张茶、中段茶和下盘茶。审评成品茶外形时，首先看粗松轻飘的面张茶；其次拨开面张茶看紧结重实的中段茶；再次分开中段茶看细小的下盘茶；最后再将样茶盘筛转几次，使茶叶充分混匀，取一小撮混合均匀的样茶，撒于空白样茶盘中，观察条索粗细、松紧等情况。通过上述审查，根据条索形态、色泽、整碎和净度与标准样茶比较优次，综合分析，作出外形审评结论。

汤色审评：外形审评后称取混合均匀的样茶 3 克，置于容量为 150 毫升的审茶杯中，用沸水冲满并加盖，浸泡五分钟，将茶汤倾入容量为 150 毫升的审茶碗（高约 5.5 厘米，内径 9.2 厘米，外径 9.5 厘米）中，审评茶杯中香气后，在反射光线下评比茶汤汤色的深浅、明暗、清浊、新陈等。

叶底审评：在外形、香气、汤色、滋味审评后，将审茶杯中的叶底移入叶底盘中摊开铺平，通过目视、手摸鉴定叶底色泽的明暗、有无花杂，叶张的软硬、粗嫩，芽头的多少和均匀程度。

资料来源：苗述风. 外贸商品学 ［M］. 北京：对外经济贸易大学出版社，1994.

视觉检验鉴定者应该具有丰富的关于被鉴定商品外观形态方面的知识，并熟悉标准样品中各等级的条件、特征和界限；视觉鉴定过程中要注意对光线强弱的要求。

（2）嗅觉检验法。嗅觉检验是用人的嗅觉器官检查商品的气味，进而评价商品质量的优次。气味的优次和正常与否是许多食品和化妆品、洗涤用品、香料、肥皂、牙膏等商品的重要品质指标。凡是品质好的商品均应具有正常的气味或优美馥郁的香气。酸、馊、哈、臭等怪味是商品品质劣等和变坏的表现。正常无异味是对食品气味的基本要求。

【引例 4-4】 茶叶品质的嗅觉检验

将 3 克样茶置于容积为 150 毫升的审茶杯内，用沸水冲泡五分钟，倾茶汤予审茶碗后，审评茶杯中的香气。审评时，用左手持杯送至鼻下，右手掀开杯盖，半掩半开，反复嗅闻叶底的香气，嗅后盖好杯盖，放回原处。茶叶的香气一般在热时、温时、冷时相差较大，故审评香气应热闻、温闻、冷闻相结合。

香气审评，首先，鉴定香气是否正常，有无异味；其次，区别香气的类型（高档茶常具有花香、果香或蜜糖香等悦人的香气）；最后，鉴定香气的持久程度。乌龙茶鉴定香气，是每次冲泡后，先揭开杯盖，闻杯盖里的香气。

资料来源：苗述风.外贸商品学 [M].北京：对外经济贸易大学出版社，1994.

嗅觉鉴定者要具备所要求的生理条件，丰富的实践经验。嗅觉鉴定场所也要符合鉴定标准要求。

（3）味觉检验法。味觉检验是利用人的味觉器官，检查有一定滋味要求的商品（主要为食品），评判其滋味和风味，并作出商品品质优次判断的检验方法。

【引例 4-5】茶叶的味觉检验

茶叶的滋味是决定茶叶品质优次的四项内质因子之一。茶叶滋味的审评是在审评香气、汤色之后评尝茶汤的滋味。评尝滋味时，用汤匙取少许茶汤入口，使茶汤停留在舌的上部并用舌头打转二三次，在茶汤与舌的味觉灵敏部位舌尖、舌边充分接触后，将茶汤吐出。汤匙在取茶汤后，需用开水洗净再取第二杯茶汤。

资料来源：苗述风.外贸商品学 [M].北京：对外经济贸易大学出版社，1994.

食品滋味鉴定者对所鉴定食品滋味方面的知识和程度，是鉴定结果准确程度的基本条件。食品温度过高或过低，均能影响味觉鉴定的准确性，为保证滋味审评的准确性，鉴定用的食品样品应保持适宜的温度，例如，审评茶叶和植物油脂滋味时，茶汤和植物油脂的温度应保持在50℃左右。白酒需加热至35℃时鉴定滋味。

（4）触觉检验法。触觉检验是利用人的触觉器官对被检商品轻轻作用，以触觉（触摸、按压或拉伸、拍敲）来评价商品的质量，得到商品的光滑细致程度、软硬程度、干湿程度、弹性大小、凉热等感觉，判断商品品质的优次与是否正常。

【引例 4-6】茶叶触觉检验

茶叶干茶含水量检验：用手碾干茶，碾碎成粉末，茶叶干；反之，茶叶含水量高，不宜储存。

茶叶的"细紧重实"、"粗松轻飘"中的"重实"与"轻飘"也是通过触觉检验来评定的。

资料来源：苗述风.外贸商品学 [M].北京：对外经济贸易大学出版社，1994.

（5）听觉检验法。听觉检验是凭借人的听觉器官，通过对商品发出的声音是否优美或正常，来判断商品品质优次或是否正常的标准，如检查玻璃、陶瓷、金属制品有无裂纹，评价家用电器、乐器的音质等。

【引例 4-7】听觉检验法应用

鸡蛋：摇动鸡蛋，发出水声，是过于陈旧或已经腐败变质的次劣蛋。

瓷器、陶器：敲击瓷器或陶器，声音清脆悦耳，表明品质正常，声音嘶哑，是有裂纹的反映。

罐头："打检"是判断罐头真空度和内容物品质是否正常的行之有效的简易方法。打检时，用拇指和食指夹持胶木或铁丸打检棒，轻敲罐盖，一般情况下发出清脆的"叮叮"声者品质正常，混浊的"扑扑"声是次品。

资料来源：苗述风.外贸商品学［M］.北京：对外经济贸易大学出版社，1994.

在实际检验时有时需要感官检验的综合运用。感官检验要运用人的感觉器官，要求操作者具有灵敏的感觉，良好的生理、心理素质，丰富的商品知识和实践经验。在实施感官检验时还要注意检验环境的配合。一般要求检验场所空气清新，无异味；光线柔和自然，避免使用强光或有颜色的光线；场地安静，装饰搭配不影响检验效果。为了减少主观因素对感官检验结果的影响可以采用制作实物标准法、集体审评法和记分法。

4.2.2　理化检验法

（1）化学检验法。化学检验法是利用化学原理与方法，应用试剂与仪器对商品的化学成分及其含量进行测定，进而判断商品品质是否合格的检验方法。主要检验商品品质的优次、食品的卫生质量、商品是否变质、商品的真伪。

（2）物理检验法。物理检验法是在一定的实验环境条件下，利用各种仪器、器具，运用物理的方法来测定商品质量指标的方法，包括度量检验法、光学检验法、热学检验法、机械检验法、电学检验法。

1）度量检验法。度量检验法是通过各种量具、测量仪、天平及专门仪器来测定商品的长度、细度、面积、体积、厚度、比重、黏度、渗水性、透气性等一般物理特性的方法。棉纤维长度和细度、麻纤维的长度、羊毛的吸水性与长度、粮谷的容重、鸡蛋和水果个体体积和重量、纸张和干燥无浆的纺织品每平方米的重量等的测定都属于度量检验法。

2）光学检验法。光学检验法是通过各种光学仪器来检验商品品质的方法。可以用来检验商品的物理性质，也可以用来检验某些商品的成分和化学性质，常用的仪器有显微镜、折光仪、旋光仪、比色计等。如用折光仪测定油脂的折光指数，可以判断油脂的新陈；利用旋光计测定糖的比旋光度，可以测定糖中蔗糖的含量等。利用灯光透视判断鸡蛋的新陈及变质情况也属于光学检验法。

3）热学检验法。热学检验法是利用热学仪器测定商品的热学特性的一种检验方法。可以用来检验商品的熔点、凝固点、沸点、耐热性能等。玻璃、金属、塑料、橡胶等很多商品的热学性质与质量密切相关。保温瓶耐温急变性、搪瓷器皿耐热骤变性的测定，都属于热学检验法。

【引例 4-8】 商品的热学检验

玻璃杯：将玻璃杯置于 0℃~5℃的水中五分钟，取后立即投入沸水中，不炸裂者为合格品。

搪瓷制品：将搪瓷制品加热到一定温度后，迅速投入冷水中，以珐琅层在突然受冷时不致炸裂和脱落的温度表示，温度差越大，耐热性越好。

塑料制品：使体积为 12 厘米×1.5 厘米×1 厘米的塑料样片，在一定机械力的作用下，均匀而缓慢加热或降温，直至样片破裂而变形，此时的温度即为塑料的耐热性或耐寒性。

资料来源：苗述风. 外贸商品学 ［M］. 北京：对外经济贸易大学出版社，1994.

4）机械检验法。机械检验法是利用各种力学仪器（拉力试验机、硬度机、冲击韧性试验机、耐磨试验机、摆锤弹性计）测定商品机械性能的一种检验方法，是工业品商品的质量指标的检验方法。纺织纤维、纱、纺织品、纸张、橡胶、皮革、金属、塑料制品的抗拉强度，钢材、橡胶、水泥、塑料制品、矿物等的硬度，橡胶和皮革的耐磨强度，水泥的抗压强度等多采用这种检验方法。

5）电学试验法。电学试验法是利用电学仪器测定商品电学特性的一种检验方法。检验的项目有电阻、介电系数、电容、电压、电流强度等。电学检验节省材料、检验速度快、结果准确。

4.2.3 生物学检验法

生物学检验法是食品类、药类和日常工业品商品质量检验的常用方法之一，包括微生物学检验法和生理学检验法两种。

微生物学检验法是利用培养法、分离法、显微镜观察法、形态观察法等，对商品中有害微生物存在与否及其存在的数量进行检验，并判断其是否超过允许限度的一种检验方法。微生物学检验法是判断商品卫生质量的重要手段。

生理学检验法是用来检验食品的可消化率、发热量及营养素对机体的作用及食品和其他商品中某些成分的毒性等的一种检验方法。检验中有时使用鼠、兔等进行毒理、病理试验，经过动物试验后验证无毒害，经过有关部门批准才能在人体上进行试验。现在科学家正在尝试避免使用动物试验，利用更好的办法对一些有毒化学品进行检测，如马歇尔航天飞行中心的科学家利用微生物在低重力下对有毒化学品敏感导致游动速度和方向都改变的现象检测化学品、废水和潜在污染源，检测化妆品的生理毒性、过敏反应等非常有效。

讨论时间

（1）消费者购买商品时会用到哪些检验方法？请举例说明。

_____

_____

_____

（2）商品故事中铁观音的检验方法有哪些？分别检验哪些内容？

_____

_____

_____

能力训练

实训：模拟门店的商品检验
一、实训内容

项目名称	模拟门店的商品检验
时间	60分钟
场景	门店向总部订货到货的商品检验 门店销售向顾客展示的商品检验 采购部采购商品的商品检验
商品	小组自定

续表

项目名称	模拟门店的商品检验
目的与目标	结合本章知识点，尝试明确商品检验的程序、环节、内容，结合所要检验内容选择合适的检验方法，并索要相关凭证
要求	1. 采购部采购商品的检验要严格遵守商品检验的程序、环节、内容、方法 2. 销售时，向顾客展示的商品检验，结合对消费者心理的分析提供必要的检验内容与形式 3. 门店的接货检验根据小组自定义
准备工作	1. 某茶庄接货检验介绍 2. 某服装店向顾客展示的商品检验分享 3. 商品准备
方法	1. 任务讨论 2. 撰写文案 3. 学生讲解

二、实训步骤

第一步　小组分工

第二步　资料收集

(1) 小组选定商品的商品检验内容、方法。

(2) 现实企业的做法收集。

第三步　资料分析

(1) 采购新商品的商品检验。

(2) 门店销售向顾客展示的商品检验。

(3) 门店接货时的商品检验。

第四步　成果展示

三、操作要求

1. 纸张要求：学院作业纸或 A4 纸。

2. 格式要求：字迹要求工整、清晰可辨认；标题居中，正文首行缩两格；落款右对齐，表格形式，内容为小组成员＋工作分工＋文案资料。

四、成绩评定

评价内容	分数	自我评价	小组互评	教师评价
PPT 设计	2			
文案资料分析	4			
文案格式	2			
语言表达	2			
合计	10			

本章小结

商品检验是指商品的供货方、购货方或第三方在一定条件下，借助某种手段和方法，按照合同标准或国际、国家有关法律、法规、惯例，对商品的质量、规格、重量以及包装等方面进行检查，并作出合格与否或通过检验与否的判定，或为维护买卖双方的合法权益，避免或解决各种风险损失和责任划分争议，便于商品交接结算而出具各种有关证书的业务活动。

商品检验内容主要包含了质量检验、包装检验、数量和重量检验、安全卫生检验。外质检验主要是通过感官对商品的外形、结构、花样、色泽、气味、触感、疵点、表面加工质量、表面缺陷、商品包装标签和标签内容等的检验。内质检验主要是通过物理、化学、生物学等方法对商品有效成分的种类含量、有害物质的限量、产品的化学成分、物理性能、机械性能、工艺质量、使用效果等的检验。商品检验的方法主要有感官检验法、理化检验法、生物学检验法。

内贸商品检验的依据有法律规定、行政法规、购销合同、质量标准、统检细则、检验规则等。进出口商品要严格根据检验检疫商品目录，凭出入境检验检疫机构签发的货物通关证明进行验放。主要是依据法律、法规和标准实施检验。

商品标准是指为保证商品能满足人们的需求或需要，对商品的结构、成分、规格、质量、等级、检验、包装、储存、运输、使用以及生产技术等方面所做出的技术规定。

我国商品标准按商品标准的表达形式可划分为文件标准和实物标准。按商品标准的约束性可划分为强制标准和推荐标准。我国标准分为国家标准、行业标准、地方标准、企业标准四个级别。

知识测试

一、填空题

1. 商品检验依据其检验目的不同，可分为（   ）、（   ）、（   ），其中（   ）是以公正权威的非当事人身份根据有关法律、法规、合同或标准所进行的检验。

2.（　　　　　　　）是用特定格式的文件，通过文字、表格、图样等形式，表述商品的规格、质量、检验、包装等有关方面技术内容的统一规定。

3. 商品的（　　　　　　）检验是商品检验的中心内容。

4. 企业标准的代号（　　　　　　）。

5. 地方标准编号由（　　　　　　）、（　　　　　　）和（　　　　　　）组成。

二、判断题

1. 食品检验可用全数检验。（　　　）

2. 商品检验以商品质量检验为中心内容。（　　　）

3. 根据被检验商品有无破坏可以分为全数检验和非破坏性检验。（　　　）

4. GB 是国家推荐性标准的代号。（　　　）

5. 进出口商品要严格根据检验检疫商品目录，凭出入境检验检疫机构签发的货物通关证明进行验放。主要是依据法律、法规和标准实施检验。（　　　）

三、选择题

1. 实物标准也叫（　　　），它是文件标准的补充。

A. 推荐性标准　　　B. 强制性标准　　　C. 标准样品　　　D. 工作标准

2. GB/T3856–2007 是（　　　）代号。

A. 推荐性国家标准　　　　　　　B. 强制性国家标准

C. 推荐性行业标准　　　　　　　D. 地方标准

3. 需要进行全数检验的商品有（　　　）。

A. 牛奶　　　　　B. 电缆　　　　　C. 电器漏电性　　　D. 服装

4. 检验西瓜是否成熟，常用的检验法是（　　　）。

A. 嗅觉法　　　　B. 味觉法　　　　C. 听觉法　　　　D. 光照法

5. 对橡胶和皮革的耐磨强度进行检验，可采用的方法是（　　　）。

A. 嗅觉检验法　　　B. 电学检验法法　　　C. 机械检验法　　　D. 光学检验法

四、多项选择题

1. 我国国家标准代号为（　　　）。

A. GB　　　　　B. GB/T　　　　　C. DB　　　　　D. ISO

2. 根据《标准化法》，我国标准划分为（　　　）等几个级别。

A. 国家标准　　　B. 部门标准　　　C. 行业标准　　　D. 地方标准

E. 企业标准

3. 在下列检验方法中，属于物理检验法的有（　　）。

A. 热学检验法　　B. 生理学检验法　C. 光学检验法　　D. 力学检验法

4. 商品检验的方法主要有（　　）。

A. 感官检验法　　B. 理化检验法　　C. 微生物检验法　D. 生理学检验法

5. 商品检验的内容主要有（　　）。

A. 质量　　　　　B. 重量与数量　　C. 安全与卫生　　D. 包装

五、概念题

1. 商品检验

2. 商品标准

3. 感官检验法

六、简答题

1. 商品检验的内容有哪些？

2. 商品检验的分类有哪些？

七、论述题

1. 试述商品检验的方法。

2. 我国商品标准如何分级？它们之间的关系如何？

第5章

商品包装

知识目标： 理解商品包装的内涵

掌握商品包装的构成要素

掌握包装技法、包装标识

技能目标： 能够初步具备合理选择包装的技能

能初步具备进行包装操作的能力

能初步具备对包装标识的识别、运用技能

素养目标： 培养学生一丝不苟、求真务实的职业精神

培养学生整体思考问题的能力

商品文化与学生人文素质融合提升

5.1　商品包装的内涵

从张一元的零售包装说起

　　老北京人大都喜欢喝花茶，那是一种讲究，也是一份享受。作为中国十大名茶之一的花茶卖家，北京老字号"张一元"就是代表之一。不过有个细节，不知您注意到没有，就是去张一元茶庄买茶时，茶叶现场包装的过程，可算得上是一份视觉享受！

　　外包装就两张白纸，平铺在柜台上，称完重量的茶叶"哗"地往上一倒，售货员熟练地左右、前后对折那两张纸，一个规整的梯形方包就魔术般地打包完结了。接着，用一根细绳十字一捆，不但这茶叶包不会散了，而且在细绳打完结后，一定会留下够两个手指穿进去，轻巧提溜着的方便绳扣。所用材料，既卫生又环保，简单且美观。并不比现在那些什么纸筒、铁桶、玻璃罐、塑料盒之类的差。不过还有个细节，你可能没太在意，这个茶叶包所系好的细绳扣，一定是在包的侧面。为什么？这里有个早年间约定俗成的规矩，几乎是所有入口的商品，凡是用纸包包的，包装系绳都在侧面。唯独一样入口物不在侧面，那绳是系在正上方——中药！这个讲究，你或许说"这是瞎讲究"！其实不然，往大点说，这是一种北京民俗文化的体现呢！老北京人在街上遇到时，爱互相打个招呼。如看见你手里拎纸包，往往会调侃一句："您买什么好吃食啦？"既是问候，也是关心的意思。可要是看见你手里的纸包不是侧面拴绳提着，而是正面系绳，那就不会这么说了。或根本不提这档子事，或很小心地问："您——怎么不舒服？拿药去啦？"你瞧瞧，这里是不是有点子学问！

　　资料来源：新浪博客，http://blog.sina.com.cn/s/blog_56241e4e0101ifpc.html.

　　思考： 何为商品包装？商品包装包含了哪些要素？

5.1.1　商品包装的构成要素

商品包装是指在商品流通过程中为保护商品，方便储运，促进销售，按一定技术方法而采用的容器、材料和辅助材料等的总称。商品包装也指为了达到上述目的而在采用容器、材料和辅助材料的过程中，施加一定技术方法等的操作活动。因此，包装有两层含义：一是指盛装商品的容器及其他包装用品，即包装物，如箱、桶、袋等；二是指产品盛装、包扎和装潢的操作过程，如装箱、灌瓶、装桶等。

商品与包装已经共同组成了统一的商品体，是实现商品价值和使用价值的有效组成部分，包装本身具有价值和使用价值，其价值包含在商品的价值中，在商品出售时得到补偿。包装既是一种工具也是一种技术手段，是生产的终点、物流的起点。

包装材料、包装技法、包装结构造型和表面装潢构成了包装实体的四大因素，包装材料是包装的物质和技术基础，包装结构、造型是包装材料和包装技术的具体形式。包装材料、技术、结构造型是通过画面和文字美化来宣传和介绍商品的主要手段。

【引例 5-1】茶叶包装

包装材料：食品用包装纸。

包装技法：裹包，可能摔碎，但摔不开。链接下面网址观看详细包装技法：http：//news.ifeng.com/history/video/detail_2012_11/05/18858797_0.shtml.

包装结构造型：斗形包（日进斗金）。企业相关信息在包装的侧面展示，侧面打结。

表面装潢：白纸红图、字。企业 LOGO、地址、品质介绍（见图 5-1）。

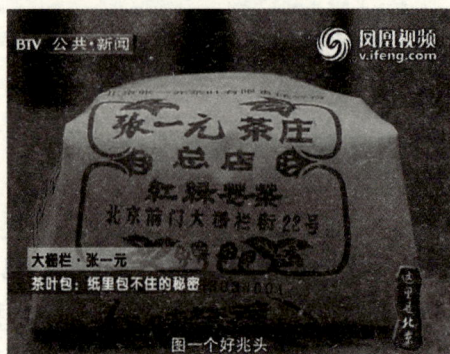

图 5-1　张一元散装茶叶包装

5.1.2　商品包装的作用

（1）包装在物流中的作用。包装必须根据商品的性质、形状和生产工具进行，必须满足生产的要求。作为物流的始点，包装完成后便具有物流的能力，在整个物流过程中，包装可发挥对产品的保护作用。

1）防护作用。保证商品在复杂的运输与储存环境中的安全，保证其质量和数量不受损失。

防止商品破损变形。商品在物流过程中要承受各种冲击、震动、颠簸、压缩、摩擦等外力的作用，所以包装必须具备一定的强度，形成对商品的保护。

防止商品发生化学变化。通过包装隔阻水分、霉菌、溶液、潮气、光线及空气中的有害气体等，达到防霉、防腐、防变质、防生锈、防老化等化学变化的目的。

防止有害生物对物品的影响。包装可以隔阻鼠、虫、细菌、白蚁等有害生物对物品的破坏及侵蚀。另外，也可防止异物混入、污染、失散等。

2）方便作用。提高运输工具的装载能力、节省仓储空间，提高装卸搬运货物的机械化水平。

方便储存。在包装的规格、质量、形态上适合仓储作业，包装物上的标志、条形码，便于识别、存取、盘点、验收及分类等作业。

方便装卸搬运。适宜的包装便于装卸搬运，便于使用装卸搬运机械提高功效，标准的包装为集合包装提供了条件，并且能够极大地提高装载能力。

方便运输。包装的形状、规格、质量与物品运输关系密切，尺寸与运输车辆、船、飞机等运输工具的容积相吻合，能够提高装载能力及运输效率。

（2）包装在商流中的作用。包装在商流中的作用主要有两点：

1）促进销售的作用。包装向消费者传递着商品的信息，通过广告作用、兴趣作用、激发欲望最终起到促进销售的作用。

包装形状与构造具有吸引顾客的魅力。包装的文字、图案、色彩可以刺激顾客的购买欲。包装的外部形态起到宣传、介绍、推销商品的作用，包装被人们称为"不会说话的推销员"。

2）方便消费的作用。销售包装与商品一起出售给消费者，必须具有方便、指导消费的作用。包装规格要适宜，方便批量交易，方便零售中一次性购买。标签内容要符合相关国家标准，介绍真实。装潢要美观大方，有一定的保存价值和美学价值。

讨论时间

（1）说说你对商品包装的理解。

_____

_____

_____

（2）商品包装涵盖了哪些要素？

_____

_____

_____

（3）商品包装发挥着什么样的作用？

_____

_____

_____

5.2 商品包装技法

商品故事

书画类快递包装

书画类商品快递包装具有以下要求：

包装前产品必须是干燥和清洁的。产品有尖突部，并可能损伤防潮阻隔层时，应采取防护措施。

当产品在进行防潮包装又有其他防护要求时，应按其他专业包装标准的规定采取相应的措施。防潮产品在运输过程中为防止其移动而采用的填充、支撑的固定物，应尽量放在防潮阻隔层的外部。尽量减少防潮包装的体积。

采用透湿度为零或接近零的金属或非金属容器将产品包装后加以密封。若不加干燥剂，则采用真空包装、充气包装等；若加干燥剂，则一般选用硅胶和蒙脱石。

采用较低透水蒸气性的柔性材料，将产品加干燥剂包装，封口密封具体有：①单一柔性薄膜加干燥剂包装。②复合薄膜加干燥剂包装。③多层包装。采用不同的较低透水蒸气性质材料进行包装。

资料来源：周素萍. 商品包装与标志技术 [M]. 武汉：华中科技大学出版社，2011.

思考：书画类商品运输时采用何种包装技法？其目的是什么？

知识储备

商品包装技法包括商品包装技术和商品包装防护方法两部分。

商品包装技术主要是指为了防止商品在流通领域发生数量损失和质量变化而采取的抵抗内、外影响质量变化因素的各种技术措施。

环境是造成商品质量变化的外部因素，主要有气候条件、生物条件、化学物质和机械条件。气候条件包括温度、气压、阳光、湿度、各种气候现象等；生物条件包括微生物、害虫、鼠类、蚁类等；化学物质包括大气污染中的硫化物、有机物、氧化物等；机械条件包括震动、冲击、静负载、动负载等。

商品本身的自然属性是商品发生质量变化的内部因素，可分为物理、化学、生物等因素。物理因素包括商品结构的机械强度，允许承受的机械外力和耐热、耐寒能力等；化学因素包括抗氧化、抗腐蚀、抗老化、耐水性等；生物因素包括抗生物侵蚀、防鲜活商品的生理生化变化等。

5.2.1　物流包装技法

（1）物流包装的种类。物流包装的种类有以下两种：

1）运输包装。根据国家有关标准，运输包装定义为：满足运输储存要求为主要目的的包装。它具有保障商品的安全，方便储运装卸，加速交接和检验的作用。

2）集合包装。所谓集合包装，是指将一定数量的产品或包装件组合在一起，形成一个合适的运输单元，以便于装卸、储存和运输，又称组合包装或集装单元。常见的有集装箱、集装托盘、集装袋等。集合包装的出现一方面进一步提高了物流效率和顾客服务水平；另一方面也是对传统储运的更大改革，使传统的物流发生了较大的变化。

集装箱是具有一定强度、刚度和规格，专供周转使用的大型装货容器。集装箱又称为"货箱"或"货柜"。

托盘包装，根据国家有关标准，托盘包装定义为：以托盘为承载物，将包装件或产品堆码在托盘上，通过捆扎裹包或胶贴等方法加以固定，形成一个搬运单位，以便使用机械设备搬运。

集装袋，俗称吨装袋，是一种运输包装容器，是以聚丙烯编织布为主体材料的柔性包装产品。它是工业散货、粉体包装运输的主要工具之一，在化工、矿产、农业、建材、食品医药等众多领域被广泛应用。

【引例 5-2】托盘的合理选用

托盘的优缺点见表 5-1。可根据其优缺点合理选择、使用。

表 5-1　托盘的优缺点分析

托　盘	优　点	缺　点
木托盘	应用最广泛 价格便宜	需要防虫、防霉腐处理 不牢固

续表

托 盘	优 点	缺 点
塑料托盘	无须防虫、防霉腐处理 加工精度高 可回收利用	价格较高 摩擦系数较小 存在老化问题
钢托盘	无须防虫、防霉腐处理 无挥发性物质 可回收利用	价格偏高 怕酸、碱 生产厂家少

资料来源：根据相关资料整理。

（2）物流通用包装技法。对于等待储运的商品，要根据商品的形状、尺寸、结构状态采用不同的包装技法。对于松泡商品应采用真空包装，压缩体积、提高运输储存率；对于不同形状的商品，要注意合理摆放；对于形状规则的商品，应合理套装；储运时要注意内、外包装尺寸，外包装与运输工具之间的尺寸协调。

1）裹包包装。裹包包装是用较薄的柔性材料将商品或经过原包装的固体商品全部或大部分包裹起来的方法。用于裹包的材料有纸、塑料薄膜、铝箔、复合薄膜等柔性材料。常用的方法有折叠式裹包、扭结式裹包、收缩式裹包、拉伸式裹包。裹包包装可以起到有效防止丢失、有利于堆叠等保护目的。

2）充气包装与真空包装。充气包装是将商品置于气密性包装容器中，用氮、二氧化碳等不活泼气体置换容器中原有空气的一种包装方法。这种包装多用于水果、蔬菜等鲜活商品包装。采用充气包装可以改变包装容器内的气体组成成分，降低氧气浓度，抑制微生物的生理活动、酶的活性和鲜活商品的呼吸强度，达到防霉、防腐和保鲜的目的。

真空包装是将商品置于气密性包装容器中，在容器封口之前抽真空，使密封后的容器内基本没有空气的一种包装方法。这种方法多用于食品包装，如鲜肉、鲜鱼、鲜肉肠等生鲜易腐性食品。由于包装容器内基本没有空气，就阻止了氧气与食品、微生物接触，限制了好氧微生物的生长繁殖，所以在一定的贮藏期内不会发霉、腐烂、变质。对羽绒制品采用真空包装，体积将压缩80%~90%，节省空间。

3）贴体包装与收缩包装。贴体包装是将物品放在包装底板上，再把透明可以加热的塑料薄膜盖在物品上。从底板背面抽真空，使薄膜与包装物紧贴并热粘合。贴体包装可以很好地保护商品，便于展销，多用于易碎日用器皿、玩具、小五金等商品的销售包装。

收缩包装是用一种具有热收缩性能的塑料薄膜（经过拉伸冷却工艺）包装商品，送入加热室加热，冷却后薄膜按一定比例收缩，紧紧裹住被包装物。收缩包装广泛用于日用工业品、纺织品、小五金及食品的包装。其特点是用于销售包装时，可以使商品形体突出、密封性好，有利于销售。

4）充填包装。充填是指将固体或液体产品装入包装容器的操作过程。

液体物料的填充是指将液体物料装入瓶、罐、桶等包装容器内的操作，又称灌装。

一般将液体物料按黏度划分为三类。①流体，靠自身重力作用可按一定速度在管道内自由流动的，黏度范围在 0.001~0.1 帕·秒的液体，如牛奶、清凉饮料、酒、香水、眼药水、纯净水等。②半流体，除靠自身重力外，还需要加上外力才能在管道内流动，黏度范围在 0.1~10 帕·秒的流体，如炼乳、番茄酱、发乳等。③黏滞流体，靠自身重力不能流动，必须借助外力才能在管道内流动，黏度在 10 帕·秒以上的流体，如洗发膏、牙膏、花生酱、果酱等。

影响灌装的主要因素是液体的黏度和液体内是否有气体。低黏度不含气体、不怕接触大气的液体商品可用常压灌装法，如酒、酱油、牛奶等。不含气体怕接触空气的黏度较大液体商品以及有毒商品可用纯真空灌装法，如果汁、果酱、糖浆、油类、农药等。含汽饮料的灌装多采用重力压力灌装法，如啤酒、汽水、香槟等，可以减少二氧化碳的损失，保持含汽饮料的风味和质量，并能防止灌装中过量泛泡，保持包装计量准确。对于黏度大、流动性差的黏稠物料，可采用压力灌装法，有利于提高灌装速度。对于一些低黏度液体物料，虽然流动性好但由于物料特性或包装容器材料及结构限制（狭颈容器），也可采用压力灌装法。

固体物料充填是指将固体物料装入包装容器的操作过程。影响固体物料充填的因素包括固体物料的形态、黏度及密度的稳定性、固体物料填充的精度要求、容器的结构和材质、充填速度等。

一般将固体物料按黏性划分为三类。①非黏性物料，可以自由流动，倾倒在水平面上时，可以自然堆成一个圆锥形的堆，也称为自由流体物料，如干谷物、种子、大米、砂糖、咖啡、粒盐、结晶冰糖、各种干果等。②半黏性物料，不能自由流动，填充时会在贮料斗和下料斗中搭桥或堆积成拱状，致使填充困难，需采用特殊装置，如面粉、粉末味精、奶粉、绵白糖、洗衣粉等。③黏性物料，本身黏结成团，甚至黏结在金属壁上和聚四氟乙烯涂层的表面，致使充填困难，有的根本不能用机械方式自动充填，如红糖粉、蜜饯果脯和一些化工原料等。

常见的固体物料充填方法主要有称重充填法、容积充填法、计数充填法

（3）物流专用包装技法。物流专用包装技法有以下几种：

1）防震包装。防震包装又称缓冲包装，是为了保护商品的性能和形状，防止商品在流通过程中受到冲击和震动的破坏，采取一定防护措施的包装技术。防震包装设计是要选择适当的缓冲材料与包装结构，使商品在运输、搬运过程中传递到商品上的冲击力、震动力不至于超过商品自身的强度。为此，首先要了解环境条件的各项参数，如冲击加速度、震动幅度和频率等；其次还要了解商品本身的脆值或易损度、抗破坏性能等，然后确定包装的整体结构和缓冲材料的种类、形式和厚度。包装的防震性能可以通过垂直冲击跌落试验、滚动试验、振动试验来检验。

常用的缓冲技法有防震衬垫、现场发泡、弹簧吊装、机械固定。常见的防震包装类型有全面防震、局部防震、悬浮式防震、联合式防震。

2）防锈包装。防锈包装是防止金属制品与周围介质发生化学腐蚀和电化学腐蚀而采用一定防护措施的包装。

防锈包装的方法很多，常见的技法有对金属制品表面进行防锈处理、延缓锈蚀过程、阻断有害介质与金属的接触。常见的防锈类型有防锈油脂法、气相防锈法、可剥离性塑料等。

3）防潮包装。防潮包装是为了防止潮气侵入包装的措施。空气中的水汽量超过一定限度时，会引起商品溶化、水解、霉变、腐烂、虫害、锈蚀等多种质量变化。包装的防潮性就是为了防止包装外部的高湿度向包装内的低湿度扩散。常见的类型有刚性容器密封包装、柔性材料容器加干燥剂密封包装。

4）防霉包装。防霉包装是防止商品霉变而采取一定措施的包装。霉菌以孢子繁殖，当孢子落在商品或包装上时，遇到适宜的温、湿度条件，孢子就会生长发霉，并吸收商品或包装中的有机物作为营养物，使商品结构受到破坏，产生霉变、变色等质量变化。常见的防霉类型有化学药剂防霉腐、气相防霉腐、气调防霉腐、低温冷藏防霉腐、干燥防霉腐、电离辐射防霉腐等。

【引例 5-3】草莓储运包装技法的选用

技法：防震缓冲、防霉腐、防潮。

材料：塑料、纸。

容器：小规格、盒。

选择时遵守原则：食品商品的特性，考虑储运环境与设备，做到绿色环保、经济实惠、适时适度。

资料来源：陈满儒等. 草莓运输包装方案的研究［J］. 包装工程，2008，09.

5）防虫包装。防虫包装是通过各种物理因素或化学药剂作用于害虫的机体，破坏害虫的生理机能和机体结构，劣化害虫的生活条件，促使害虫死亡或抑制害虫繁殖，以达到防害虫的目的。这里的害虫主要指仓库害虫。常见的防虫类型有高温防虫害、低温防虫害、电离辐射防虫害、化学药剂防虫害、微波和远红外线防虫害。

5.2.2　商流包装技法

商流包装就是我们所说的销售包装，根据我国国家有关标准的定义为：是直接接触商品，并随商品进入零售网点和消费者或客户直接见面的包装。

（1）商流包装的构成要素。商流包装在设计时重点考虑的是包装造型、结构和装潢。因为与商品直接接触，因此，在包装材料的性质、形态、式样等方面，都要为保护商品着想，结构造型要有利于流通。图案、文字、色调和装潢能吸引消费者，能激励消费者的购买欲，为商品流通创造良好条件。另外，包装单位要适宜顾客的购买量和商店设施条件。这种包装同时具有一定的保护功能和方便功能。

（2）商流包装的造型与技法。商流包装的造型与技法主要包括销售包装造型和销售包装技法两方面：

1）销售包装造型。适应陈列展销的包装，包含了挂式造型包装、展开式造型包装和堆叠式造型包装。挂式造型包装适应自选销售方式，能充分利用货架空间陈列展销商品，在服装行业得到广泛应用。堆叠式造型包装在不同包装之间的上下有相互咬合的装置，可以堆叠陈列商品，节省货位。

便于识别的包装，包含了透明包装、开窗包装和惯用包装。透明包装和开窗包装有利于消费者看清包装容器内的商品，做出购买选择。惯用包装是指某种商品销售包装的造型已经约定俗成，成为了一种标识，消费者一看到这种造型，就能知道是何种商品。

方便消费者携带和使用的包装，包含了便携式包装、便于开启包装、喷雾式包装、组合包装、双重用途包装、礼品包装、分量包装等。

2）销售包装技法。销售包装技法是指销售包装操作时所采用的技术和方法。目前，商品销售包装的技法有：贴体包装技法、泡罩包装技法、收缩包装技法、拉伸包装技法、真空包装技法、充气包装技法、吸氧剂包装技法等。在做销售商品的礼品包装时，还会涉及到裹包包装技法、捆扎包装技法等。

顾客购买货物如需装袋，应遵循美观牢固、方便携带的原则，同时应符合以下要求：选择合适尺寸的购物袋，熟悉其标准和承受重量。不同性质的商品应分开入袋。硬与重的商品要垫底装袋。方形商品放两侧做支架。瓶装或罐装商品放中间免受外压破损；易碎流汁商品包装好放入大的包装袋内。袋内商品不易高于袋口，避免提拿不便。

讨论时间

（1）书画类商品的运输采用何种包装技法？其目的是什么？

_____

_____

_____

（2）食品类商品常用的包装技法有哪些？

_____

_____

_____

（3）电器类商品常用的包装技法有哪些？

_____

_____

5.3　商品包装的标识

商品故事

未按要求刷制唛头标记造成混票及货差

买卖双方约定，卖方卖给买方 2138.16 吨乱码牛皮卡纸，每吨 353 美元。为了提货时便于辨认，买方要求卖方在原合同规定的货物标志（91WMT911139US/Shanghai，China）基础上加上克重（GRAM）、重量（WEIGHT）、幅宽（WIDTH）等标志，并在每卷包装上写清楚。卖方两次回函表示接受买方的上述要求。但最后买方办理提货时，发现货物未按约定刷制唛头。由于同船到达港口的同类货物多，其中除个别货物有明显标记外，其余数家货主的货均无唛头标记，港口按每个提货人提单上注明的件数进行分摊。事后买方经逐卷称重，每件实际重量与卷筒上标签所列重量不相符，按 1248 卷货物每卷标签上标明的重量相加，重量比合同规定的到货重量少了 292.857 吨。

资料来源：根据网络资料整理。

思考：是什么原因造成了货损？物流包装的标志应该包含哪些内容？

知识储备

5.3.1　物流包装的标识

（1）物流包装的标记。物流包装的标记是根据物品自身的特性用文字、图形、表格等按有关规定标明的记号，通常要标明物品的名称、数量、质量、规格尺寸、出厂时间等，进口物品还要标明进口单位、商品类别、贸易国及进口港等。物流包装标记分为以下几类：

1）基本标记。基本标记用来说明物品实体的基本情况，例如名称、规格、型号、计量单位、数量、重量、出厂日期、地址等。对于时效性较强的物品还要写明成分、保质期等。

2）运输标记（也称唛头）。运输标记主要标明起运、到达地点、收货单位等。对于进口物品，由外经贸部门统一编制向国外订货的代号，主要作用是加强保密性，有利于物品的物流安全；减少签订合同和运输过程中的翻译工作；减少错发错运等事故。

3）牌号标记。牌号标记一般只标明物品的名称，不提供有关物品的其他信息。应印制在包装的显著位置。

（2）物流包装的标志。物流包装的标志是用文字和图像说明包装物品的特性、物流活动的安全及理货、分货和提醒注意事项，分为以下几种：

1）识别标志（也称收发标志）。识别标志具体要求在国家标准《运输包装收发货标志》（GB6388-86）中均有明确规定，见表5-2。

表5-2　运输包装收发货标志内容

序号	项　目			含　义
	代号	中文	英文	
1	FL	商品分类图形标志	CLASSIFICATION MARKS	表明商品类别的特定符号
2	GH	供货号	CONTRACT NO	供应该批货物的供货清单号码（出口商品合同号码）
3	HH	货号	ART NO	商品顺序编号，以便出入库、收发货登记和核定商品价格
4	PG	品名、规格	SPECIFICATIONS	商品名称或代号，标明单一商品的规格、型号、尺寸、花色等
5	SL	数量	QUANTITY	包装容器内含商品的数量
6	ZL	重量	GBOSS WT NET WT	包装件的重量（千克），包括毛重和净重
7	CQ	生产日期	DATE OF PRODUCTION	产品生产的年、月、日
8	CC	生产工厂	MANUFACTURER	生产该产品的工厂名称
9	TJ	体积	VOLUME	包装件的外径尺寸，长×宽×高=体积
10	XQ	有效期限	TERM OF VALIDITY	商品有效期至某年某月
11	SH	收货地点和单位	PLACE OF DESTINATION AND CONSIGNEE	货物到达站、港和某单位（人）收（可用标签或涂写）
12	FH	发货单位	CONSIGNOR	发货单位或人
13	YH	运输号码	SHIPPING NO	运输单号码
14	JS	发货件数	SHIPPING PIECES	发运的货物件数

2）储运图示标志。包装储运图示标志是根据不同商品对物流环境的适应能力，用醒目简洁的图形和文字标明在装卸运输及储存过程中应注意的事项。按国

际标准 ISO780–1985《包装储运图示标志》规定，标志要求白纸印黑色，共分为 12 种，见表 5–3。

表 5–3　包装储运图示标志

标志号	标志名称	标志图形	使用说明
标志 1	小心轻放	小心轻放	用于碰震易碎、需轻拿轻放的运输包装件
标志 2	禁用手钩	禁用手钩	用于不得使用手钩搬动的运输包装件
标志 3	向上	向上	用于指示不得倾倒、倒置的运输包装件
标志 4	怕热	怕热	用于怕热的运输包装件
标志 5	远离放射源及热源	远离放射源及热源	用于指示需远离放射源及热源的运输包装件
标志 6	由此吊起	由此吊起	用于指示吊运输包装件时放链条和绳索的位置
标志 7	怕湿	怕湿	用于怕湿的运输包装件
标志 8	重心点	重心点	用于指示运输包装件重心所在处

续表

标志号	标志名称	标志图形	使用说明
标志 9	禁止滚翻	禁止滚翻	用于不得滚动搬运的运输包装件
标志 10	堆码重量极限	"最大…公斤" 堆码重量极限	用于指示允许最大堆码重量的运输包装件
标志 11	堆码层数极限	N 堆码层数极限	用于指示允许最大堆码层数的运输包装件。图中 N 为实际堆码层数，印刷或喷涂时用阿拉伯数字表示
标志 12	温度极限	℃ 温度极限	用于指示需要控制温度的运输包装件

　　3）危险货物标志。危险货物包装标志是对易燃、易爆、易腐、有毒、放射性等危险性商品，为起警示作用，在运输包装上加印的特殊标记，也是由文字与图形构成。参照国家标准《危险货物包装标志》（GB190），危险货物包装标志的图形、适用范围、颜色、尺寸、使用方法均有明确规定，见表5-4。标志的图形共21种，19个名称，其图形分别标示了九类危险货物的主要特性。

表 5-4　危险货物包装标志

标志号	标志名称	标志图形		对应的危险货物类项目
标志 1	爆炸品	爆炸品	（黑色，底色：橙红色）	1.1 1.2 1.3
标志 2	爆炸品	1.4 爆炸品	（黑色，底色：橙红色）	1.4
标志 3	爆炸品	1.5 爆炸品	（黑色，底色：橙红色）	1.5

续表

标志号	标志名称	标志图形		对应的危险货物类项目
标志 4	易燃气体		（黑色或白色，底色：正红色）	2.1
标志 5	不燃气体		（黑色或白色，底色：绿色）	2.2
标志 6	有毒气体		（黑色，底色：白色）	2.3
标志 7	易燃液体		（黑色或白色，底色：正红色）	3
标志 8	易燃固体		（黑色，底色：白色红条）	4.1
标志 9	自燃物品		（黑色，底色：上白下红）	4.2
标志 10	遇湿易燃物品		（黑色或白色，底色：蓝色）	4.3
标志 11	氧化剂		（黑色，底色：柠檬黄色）	5.1
标志 12	有机过氧化物		（黑色，底色：柠檬黄色）	5.2
标志 13	剧毒品		（黑色，底色：白色）	6.1
标志 14	有毒品		（黑色，底色：白色）	6.1
标志 15	有害品（远离食品）		（黑色，底色：白色）	6.1

续表

标志号	标志名称	标志图形		对应的危险货物类项目
标志 16	感染性物品		（黑色，底色：白色）	6.2
标志 17	一级放射性物品		（黑色，底色：上黄下白，附一条红竖条）	7
标志 18	二级放射性物品		（黑色，底色：上黄下白，附二条红竖条）	7
标志 19	三级放射性物品		（黑色，底色：上黄下白，附三条红竖条）	7
标志 20	腐蚀品		（上黑下白，底色：上白下黑）	8
标志 21	杂类		（黑色，底色：白色）	9

（3）物流包装标记及标志注意事项。物流包装标记、标志中使用的文字、符号、图形等必须符合国家有关规定，不能随意改动。必须简明清晰、易于辨认。涂刷、挂挂、粘贴的标志与标记的部位要适当。要选用适当的色彩制作标识和标志。挂挂的标志要选择合适的规格尺寸。中国出口危险品，除刷制中国的危险标志外，还应刷制联合国海事协商组织规定的《国际海运危险标志》中的符号，否则到达国港不准靠岸。

5.3.2 商流包装的标识

商流包装标识是赋予商品销售包装容器的一切浮签、吊牌、文字、符号、图形及其他说明物，它是生产者、销售者传达商品信息、表现商品特色、推销商品的主要手段，是消费者选购商品、正确保养商品及科学消费的指南。

（1）食品类销售包装标识的内容。预包装食品标签强制标示内容包括：食品名称；配料清单；配料的定量标示；净含量和沥干物（固形物）含量；制造者、经销商的名称和地址；日期标志和贮藏说明；产品标准号；质量（品质）等级；其他强制标示内容。

（2）化妆品类销售包装标识的内容。化状品类销售包装必须标注的内容包括：产品名称；制造者的名称和地址；内装物量；日期标明；生产企业的生产许可证号，卫生许可证号和产品标准号；进口化妆品应标明进口化妆品卫生许可证批准文号；特殊用途化妆品还须标注特殊用途化妆品卫生批准文号；必要时应注明安全警告和使用指南；必要时应注明满足保质期和安全性要求的储存条件。其他对体积小又无小包装，不便标注说明性内容的裸体产品（如唇膏、化妆笔等），应标注产品名称和制造者名称。

（3）纺织品和服饰类销售包装标识的内容。纺织品和服饰类销售包装标识的使用说明内容包括：制造者的名称和地址；产品名称；产品型号和规格；采用原材料的成分和含量；洗涤方法；使用和贮藏条件的注意事项；产品使用期限；产品标准编号；产品质量等级；产品质量检验合格证明。

（4）饮料酒类销售包装标识的内容。饮料酒类销售包装强制标示内容包括：酒名称；配料清单；酒精度；原麦汁、原果汁含量；制造者、经销者的名称和地址；日期标示和贮藏说明；净含量；产品标准号；质量等级；警示语；生产许可证。同时明确了葡萄酒和酒精度超过 10 度的其他饮料酒可免除标示保质期；在非强制标示内容中推荐采用标示"过度饮酒，有害健康"、"孕妇和儿童不宜饮酒"等劝说语。

讨论时间

（1）什么原因造成了货损？

_____

_____

_____

（2）物流包装标识应该包含哪些内容？

_____

_____

_____

能力训练

实训：模拟门店的食品类商品的包装

一、实训内容

项目名称	模拟门店的食品类商品的包装
时间	40分钟
场景	庄河草莓的短途运输与销售
商品	草莓
目的与目标	结合本章知识点，尝试对草莓运输与销售包装的材料、结构、技法、指示标志进行分析陈述
要求	1. 运输包装对草莓要有哪几方面的保护，要陈述明确 2. 草莓最终要销售给顾客，对销售包装还有哪些方面要求，请分析1~2点
准备工作	1. 各种包装实物与图片展示 2. 草莓的储运特性介绍
方法	1. 任务讨论 2. 撰写文案 3. 学生操作讲解

二、实训步骤

第一步　小组分工

第二步　包装防护要点分析

第三步　包装技法选用

第四步　包装演示与陈述

三、操作要求

1. 纸张要求：学院作业纸。

2. 格式要求：字迹要求工整、清晰可辨认；标题居中，正文首行缩两格；落款右对齐，表格形式，内容为小组成员+工作分工+文案资料。

四、成绩评定

评价内容	分数	自我评价	小组互评	教师评价
PPT设计	2			
文案资料分析	4			
文案格式	2			
语言表达	2			
合计	10			

本章小结

商品包装是指在商品流通过程中为保护商品，方便储运，促进销售，按一定技术方法而采用的容器、材料和辅助材料等的总称。商品包装也指为了达到上述目的而在采用容器、材料和辅助材料的过程中，施加一定技术方法等的操作活动。

商品包装具有保护功能、方便流通、促进销售、容纳和成组化功能、传递信息的功能、便利和复用功能、卫生与环保功能、提高商品附加值功能，其中保护功能、方便流通和促进销售是商品包装的基本功能。

商品包装在选择时要注意适应商品特性，适应运输条件，要"适量、适度"，应标准化、通用化、系列化，要做到绿色、环保。

商品包装技法包括商品包装技术和商品包装防护方法两部分。物流包装要根据商品的形状、尺寸、结构状态采用不同的包装技法。常见的物流包装技法有裹包包装、充气包装与真空包装、贴体包装与收缩包装、充填包装、防震包装、防锈包装、防潮包装、防霉包装、防虫包装、集合包装等。商流包装既要考虑技法又要考虑造型，商流包装要注意结账、装袋原则。

商品包装标志主要是指商品运输包装标志，运输包装标志可分为收发货标志、包装储运图示标志、危险货物标志等。

知识测试

一、填空题

1. 构成包装实体的四大要素是（　　　　　　）、（　　　　　　）、（　　　　　　）、（　　　　　　）。（　　　　　　）是包装的物质和技术基础。

2. 常见的集合包装有（　　　　　　）、（　　　　　　）和（　　　　　　）。

3. 运输包装标志根据作用不同分为（　　　　　　）、（　　　　　　）、（　　　　　　）等标志。

4. （　　　　　　）包装材料的废弃物，若处理不当容易产生"白色污染"问题。

5. （　　　　　　）是传统的运输包装的材料，质量轻、强度高，有一定弹性，能承受冲击和震动作用。但易腐朽，易受虫害侵袭。

二、判断题

1. 充气包装是将商品置于气密性包装容器中，用氧、二氧化碳等气体置换容器中原有空气的一种包装方法。（ ）

2. 堆码极限属于运输包装上的指示标识。（ ）

3. 商流包装与商品直接接触，因此，在包装材料的性质、形态、式样等方面，都要为保护商品着想。（ ）

4. 运输包装标志可分为收发货标志、包装储运图示标志、危险货物标志等。（ ）

5. 所有材质的塑料包装都不易碎，都适合食品包装。（ ）

三、选择题

1. 真空包装和充气包装是商品销售包装的（ ）。

A. 材料要素　　　B. 造型要素　　　C. 技术要素　　　D. 装潢要素

2. 标志图"[小心轻放]"属于（ ）标志。

A. 收发货　　　B. 储运图示　　　C. 危险货物　　　D. 集合

3. （ ）因其成本低无污染可回收而备受青睐。

A. 纸质材料　　　B. PE 材料　　　C. 金属材料　　　D. 木材原料

4. 由于包装具有传达信息的功能，使得包装具有（ ）。

A. 保护功能　　　B. 容纳功能　　　C. 便利功能　　　D. 促销功能

5. 挂式造型包装属于（ ）。

A. 充气包装　　　　　　　　　B. 适应陈列展销的包装

C. 便于识别的包装　　　　　　D. 方便消费者携带和使用的包装

四、多项选择题

1. 下列包装中，（ ）适用于果蔬的包装。

A. 真空包装　　　B. 充气包装　　　C. 无菌包装　　　D. 硅窗气调包装

2. 商品包装在物流中的作用主要有（ ）。

A. 保护功能　　　B. 容纳功能　　　C. 便利功能　　　D. 美化功能

3. 过分包装的表现形式有（ ）。

A. 材料过当　　　B. 体积过大　　　C. 分量过轻　　　D. 装潢过奢

4. 包装辅助材料通常包括了（　　）等。

A. 粘合剂　　　　　　　　　　　B. 涂料

C. 包装件用捆扎材料　　　　　　D. 封缄材料

5. 下列属于按照包装的原材料种类不同划分商品包装的是（　　）。

A. 纸和纸板　　　B. 玻璃　　　　C. 陶瓷与玻璃　　　D. 食品包装

五、概念题

1. 商品包装

2. 运输包装

六、简答题

1. 商品包装的作用有哪些？

2. 商品包装材料选用的原则有哪些？

3. 简述商品包装的保护功能。

七、论述题

1. 比较纸和纸板、塑料、金属、玻璃材料的优缺点。

2. 商品包装技法是为了抵抗哪些内外部因素对商品质量变化的影响？

| 第6章 |

食品储运基础知识

知识目标：了解消费者对食品最基本的需求

认识食品储运与消费者需求的关系

掌握食品质量劣变的影响因素与储运管理

技能目标：初步具备寻找具体食品商品核心部分的能力

初步具备食品商品质量劣变判断的能力

初步具备食品商品储运养护管理的能力

素养目标：培养学生具备一定的协作意识

培养学生具备一定的法律素养

培养学生具备一定的食品文化知识

6.1 食品储运与消费者需求

商品故事

中国营养学会为提高全民身体素质，根据我国的实际情况，给我国人民推荐了一个平衡膳食宝塔。膳食宝塔共分五层，包含每天应摄入的主要食物种类。膳食宝塔利用各层位置和面积的不同反映了各类食物在膳食中的地位和应占比重。

油 25~30 克
盐 6 克

奶类及奶制品 300 克
大豆类及坚果 30~50 克

畜禽肉类 50~75 克
鱼虾类 50~100 克
蛋类 25~50 克

蔬菜类 300~500 克
水果类 200~400 克

谷类薯类及杂豆
250~400 克
水 1200 毫升

资料来源：根据网络资料整理。

思考：消费者对食品的需求包含了哪些内容？这些对食品的需求通过什么能够体现出来？

知识储备

食品是为人体提供热量、营养、维持人体生命、调节人体生理活动，形成和修补人体各组织的物质，是人们生长发育、保持健康所不可缺少的生活资料。消费者对食品的需求主要包含了营养价值、安全卫生、感官需求。

6.1.1 食品的营养价值

食品营养价值的实现依赖消费者的选择，消费者选择食品最初的宗旨是对抗饥饿，现在消费者更加注重营养成分给人体带来的健康。

食品的成分是极其复杂的，除水分、挥发性成分外，还包括固形物。固形物成分可分为有机物和无机物两类。有机物中最主要的有蛋白质、糖类、脂类、维生素及酶等，无机物则有无机盐类和其他无机物。这些化学成分大部分是人体必需的营养成分，多数是不稳定的，在加工和贮藏过程中，容易发生质量变化，其储藏性能也有较大的不同。

（1）蛋白质。蛋白质是一类复杂的高分子含氮化合物，它是一切生命活动的物质基础，是构成生物体细胞的主要原料。从销售和储运的角度，需要学习蛋白质在营养学上的分类，了解富含蛋白质的食品，认识酶的活性对食品品质的影响。

营养学上根据蛋白质所含氨基酸的种类和数量将蛋白质分为完全蛋白、半完全蛋白、不完全蛋白。

多数动物性食品（鸡肉、蛋、鱼、乳等）中的蛋白质为完全蛋白质（组成家畜肉中结缔组织的胶原蛋白和弹性蛋白属不完全蛋白质）。植物性食品中的蛋白质，多数为不完全蛋白质。大豆蛋白质与动物蛋白质极其相近。多种食品混合食用，可以补充人体必需的氨基酸，从而提高食物的营养价值。

【引例 6-1】 几种食品蛋白质氨基酸构成比例评分

食品	氨基酸构成评分	食品	氨基酸构成评分
全蛋	100	花生	65
人奶	100	小米	63
牛奶	95	稻米	67
大豆	74	玉米	49
棉籽	81	全麦	53
芝麻	50		

资料来源：根据资料整理。

酶是一种有生物活性的蛋白质，也是生物体内的催化剂。有生命的地方就有酶的活动，酶促反应是食品腐败变质的重要原因之一。

（2）糖类。糖类是最大且分布最广的一类天然产物，几乎存在于所有的生物体中。粮食的主要糖类成分是淀粉，棉、麻和竹等的主要糖类成分是纤维素，果蔬类的主要呈甜味物质是葡萄糖和果糖。糖类是由碳、氢、氧三种元素组成的多羟基醛或多羟基酮。

根据分子结构复杂程度的不同可分为单糖、双糖和多糖三类。单糖是最简单的碳水化合物，不能水解成更简单的糖，可以被人体直接吸收利用。

单糖中重要的有葡萄糖、果糖、半乳糖、甘露糖、山梨糖、阿拉伯糖、木糖、核糖等。最重要的双糖有蔗糖、麦芽糖和乳糖。食用后，在人体内水解成单糖被吸收。多糖在自然界分布极为广泛，如淀粉、糖元、纤维素、半纤维素、果胶物质等，其中以淀粉和纤维素最为重要。

碳水化合物是植物性食品的主要成分，它关系到食品的食用品质、精度、商品价值。但植物性食品是否需以碳水化合物作为判断其品质的指标，则因食品种类而异。

网络资源1：请链接网址查看：

（1）果蔬、谷物可溶性糖含量与成熟度的关系。

（2）富含多糖的食品及多糖在食品中的存在形式。

【引例6-2】 常见食品的品质判断与碳水化合物含量测定

水果、蔬菜的品质优次在贸易中主要根据色、香、味、形等感官指标来判断，无须规定碳水化合物的含量，大米和面粉根据精度即可判断其食用品质，而无须列举淀粉和纤维素的含量。蔗糖的含量是白砂糖的主要质量指标，总糖分是绵白糖和红糖的主要质量指标；果汁糖浆罐头应含有40%~65%的糖（以转化糖计）；炼乳应含有45.5%的蔗糖，麦乳精的质量指标规定总糖量为65%~70%等。

资料来源：根据网络资料整理。

（3）脂类。脂类的元素组成主要为碳、氢、氧三种，有的还含有氮和磷等。有些油脂化合物分子结构中还具有亲水的极性结构和疏水的脂链（或脂环）结构。脂类是油脂和类脂的总称。

油脂是由甘油和脂肪酸组成的三酸甘油酯，其中甘油分子比较简单。脂肪酸分为饱和脂肪酸、单不饱和脂肪酸、多不饱和脂肪酸三大类。饱和脂肪酸又分为硬脂肪酸和软脂肪酸。习惯上把室温下呈固态的称为脂，呈液态的成为油。

类脂包括糖脂、磷脂、固醇类和脂蛋白等。

油脂普遍存在于动物脂肪组织中和植物的种子中。卵磷脂主要存在于动物的脑、肾、肝、心和大豆、花生、核桃、蘑菇等植物中。动物固醇广泛存在于动物的各种组织内，但主要集中在脑和脊髓中，植物固醇中的豆固醇存在于大豆中，谷固醇存在于谷胚中，酵母固醇主要存在于酵母和饮料类中。

（4）维生素。维生素是维持人体正常生理功能所必需的有机化合物，需求量很少，但对物质代谢和生命活动却起着重要作用，如调节新陈代谢等。缺乏维生素会引起各种疾病。人体需要的维生素主要从动物性食品和植物性食品中摄取。

根据溶解性能维生素可分为两大类：脂溶性维生素和水溶性维生素。脂溶性维生素有维生素 A、维生素 D、维生素 E、维生素 K 等，它们不溶于水而溶于脂肪、乙醇等油脂类溶剂中；水溶性维生素主要是维生素 B 族、维生素 C。维生素 B 族主要包含维生素 B_1、B_2、B_6、B_{12}、泛酸、维生素 PP、维生素 H 等。维生素已经有 20 多种，其中人们每天必需的维生素有 14 种，即维生素 A、维生素 C、维生素 D、维生素 E、维生素 K 和维生素 B 族。

网络资源 2：请链接网址查看富含维生素的食物。

（5）矿物质（无机盐）。构成生物体的元素，除碳、氢、氧、氮四种元素以外的元素统称为矿物质或矿物元素。矿物质（无机盐）是人体的重要组成部分，占人体的 4%~5%。人体内的矿物质一部分来自作为食物的动植物组织，一部分来自饮用水、食盐和食品添加剂。

根据矿物质元素在人体内的含量和需要量，通常将其分为常量元素和微量元素两类。含量在 0.01% 以上的称为常量元素或大量元素，如钙、镁、磷、钠、钾、硫、氯等为常量元素。含量低于 0.01% 的称为微量元素，如铁、碘、氟、铜、锌、锰、钼、钴、锡、镍、硅。含量在微克数量级的为超微量元素，如铅、汞、镭等。

网络资源 3：请链接网址查看富含矿物质的食物。

矿物质和蛋白质共存，维持生物各组织的渗透压力，同时和蛋白质一起组成缓冲体系，维持酸碱平衡。在食品中矿物质的存在，能使食品汁液的冻结点比纯水冻结点低。

（6）水。水是人类生活中不可或缺的一种物质，人体体液的 90% 是水。人体每天需要水两升左右，其中饮用水占 60%，食物和营养物质代谢占 40%。食品中的水分按其存在的形式和特性不同，基本上分为两种，即游离水（自由水）和结合水。

游离水是指细胞间、细胞内容易结冰，也能溶解溶质的水，其性质和一般的水相似，0℃或稍低于 0℃ 即能结冰，在食品中易蒸发而散失，也易吸潮而增加，容易发生增减的变化。可以被微生物利用，影响食品的化学变化。

结合水是指与食品中蛋白质、脂肪、淀粉等胶体物质结合在一起的水分。结合水与食品的其他物质存在于溶质当中，分子运动减少，其他的性质也发生明显的改变。不能发挥溶剂作用，运输营养物质，−40℃不结冰，不能被微生物利用。

结合水对食品的质量有重大影响。当结合水被强行与食品分离时，食品的风味和质量也就改变。食品不适当的干燥，会使食品中的结合水破坏，使干燥食品的复水性受到影响，而降低食品的质量。

6.1.2 食品的安全卫生

食品安全是指食品无毒、无害、符合应当有的营养要求，对人体健康不造成任何急性、亚急性或慢性危害。食品安全是个综合概念，包括了食品卫生、食品质量、食品营养等相关方面的内容。食品的无毒、无害性是指食品中不应该含有或不超过允许限量的有害物质和微生物等，这是食品商品的最基本的质量要求。

造成的食品安全问题主要来自食品污染、食品自身成分的质量变化。食品自身成分的质量变化主要有脂肪的酸败、蛋白质裂解、糖类的发酵、维生素的氧化、矿物质引起的灰分超标、水分的转移与水分活度带来的微生物污染等。

网络资源4：请链接网址查看食品自身成分性质与食品安全。

【引例6-3】茶叶中的灰分

总灰分含量高是茶叶粗老、品质差的表现。如果茶叶总灰分含量超高，意味着加工、运输、储藏的过程中卫生条件不过关或加工工艺不规范或销售商的人为掺假。表6-1列出的是茶叶的最高灰分含量。

表6-1 茶叶的最高灰分含量

茶叶名称	最高灰分（%）
珍眉、珠茶、贡熙、雨茶	7.0
凤眉秀眉茶片	7.5
洞庭碧螺春、武夷岩茶	6.5
紧压茶伏砖茶	9.0
黑砖茶、金尖茶、青砖	8.5
花砖、普通米砖	8.0
康砖、特级米砖	7.5
沱茶	7.0

资料来源：根据网络资料整理。

食品污染的有害物质大体可分为化学性污染、生物性污染及放射性污染三种。

（1）化学性污染。化学污染有来自工业的重金属污染、生长中的农药污染和抗生素污染、加工中的添加剂污染。

工业生产中废气、废物、废水的排放是造成食品重金属污染的主要途径。重金属主要指密度在四或五以上的汞、镉、铅、铬以及类金属砷等生物毒性显著的重元素。重金属的化学性质比较稳定，能在食物链的生物放大作用下，成千百倍地富集，最后进入人体。进入人体后与蛋白质结合，生成不溶性盐，使蛋白质变性，引起肌体慢性中毒。

农作物生长过程中大量农药的使用是造成食品农药残留的主要途径。农药可以帮助农作物防治病虫害、除去杂草，促进农作物早熟、高产，同时通过食物链进入人体。化学农药施用后，一部分留在表面，一部分进入组织内部，在植物体内造成留存和富集。现广泛使用的农药大致可分为有机磷类、有机氯类、氨基甲酸酯类和拟除虫菊酯类等。长时间摄食残留农药将会影响人体的健康。

为了防治牲畜和水产疾病以及提高产量，有些地区在饲料中添加抗生素和激素。它们容易以原形或代谢产物的形式蓄积、储存于动物的可食部位。

食品添加剂是为改善食品的品质和色、香、味以及防腐和加工工艺的需要而加入食品中的化学或天然物质。它们有的具有一定的毒性，如长期大量摄入，可能会产生一定的毒害作用，如防腐剂苯甲酸可引起过敏性哮喘，发色剂亚硝酸盐可以与蛋白质代谢的中间产物（仲胺）生成亚硝胺，亚硝胺是一种强致癌物质。食品添加剂主要有防腐剂、抗氧化剂、发色剂、漂白剂、凝固剂、着色剂、疏松剂、香精等。食品添加剂分为天然和合成两种。食品添加剂的允许使用种类和用量，我国都有严格的国家标准。

（2）生物性污染。食品的生物性污染包括微生物、寄生虫和昆虫的污染，主要以微生物污染为主，危害较大，包括细菌和细菌毒素、霉菌和霉菌毒素。

我国食品卫生标准中的微生物指标一般是五项：细菌总数、大肠菌数、致病菌、霉菌、酵母菌。有些细菌能够分解蛋白质、有些细菌能够分解脂肪、有些细菌能够分解淀粉和纤维素类多糖物质。产生色素的物质使其污染的食物带有颜色（红色、黄和黄绿色、黑色），有些细菌可使食品变黏或是食品发出荧光或磷光。霉菌和酵母菌在湿度低、pH值低、含盐和含糖量高的食品中出现，还可以在低温贮藏或含抗生素而并不适合细菌生长的食品中出现，常常使食品表面失去色、香、味。有些霉菌毒素（黄曲霉素）具有强烈的致癌性。随着食品存放时间的不同，菌相也在发生着变化。食品中菌类总数越多，食品的污染程度越重，腐败变质速度加快。

【引例6-4】 微生物的生命活动与水分活度

微生物的生命活动与水分活度见表6-2。

表6-2　水分活度与微生物关系

水分活度	微生物
0.94~0.99	多数细菌
0.80~0.94	多数霉菌
0.75	耐盐细菌
0.60~0.65	耐干燥霉菌、耐高渗透压酵母
小于0.60	绝大多数微生物无法生长

资料来源：根据网络资料整理。

（3）放射性污染。放射性污染的主要来源有两种：一种是来自宇宙射线和地壳中的放射性物质，即天然的放射性污染；二是来自核试验及原子能产生的放射性物质，即人为的污染。目前食品中放射性物质的实际污染情况，以铯137和锶90最为严重。特别是锶90，半衰期较长，多蓄积于骨内，影响造血器官，且不易被排出，对人体有严重危害。某些海产动物，如软体动物能蓄积特别危险的锶。

6.1.3　食品感官特性

食品的色泽、气味、滋味、外观形态是评价食品质量的感官指标。随着消费者需求的个性化，对食品感官的要求也越来越高。

（1）色泽变化。食品的颜色是由各种色素构成的，其中有动、植物体自有的天然色素，也有由于在加工中酶、热的作用而产生的色素。

1）动物食品色泽与食品品质。家畜肉、禽肉以及某些红色的鱼肉中都存在有肌红蛋白和残留血液中的血红蛋白。两者化学性质很相似，呈紫红色，与氧结合能形成氧合肌红蛋白，呈鲜红色。肌红蛋白含量越高，肉质颜色越深。

新鲜的肉类多呈现暗红色，在空气中放置一段时间后，肌红蛋白与氧结合生成氧合肌红蛋白，肉色为鲜红色，继续氧化，生成高铁肌红蛋白，颜色为红褐色，在微生物的作用下，肉色可变为绿色、黄色。所以，从家畜肉、禽肉的颜色变化能看出它们的新鲜度。

2）植物食品色泽与食品品质。植物色素主要有叶绿素、番茄红素、类胡萝卜素和花青素、花黄素等。这些色素在植物食品的加工、贮存中都会发生变化而改变它们的天然颜色。

叶绿素是存在于植物体内的绿色色素，存在于蔬菜和未成熟的果实中。是鲜活绿色农产品品质良好的标志。叶绿素在长时间的光辐照下会变为无色；在热的作用下叶绿素中的蛋白质变性，叶绿素成为游离态，变成脱镁叶绿素。在酸性条件下，失去镁原子会变成脱镁叶绿素，从而失去鲜绿色，变成黄褐色；在碱性条件下，叶绿素水解绿色的叶绿酸、叶绿醇和甲醇，叶绿酸与碱反应生成性质稳定的叶绿酸盐，使产品保持鲜绿色，在低温和干燥的条件下性质稳定。

【引例 6-5】 结合叶绿素的稳定性，如何进行鲜活农产品的储运与养护

如果在植物食品中，增加适量的碳酸氢钠，使 pH 值在 7.0~8.5 之间，就可以生成比较稳定的叶绿酸钠盐，使产品仍保持鲜绿色。另外，叶绿素在低温或干燥状态时性质也较稳定，所以低温贮存的鲜菜和脱水蔬菜都能保持较好的鲜绿色。

资料来源：根据网络资料整理。

类胡萝卜素，脂溶性色素，存在于动、植物食品中，呈现黄色、橙色和红色。食品中如同时存在叶绿素和类胡萝卜素，则绿色占优势，一旦叶绿素被分解，则呈现类胡萝卜素的颜色。植物食品中的蔬菜、黄色和红色水果如胡萝卜、马铃薯、南瓜、柑橘、柿子、菠萝、西瓜等都含有这种色素。动物食品中的蛋黄、虾和螃蟹等节肢动物的甲壳中含有胡萝卜素，受热后由青灰色变成红色。类胡萝卜素对热、酸、碱等均具有稳定性，储存期间色泽变化不大。类胡萝卜素含有较多的双键，在光和氧气的存在下发生氧化裂解，使食品褪色。

【引例 6-6】 富含类胡萝卜素的食品储运养护时的注意事项

贮存中应尽量避免光线照射，隔绝氧气措施。

资料来源：根据网络资料整理。

花青素，又称花色素，水溶性色素，广泛地存在于植物食品中（如葡萄、樱桃、草莓、黑莓、桑葚、紫苏等），属植物多酚类物质，保健作用很多。花青素在酸性时呈红色，碱性时呈蓝色，中性时呈紫色。花青素对光和温度也不稳定，含食品花青素的食品在光照和稍高温度下储藏是会变成褐色。在铁、锡和铜等金属离子作用下呈现蓝色、蓝紫色或黑色，并产生花青素沉淀物。在抗坏血酸存在条件下会分解褪色。

【引例6-7】 含有花青素食品储存注意事项

不能用铁、锡和铜等金属容器盛装，低温避光控制pH值储藏。

资料来源：根据网络资料整理。

花黄素，水溶性色素，广泛存在于植物的花、果、茎叶中，属黄酮类化合物，亦是植物多酚。在自然条件下颜色不显著，呈浅黄至无色，偶见橙黄色。主要存在于苹果、梨、洋葱、芦笋、玉米、马铃薯、茶叶等食品中。在空气中久放，易被氧化成褐色沉淀。在酸性条件下稳定，呈无色。在碱性条件下，呈现黄色、橙色、褐色。

【引例6-8】 如何留住花黄素

烹饪时可用柠檬汁调节酸度，鲜榨果汁尽快食用。

资料来源：根据网络资料整理。

3）食品的褐变。天然食品在加工和储藏过程中受到机械损伤后，原来的色泽会变暗或变成褐色，这种现象称为褐变。

酶褐变是在氧化酶的催化下，食品中的多酚类物质氧化聚合发生褐色变化形成褐色物质黑色素的变化。酶褐变多发生在较浅色的水果和蔬菜中，例如苹果、梨、土豆、藕等，当它们的组织受到人为或自然损伤时，细胞破裂，在氧化酶的作用与多酚类物质与空气中的氧接触，而引起食品变为暗红色或黑色。

【引例6-9】 如何避免酶褐变

酶褐变的条件主要是酶的活性、空气中的氧、食品的组织损伤。

资料来源：根据网络资料整理。

高温破坏酶的活性，或以亚硫酸盐、抗坏血酸溶液浸泡以抑制酶的活性；或以清水、食盐水浸泡和真空充氮包装等隔绝空气中的氧等；在食品储运和销售过程中做到轻装轻卸，轻拿轻放，使食品免受外伤，也是控制酶褐变的有效措施。

在食品加工和贮藏过程中还常发生一类与酶无关的褐变，称为非酶褐变，主要类型有羰氨反应、焦糖化反应和抗坏血酸的氧化等。①羰氨反应又称美拉德反应，凡是氨基与羰基共存时，都能引起这类反应。反应底物主要是还原糖类和食品中的蛋白质与氨基酸，在热、辐照和长期存放的条件下均有可能发生羰氨反应，对食品的影响有好有坏。食品的长期存放或二次食用加工中发生羰氨反应可能会造成营养物质（糖类、氨基酸、蛋白质、矿物质）的减少和有害物质的生成。促进美拉德反应的因素有水分（10%~15%最适宜）、温度、氧、pH值（6.5~

8.5 最适宜)、光线以及铁、铜金属离子等，因此。调节食品的水分、降低贮存温度、利用亚硫酸盐等，都能防止美拉德反应的褐变。②焦糖化反应，是指糖类在没有氨基酸存在的情况下，加热到熔点以上时，也会变成黑褐色的色素物质的反应。糖的脱水产物俗称焦糖或酱色。此变化在食品的储运养护中不易出现。③抗坏血酸的氧化，抗坏血酸对富含维生素 C 果汁的褐变影响较大，是抗坏血酸的自动氧化，随后发生美拉德褐变，造成营养的损失。

（2）气味变化。香气因挥发而被感知，因此大多数食品的香气处在不断的变化当中，有的在储运中逐渐变差，有的在储运中得到改善。农产品中的香气物质主要有酚类、醇类、醛类、酮类、醚类、酯类等有机化合物。习惯上用香味、臭味、异味来描述食品气味的变化。

1）植物性食品气味与食品品质。鲜果蔬的香气一般随果蔬成熟度增大而增强，只有当果蔬完全成熟时，其香气才能很好地表现出来，没有成熟的果蔬缺乏香气。蔬菜类以含硫有机化合物为主要香气物质，水果的香味物质包含了有机酸脂和萜类，还有醛类、醇类、酮类和挥发酸等，它们是植物代谢过程中产生的。芳香成分易挥发，因此，果蔬储存过久一方面会造成芳香成分的含量降低，使果蔬风味变差；另一方面，散发出的芳香成分会加快果蔬的生理活动，破坏果蔬正常生理代谢，降低贮藏性。对于香蕉、对于未成熟采摘的果实、瓜类、以果实供食用的蔬菜，存放一段时间后达到食用成熟，香气随存放而变强，达到顶峰后很快变差，难以继续储存，易腐坏变质。

2）动物性食品气味与食品品质。动物食品中的肉类和乳制品都有各自的香气，并随着品质的改变而改变。食用肉的香气物质有上百种，主要有内酯、呋喃类、含氮化合物、含硫化合物、羰基化合物、脂肪酸、脂肪醇、芳香族化合物等，这些物质成了肉香的主体成分。成熟鲜肉有清淡的自然芳香，随着肉品质的降低，气味变为酸气味、霉臭味、氨臭味、其他异味。牛乳香气的成分很复杂，主要由一些短链的醛、硫化物和低级脂肪酸组成，其中甲硫醚是构成牛乳风味的主体成分。鱼类的代表气味是腥臭味，新鲜度降低，腥臭味增强。牛乳日晒可产生日晒味、氧化可产生酸败味、过度加热可产生加热臭味，长期存放可产生旧胶皮味。

3）发酵食品香气与食品品质。酒类的香气。酒类的香气很复杂，各种酒类的芳香成分因品种而异，其中羧酸的酯类最多，其次是羰基化合物。醇类是酒的主要芳香物质。酯类是酒中最重要的一类香气物质，它在酒的香气成分中起着极为重要的作用。酯类的形成有两种方式：一种是在发酵过程中经酯酶的作用，将醇转变为酯；另一种是酒在贮藏时由于酸与醇的酯化作用而生成酯，一般贮存期愈长，酯含量愈高。酯类是决定白酒香型的重要芳香物质。葡萄酒和果酒具有果实的清香和酒香为品质佳者。啤酒应具有酒花带来的香味（草本味、松木味、树脂味、花香味、香料味）和麦芽香。

（3）滋味变化。滋味的分类世界各国并不一致。日本分酸、甜、苦、辣、咸五味，欧美各国分甜、酸、咸、苦、辣及金属味六味，印度分酸、甜、苦、辣、咸、涩、淡、不正常八味，中国分酸、甜、苦、辣、咸、鲜、涩七味。

1）甜味。食品中的天然甜味主要是糖及其衍生物，如果糖、葡萄糖、蔗糖、乳糖、半乳糖、麦芽糖等，其中聚合度越高糖类的甜度越低，果糖可以直接被人体吸收，不需要胰岛素的参与。加工食品中的阿斯巴甜、二肽衍生物糖精钠、甜蜜素属于人工合成甜味剂，不能在体内分解，随尿排出，不供给热量。天然甜味剂有蔗糖、葡萄糖、果糖、麦芽糖等。

2）酸味。凡是在溶液中能溶解出氢离子的化合物都具有酸味。有机酸多具有鲜爽的酸味，而无机酸多具有苦涩味并使风味变劣。多数酸味料作为食品中的调味剂，兼具防腐的作用，食品工业中使用较为普遍。常用的酸味剂有醋酸、柠檬酸、乳酸、酒石酸、苹果酸、磷酸等。未成熟的水果中因存在较多的有机酸而发酸味。

3）咸味。中性盐类化合物具有咸味。盐类物质在溶液中离解后，阳离子被味细胞上的蛋白质分子中的羧基或磷酸基吸附而感知的滋味。只有氯化钠具有纯咸味，其他盐带有碱味或苦味。

4）苦味。单纯的苦味是不可口的，但如果调配得当，却能起着丰富和改进食品风味的作用。苦瓜、莲子、白果、啤酒等虽具有一定的苦味，但因为保健功效与苦味适度均被视为美食。生物碱及重金属盐呈苦味，啤酒花中的酮及其衍生物（酸）呈苦味，咖啡、可可、茶叶中的咖啡碱呈苦味，柑橘中的柚皮苷呈苦味。

5）辣味。辣味是食物成分刺激口腔黏膜引起的一种痛觉，同时也会刺激鼻腔和皮肤，属于机械刺激现象。适当的辣味有增进食欲、促进消化液的分泌、在消化道内可起杀菌等作用，所以辣味物质广泛地用于调味品中。具有辣味的物质主要有辣椒、胡椒、姜、葱、蒜、芥末等，其中的主要成分是辣椒素、胡椒碱、姜酮、姜脑等物质。

6) 涩味。涩味是食物成分刺激口腔，由蛋白质凝固产生的收敛感觉。涩味不是作用味蕾所产生的，而是由于刺激触觉神经末梢所产生的。引起涩味的主要物质是多酚类化合物。明矾、醛类等物质也有涩味，有些水果和蔬菜中存在的草酸、香豆素和奎宁酸也会引起涩味。

7) 鲜味。鲜味是食品中能引起食欲的滋味，是一种复杂的美味感，甜、酸、苦、辣四原味和香气以及质地协调时，就可感觉到可口的鲜味，呈现鲜味的成分主要有核苷酸、氨基酸、酰胺、三甲基胺、肽有机酸、有机碱等。

讨论时间

(1) 消费者对食品的需求包含了哪些内容？

_____

_____

(2) 消费者对食品的需求通过什么方式能够体现出来？

_____

_____

_____

6.2　食品储运与环境控制

商品故事

香蕉贸易与储运

香蕉是全球鲜销量最大的水果，不仅是世界热带农业中的支柱性产业，也是世界贸易中的大宗水果、主要粮食产物之一，在农产品进出口贸易额中仅次于小麦。香蕉主要种植地为印度、巴西、中国、菲律宾等，四国香蕉产量占世界总产量的 45%，前 10 主产国产量占总产量的 76%；香蕉主要出口国为厄瓜多尔、哥斯达黎加、菲律宾和哥伦比亚,这四国集中了世界香蕉出口总量的 61%;香蕉主要消费地区为欧盟及东欧国家、北美地区、东南亚国家、南共同体国家等,其中欧盟、美国和日本的进口量占世界进口总量的 73% 以上。

香蕉贸易品牌主要为美国的 Chiqueta、Dole Food、Del Monte、厄瓜多尔的 Noboa 和爱尔兰的 Fyfees,五家公司占世界香蕉出口量的比例为 80% 以上,其中美国三大公司占世界香蕉出口的 65%,呈现明显的垄断竞争局面。美国三大香蕉运营商利用自身技术、研发优势不断培育适应不同市场的新品种,同时利用资金与资本运作能力、品牌与销售网络优势不断收购其他原产地香蕉,进行冷链物流、贴牌渠道,使商品品牌占领各国高端市场,并下探中低端市场,逐步通过协议控制香蕉种植的产业链环节。

我国是香蕉主要原产地之一,种植面积位居全球的第六位,是世界上第二大香蕉生产国,产量仅次于印度,具有良好的研发与生产技术;我国香蕉主要种植区域在广东、福建、海南、广西与云南,其中广东目前种植面积最大、海南产业化经营水平最高,但种植重点区域正在逐步向桂、滇转移,特别是在云南近几年的香蕉种植产业发展迅猛。

香蕉适宜的储运条件:①温、湿度。香蕉透宜的储运温度为 13~15℃,湿度为 90%~95%。②通风散热。每吨香蕉每天呼吸散热约 12560 千焦(3000 千卡,可煮沸 40 千克水),因此,必须具有良好的通风换气的散热条件。

香蕉运输设备与方法:夏季高温期应采用冷藏运输工具,如冷藏车厢(机械制冷保温车)或人工加冰制冷保温车厢或制冷集装箱汽车或冷藏船。冷凉季节可用一般棚车,但严冬时节(11~12 月)远运至东北、西北地区时仍须用保温设备车辆。目前受条件的限制,北运用棚车时,冬季可在车厢内壁挂上 1~3 层草帘,还可加一层塑料薄膜进行防冷;夏季则须减少装载量,装 6~8 成,开辟十字通风道,用搭架、开门窗、蕉堆加冰块等办法防热,高温季节蕉果装车前最好预冷,使果温降至适合运输的温度。

装车前车厢处理:装车前后要了解前次储运的物品,如为果蔬的可用高锰酸钾饱和溶液喷洒或强制通风措施,把乙烯吸收或吹跑。

装车注意事项:装车堆放要整齐紧实,纸箱装的要注意通气孔对齐,并分组留通风道,车厢顶部应留下 50 厘米左右的空间,以利空气流动。

运输途中与抵达口岸地注意事项:运输途中要经常检查车厢内温、湿度和蕉堆情况，注意通风换气。可派人随车或途中设站检查，以便发现情况异常能及时处理，确保安全；抵达口岸地应及时卸车转入库暂储，严禁在站场暴晒或受冷。若室外温度低于12℃，在搬运过程中应用棉被包裹，防止冻坏蕉果。

资料来源：南宁漳泉商贸公司香蕉冷链物流的运作方案　[EB/OL]. http://wenku.baidu.com/view/a73e71c6d4d8d15abe234e87.html.

思考：分析香蕉储运中考虑了哪些外界因素？为什么要作出这样的外界条件控制？

知识储备

6.2.1　食品质量劣变的内因分析

（1）植物食品生理特性。植物食品有以下生理特性：

1）蒸腾作用。植物体内水分以水蒸气形态从果蔬的皮质层、皮孔、气孔蒸发出去，这种水分散失现象称为蒸腾作用，是果蔬类商品的失重、失鲜的重要原因。失水严重者影响果蔬菜的正常代谢，降低果蔬的耐储存性，加快果蔬成熟、衰老。

2）呼吸作用。呼吸作用是活鲜食品最基本的生理活动，其本质是有机物在酶的参与下进行的氧化分解并释放能量的过程。根据呼吸过程中是否有氧的参与，可将呼吸作用分为有氧呼吸和无氧呼吸两大类型。有氧呼吸是指活鲜食品为维持生命需要，在体内氧化还原酶的作用下，呼吸底物（碳水化合物、有机酸、蛋白质、脂肪）与分子氧发生反应生成二氧化碳、水并释放能量的过程。无氧呼吸是指鲜活食品无氧条件下，呼吸底物与分子氧发生反应生成为不彻底的氧化产物，同时释放能量的过程。对于高等植物，这个过程习惯上称为无氧呼吸，对于微生物，习惯上则称为发酵。高等植物无氧呼吸可产生酒精，其过程与酒精发酵是相同的。

3）后熟作用。后熟作用是果蔬类食品在离开母株后继续其成熟过程的现象。后熟作用能改进果蔬的色、香、味以及适口的硬脆度等食用感官品质。后熟作用完成后很快就会导致果蔬的耐贮性和抗病性不断减弱。

4）休眠作用。一些块茎、鳞茎、球茎、根茎类蔬菜，在结束田间生长时，产品器官积累了大量的营养物质，原生质内部发生了剧烈的变化，新陈代谢明显降低，水分蒸腾减少，生命活动进入相对静止状态，这就是所谓的休眠。对果蔬贮藏来说，休眠是一种有利的生理现象。果蔬进入休眠后期，外部贮藏条件适宜就会出现发芽与抽薹现象，耐贮性就迅速下降。

看板：食品储藏保鲜

　　块茎、鳞茎、球茎类蔬菜在潮湿、冷凉的条件下会使休眠期缩短。如0℃~5℃使洋葱解除休眠，马铃薯采后2℃~4℃能使休眠期缩短，5℃打破大蒜的休眠期。因此，采后先使产品愈伤，然后尽快进入生理休眠。休眠期间，要防止受潮和低温，以防缩短休眠期。

　　度过生理休眠期后，利用低温可强迫其休眠而不萌芽生长。板栗的休眠是由于要度过低温环境，采收后就要创造低温条件使其延长休眠期，延迟发芽。一般要低于4℃。

　　资料来源：郑永华.食品贮藏保鲜［M］.北京：中国计量出版社，2006.

　　5）背地性。一般植物的前端先天具有面向天、背向地生长的特性，叫做背地性。如果横着摆放的话，植物本身会产生应力，导致商品味道下降。地方越暗，植物的背地性越强。具有背地性的商品有菠菜、茼蒿、韭菜、绿芦笋、青葱等。

　　（2）动物食品的生理物性。动物食品有下列生理特性：

　　1）胚胎发育。胚胎发育是动物的卵从受精卵到孵出或产出的发育过程。常见的容易发生胚胎发育的是鲜蛋类食品，当温度和供氧条件适宜时，胚胎会发育成血丝蛋、血坏蛋。

　　2）僵直。僵直主要是指畜、禽、鱼等动物性食品在失去生命后，肌肉在一段时间内发生的生化和形态上的变化。僵直期肉的 pH 值，由刚宰后的 7.0~7.4 降至 5.4 时，达到肌凝蛋白的等电点，肌肉凝固、纤维硬化、呈现僵直状态，此时的肉有不愉快的气味，味道差，肉汤浑浊，不鲜不香。

　　3）成熟。僵直肉中糖原继续分解为乳酸，pH 值进一步降低，肌肉结缔组织变松，肉呈现一定的弹性。此时肉松软多汁，滋味鲜美，此为肉的成熟过程，俗称排酸。后熟过程中形成的乳酸，具有一定的杀菌作用，后熟肉的表面形成一层干膜，可防止微生物的侵入。

　　4）自溶。当肉存放在室温或更高温度下时，组织酶仍呈现活性，即使在无菌条件下，仍可使组织发生"自溶"。此时蛋白质分解产生的硫化氢和硫醇与血红蛋白或肌红蛋白中的铁作用形成硫化血红蛋白，肌肉纤维松弛，严重影响肉品的质量，并为细菌的侵入和繁殖创造了条件。变质程度较轻时，经高温处理后可食用。

（3）食品商品的化学变化。食品商品的化学变化是指食品在变化过程中不仅改变食品的外表形态，也改变食品的本质，并生成新的物质，且不能恢复原状的变化现象。食品发生化学变化就是质变的过程，严重时会使食品完全丧失使用价值。维生素、脂肪的氧化，脂肪、蛋白质的氧化聚合等都属于化学变化。

（4）食品商品的物理机械变化。物理变化指没有新物质生成，只改变物质外在形态或状态，而不改变其本质，并且可以反复进行变化的现象。常见的有食糖的溶化、巧克力的熔化、牛奶的渗漏、蛋糕串味、食品的玷污、酒类的挥发、茶叶的吸水与吸味等。

机械变化是指食品在外力的作用下，发生形态上的变化。常见的有方便面的破碎、听装饮品的变形等。

（5）食品商品的生物学变化。食品能为多种生物提供营养，成为生物体生长的温床。食品受到其他生物的作用而发生的变化是生物学变化，主要有霉变、腐败、发酵、虫蛀、鼠咬等。

6.2.2　食品质量劣变的环境因素

任何一种变化都是在一定的外部条件下进行的，食品的质量裂变也有一定的环境影响因素。

（1）生物体。生物体有以下几类：

1）微生物。由微生物引起食品质量安全问题是我国食品质量安全的主要问题。食品发生霉变腐烂过程中，微生物活动是重要的，是微生物利用食物中的碳源、氮源、水、无机盐等底物，进行代谢作用的结果，最终使食品的理化性质发生变化，使食品失去营养性、安全卫生性、感官性、功能性等质量特征。由微生物引起的食源性食物中毒有两方面，一是由有害微生物本身引起的；二是由有害微生物在食品上代谢分泌的毒素引起的。

2）昆虫。粮谷类食品因富含多种营养成分，易受害虫的侵袭。敏感性虫害有玉米象、长头谷盗、杂拟古盗等，耐药性害虫有扁谷盗、蛾类、谷蠹、米象、书虱、螨类、赤拟古盗、米扁虫等。

3）小动物。仓库中常见的褐鼠、黑鼠和小家鼠，自然环境中的各种鸟类，都会对存储的各种商品造成质量裂变和质量损害。

（2）温度。食品中发生的化学反应与酶促反应，鲜活食品的呼吸作用和后熟、生长过程，生鲜食品的僵直过程和软化过程，微生物的生长繁殖过程，食品中水分的变化及其他物理变化过程，等等，都是在温度的影响下或快或慢地进行着，因此温度是影响食品在流通中稳定性最重要的因素。一般地说，温度升高，微生物的繁殖速度加快，一切变化速度也都加快，导致食品质量下降速度加快。温度每升高 10℃，食品质量的下降速度大约增快一倍，或者说，环境温度每降低 1℃，食品质量下降速度大约减慢 10%。因此，食品在流通中保持低温状态是食品保鲜最普遍采用的方法。

（3）湿度。环境湿度多用相对湿度表示。相对湿度是每立方米空气中水蒸气的含量与同温度、同体积的空气饱和水蒸气含量之比。它说明了空气中水汽的含量距离饱和水汽量的程度，其值越大空气中水汽含量越高，对食物的水分含量和水分活度影响越大。当环境相对湿度小于食品的水分活度时，食品的水分就逐渐逸出，水分活度下降直至与相对湿度相等为止；当相对湿度大于食品的水分活度时，环境的水蒸气就转入食品，使食品的水分活度增大，最后也是二者达到相等为止。各种食品都有一定合理的含水量，过高或过低对食品的质量及其稳定性都是不利的，它不仅会影响食品的营养成分、风味和外观形态的变化，而且还会影响微生物的生长发育和繁殖，最终导致食品的安全与卫生问题。

（4）光。光给食品带来的不仅是紫外线、红外线，还有热量的集聚。它对食品的影响表现为正反两方面。好的方面是可以加速受潮食品的水分蒸发，杀死微生物和商品害虫；不好的方面是加速食品品质的某些成分的挥发，如酒类的挥发、香水类挥发，加速食品中含脂肪的氧化酸败，加速蛋糕类、果蔬类等食品的水分蒸腾、位移而发生萎蔫、干缩等现象。

（5）气体。在气体组分中，氧气对食品质量变化具有重要的影响。

氧气是食品的许多成分发生氧化反应的必备物质，如食品中脂肪的氧化酸败、水果和蔬菜中酚类物质的酶促褐变、蛋白质还原性基团和某些维生素（如维生素 C、维生素 A 和维生素 E 等）的氧化都是由于氧气作用的结果。为了减慢或避免食品成分的氧化作用，常常采用脱氧包装、充氮包装、真空包装等方法，或在包装中使用脱氧剂，有的则在食品中添加抗氧化剂。

氧气是果品、蔬菜的呼吸作用的必备物质。呼吸作用在维持自身的生命活动、抵御微生物的入侵方面具有积极的作用，但呼吸作用不断消耗呼吸底物，使果蔬的营养价值、重量、外观和风味发生不可逆转的变化。可以通过降低环境中氧气的分压来减弱其呼吸作用，以减慢果蔬质量的下降速度。但是氧气的分压又不能降得太低，否则会出现缺氧呼吸，导致果蔬产生生理病害，因此在实践中要根据果蔬的种类和品种，确定适宜的贮藏温度和合理的气体成分，一般氧气浓度在 1%~3%。适量的二氧化碳也可抑制呼吸作用，但不能过高，否则也会引起果蔬出现生理病害，同时还要注意排除环境中的乙烯，因为乙烯会促进果实的后熟，加快质量的下降速度。

氧气是好氧型微生物生存的必备物质。在其他条件适宜时，有分子氧存在的条件下好氧型微生物才能进行正常的新陈代谢，才能迅速生长繁殖，若环境中氧气不足或被除去，它们的生长繁殖就会受到抑制，如蔬菜腌渍时把产品浸泡在菜卤中，使之与氧气隔绝，就能防止好氧型霉菌的污染。厌氧型微生物（也称专性嫌氧微生物）的生命活动不需要分子态氧，氧气对这类微生物反而有毒害作用，如许多梭状芽孢杆菌只能在无氧状态下生长繁殖，氧气可以抑制这类微生物。对于兼嫌气性微生物，它既能在有氧条件下生长，又能在无氧条件下活动，如酵母在有氧条件下迅速生长繁殖，产生大量菌体，在无氧条件下，则进行发酵产生大量酒精。由于氧气与微生物生长繁殖的关系复杂，所以在实践中如何利用氧气来抑制微生物就要考虑食品的种类和它可能污染的微生物类型。

乙烯在果蔬类食品的储运中也有一定的影响。具有后熟特性的果蔬在储运的过程中会释放出一定量的乙烯，加速果蔬的成熟速度，所以在储运的过程中要注意果蔬的分类存放与运输。

（6）振动。振动是农产品运输时应考虑的基本环境条件，可直接造成产品的物理性损伤，也可导致产品发生品质劣化的反应。振动的物理特征是以振幅与频率来描述的。振动强度以振动所产生的加速度大小来分级，达到一个振动加速度为一级，记为一克。有研究发现，一克以上的振动加速度可直接造成果蔬的物理损伤，一克以下的振动也可能造成间接损伤。

运输中车辆的振动主要受以下几方面因素的影响：

1）车辆状况。有人研究了卡车的车轮数与车体垂直振动强度的关系。轮数少，即车体小、自重轻的车子，振动强度高。摩托车、三轮车的振动加速度可达

3~5 克。车轮内压力高时，振动大。在同一车厢中，后部的振动强度高于前部，上方的振动强度高于下方。

2）车速及路面状况。一般而言，铁路及高速公路最为平滑，因而运输的振动小于一克。而且在铁路及高速公路上，行车速度与振动关系是车速越快，振动越大。道路状况常是运输中振动大小的决定因素，路面越不好，振动越大。

3）装载状况。空车或装货少的车厢振动强度高。另外，在货物码垛不合理、不稳固时，包装与包装之间的二次碰撞，常会产生更强的振动，其记录到的振动加速度最高可达 31 克。

4）运输方式。铁路运输的振动较小。有研究表明，铁路运输垂直振动为 0.1~0.6 克，而货车与货物发生共振时稍大。以公路运输的振动为最大，在路况不好的情况下，常会发生三克左右的振动。水上运输的振动最小。据报道，6000 吨级的香蕉运输船振动仅为 0.1~0.15 克。轮船的摇摆虽然相当大，但摆动周期长，因此振动加速度很小。

（7）时间。任何条件下存储的食品，随着时间的推移，其化学成分都会发生改变，多数都是向着不好的方向转变，国家食品主管部门对一些食品的保质期作出了相关的规定。

6.2.3　食品储运管理

（1）食品运输管理。食品运输是食品流通中的重要环节，如果这个环节的工作做得不好，会导致食品质量的下降。食品运输是联系生产者与消费者之间的桥梁，为了加强对食品的保护，在运输中要做到两轻、三快、四防。

两轻即轻装、轻卸；三快即快装、快运、快卸；四防即防热、防冻、防晒、防淋。食品在运输和销售过程中，都要求有适于保持其质量的环境条件，这些条件应和食品贮藏时的条件基本相同，否则很容易导致食品质量的劣变。食品在运输过程中，由于环境条件的变化和运输过程中的颠簸碰压，对食品特别是鲜活易腐食品是极为不利的。

1）轻装、轻卸。轻装、轻卸可大大减少食品机械损伤和包装物的损伤以及因这两种损失而导致的微生物污染。实现装卸工作自动化，既可减少劳动强度，又可保证食品质量和缩短装卸时间。所以，在进行食品装卸时应轻装、轻卸，防止野蛮装卸。

2）快装、快运、快卸。装车、装船时特别是搬运过程中，货物直接暴露于空气中，这必然引起货温的升高。加快装卸速度，改善搬运条件、加大每次搬运的货物数量，采取必要的隔热防护措施，对减少货物的升温是十分必要的。同时，还应尽量缩短运输时间，这就要求快装、快卸、快运，尽量减少周转环节。积极采用机械装卸和托盘装卸是加快装卸速度的有效手段。积极推行汽车和铁路车辆的对装、对卸也是加快装卸速度的有效措施。

3）防热、防冻、防晒、防淋。任何食品对运输温度都有严格的要求，温度过高，会加快食品的腐败变质，加快新鲜果蔬的衰老，使品质下降；温度过低，容易使产品产生冻害，所以要防热、防冻。另外，日晒会使食品温度升高，加快一些维生素的降解和损失，提高果蔬的呼吸强度，加速自然损耗；雨淋则影响产品包装的完美，过多的含水量也有利于微生物的生长和繁殖，加速腐烂。敞篷车船运输时应覆盖防水布或芦席以免日晒雨淋，冬季应盖棉被进行防寒。

4）卫生要求。储存、运输和装卸食品的包装容器、工具、设备和条件必须安全无害，保持清洁，防止食品污染。①应使用专用食品运输工具设备，非专用食品运输工具应彻底清洗消毒后方能装运，直接食用食品的运输工具在每次装运前必须消毒。②专用仓储货位要防雨、防霉、防毒，能实现专车、专箱、专位最好。

做好食品的分类装运。①食品与其他危险货物应分开装运，严禁混装混放。②生熟食品要分开。③食品与非食品要分开。④易吸味和易散味的食品要分开。⑤食品与农药、化肥要分开。

（2）食品储存管理。食品储存管理有如下几项工作：

1）准备工作。做好清洁卫生工作，保证食品仓库、存储设备的干燥、整洁。冷库（包括冰箱）应注意保持清洁、及时除霜。常温仓库环境要求通风、干燥、明亮、清洁、通畅。清库时应做好清洁消毒工作。

做好安全隐患消除工作。仓库区严禁烟火，配置适量的消防器材。仓库应有防鼠、防虫、防蝇、防潮、防霉的设施，并能正常使用。常温仓库必须设置机械通风设施，并应经常开窗通风。冰箱、冰柜和冷藏设备必须正常运转并标明生、熟用途，冷藏库、冰箱（柜）应设外显式温度（指示）计并正常显示。冷藏设备、设施不能有滴水，结霜厚度不能超过 1 厘米。

2）验收入库。入库食品必须检验合格；食品包装容器/产品标识卡上应有检验印章或标签。

　　仓管人员应认真核实缴库的数量，检查食品的合格标识、生产日期，生产日期不符合要求的不能接收入库。

　　对于待检和不合格物资必须采取隔离措施，以防误用。

　　3）存放与保管。食品要分类、分架、隔墙离地上架存放，各类食品有明显标志，有异味或易吸潮的食品应密封保存或分库存放。

　　仓库堆放的包装食品，其堆放高度以不损伤包装食品、不使货架变形为宜。一般应上轻下重，以保持货架稳固。

　　入库食品按入库日期进行必要的隔离和标识，以便先进先出。外观相似的食品避免相邻摆放，摆放要便于清点和搬运。易损物品、危险物品设专区摆放并给予醒目标识。有贮存期要求的物品，须有必要标识，并坚持先进先出的原则。

　　仓库仓管员应经常查看库存食品，并做好食品的定期盘点工作。盘点或日常检查中发现食品有异常时（如超过贮存期限或变质），应予隔离、标识、评审处置。

讨论时间

　　（1）分析香蕉储运中考虑了哪些外界因素？

_____

_____

_____

　　（2）为什么要作出这样的外界条件控制？

_____

_____

_____

_____

能力训练

实训：模拟门店的采购、仓储、运输、销售等人员应具备的食品基础知识

一、实训内容

项目名称	采购、仓储、运输、销售等人员应具备食品基础知识文案撰写
时间	60分钟
场景	食品超市新入职人员培训

项目名称	采购、仓储、运输、销售等人员应具备食品基础知识文案撰写
商品	组织熟悉的食品
目的与目标	结合本章知识能够明确采购人员如何进行商品品种与品质选择；销售人员如何实现食品适量、适度、适时销售；储运人员如何实现对食品品质和数量的适时、适度保护
要求	1. 组织结构要求 小组划分：每组 5 人 小组组织结构：组长 1 人 　　　　　　　组员 4 人 采购员需重点掌握的商品知识： 商品分类、商品质量、商品检验、商品标准、商品属性与顾客需求 仓储人员需重点掌握的商品知识： 商品储运特性与环境因素控制、商品检验、商品质量、商品包装 运输人员需重点掌握的商品知识： 商品储运特性与环境因素控制、商品包装 销售人员需重点掌握的商品知识： 商品属性与顾客需求；商品质量的基本要求 2. 文案撰写思路 　（1）使用价值主线。商品的属性与人的需求吻合程度决定商品使用价值的大小 　　商品的构成包含了商品的核心部分、形式部分、附加部分，这三个部分蕴含和体现着商品的使用价值的自然属性和社会属性，如果这三个部分在流通过程中被降低，那与人的需求的吻合程度就会降低，商品的使用价值就会大打折扣，影响商品价值的实现。所以整个流通过程中，所有门店的人员工作核心就是维护商品的使用价值 　（2）商品质量基本要求主线。商品质量的基本要求包含了有形商品质量的基本要求和服务商品质量的基本要求 　　商品质量满足这些要求才有市场，才能带来经济效益，所有门店的人员工作都要以商品质量的保证为中心开展工作
准备工作	1. 小组成立——组织结构明确 2. 商品学商品基础知识的复习 3. 讨论商品学商品基础知识与食品商品学知识的融合
方法	1. 网络实践 2. 撰写文案 3. 学生 PPT 讲解

二、实训步骤

第一步　资料收集

(1) 食品商品质量的基本要求。

(2) 食品商品的使用价值。

(3) 采购员、仓储员、运输员、销售员的工作内容、岗位职责。

第二步　资料分析

(1) 按要求和所学知识分析汇总收集资料。

(2) 撰写门店各岗位工作人员所需商品知识。

第三步　展示讲解

(1) 采购员所需商品知识文案与 PPT。

(2) 仓储员所需商品知识文案与 PPT。

(3) 运输员所需商品知识文案与 PPT。

(4) 销售员所需商品知识文案与 PPT。

三、操作要求

1. 纸张要求：学院作业纸或 A4 纸。

2. 格式要求：字迹要求工整、清晰可辨认；标题居中，正文首行缩两格；落款右对齐，表格形式，内容为小组成员+工作分工+食品商品知识。

四、成绩评定

评价内容	分数	自我评价	小组互评	教师评价
PPT 设计	2			
文案资料分析	4			
文案格式	2			
语言表达	2			
合计	10			

本章小结

消费者对食品的需求主要包含了营养价值、安全卫生、感官需求。

食品营养价值的高低，主要取决于食品的营养成分、可消化率和发热量。

食品的成分是极其复杂的，除水分、挥发性成分外，还包括固形物。固形物成分可分为有机物和无机物两类。有机物中最主要的有蛋白质、糖类、脂类、维生素及酶等,无机物则为无机盐类和其他无机物。这些营养成分在人体中发挥着不同的作用,与人体健康息息相关。

食品除含有以上营养成分外,并含有许多与食品品质有密切关系的功能成分,如有机酸、儿茶素、生物碱、色素、芳香物质、乙醇等,在人体中发挥着不同的保健作用,但不是人体新陈代谢必需的成分。

食品安全是指食品无毒、无害、符合应当有的营养要求,对人体健康不造成任何急性、亚急性或慢性危害。食品安全是个综合概念,包括了食品卫生、食品质量、食品营养等相关方面的内容。

食品的无毒、无害性是指食品中不应该含有或不超过允许限量的有害物质和微生物等,这是食品商品的最基本的质量要求。

食品营养成分的物理化学变化影响着食品安全与卫生、食品自身的毒素物质超量造成食品安全问题;食品的生物性污染、化学性污染及放射性污染造成食品安全问题。

流通环节更多通过食品的色泽、气味、滋味、外观形态等感官指标来评价食品质量。造成流通环节植物性食品质量变化的内部因素主要有蒸腾作用、呼吸作用、后熟作用、休眠作用、背地性等生理特性;造成流通环节动物性食品质量变化的内部因素主要有胚胎发育、僵直、成熟、自溶等生理特性,流通环节加工食品质量变化主要有物理机械变化、化学变化、生物学变化。

流通环节食品的质量裂变环境影响因素主要有各种微生物、虫害、小动物,温、湿度、气体组分、光、振动、时间。对这些外部影响因素的防控重点是流通环节的运输作业和存储作业。

知识测试

一、填空题

1. 消费者对食品商品质量要求主要体现在 (   )、(   )、(   ) 三个方面。

2. 食品商品的营养价值高低体现在 (   )、(   )、(   ) 三个方面。

3. 食品提供人体所需营养成分主要有（　　　　　　）、（　　　　　　）、（　　　　　　）、水、矿物质、维生素等。

4. 食品的污染主要有（　　　　　　）、（　　　　　　）、（　　　　　　）。

5. 在运输中要做到两轻、三快、四防。两轻即（　　　　　　）、（　　　　　　）；三快即（　　　　　　）、（　　　　　　）、（　　　　　　）；四防即（　　　　　　）、（　　　　　　）、（　　　　　　）、（　　　　　　）。

二、判断题

1. 水分活度反映了食品中水分存在形式和被微生物利用的程度。水分活度越大，可被微生物利用的自由水含量越高，食品的储存性能就越差。（　　）

2. 果蔬类商品在储运中不用分类，任何果蔬都可以混储、混运。（　　）

3. 鸡蛋蛋白、各种动物的结缔组织（如软骨、韧带、肌腱等）和肉皮之中、玉米中的胶蛋白等都属于不完全蛋白质。（　　）

4. 葡萄糖属于单糖，可被人体直接吸收利用。（　　）

5. 食品中水的存在形式可分为结合水和游离水，其中结合水不被微生物利用。（　　）

三、选择题

1. 未成熟的水果中含有较多的（　　），随水果的成熟，其逐渐水解为可溶性糖。

A. 蔗糖　　　　　　B. 果糖　　　　　　C. 葡萄糖　　　　　　D. 淀粉

2. 缺乏（　　）能引起眼睛干涩。

A. 维生素 C　　　　B. 维生素 E　　　　C. 维生素 K　　　　D. 维生素 A

3. （　　）气体可促进果蔬成熟。

A. 乙烯　　　　　　B. 氮气　　　　　　C. 二氧化碳　　　　D. 氧气

4. 一般植物都先天具有面向天、背向地生长的特性，叫做（　　）。

A. 后熟　　　　　　B. 呼吸作用　　　　C. 蒸腾作用　　　　D. 背地性

5. 酶是一种特殊的（　　），低温可以抑制其活性，高温可使其失去活性，pH 值为 6~7 时酶活性良好，pH 值为 3 以下时失去活性。

A. 维生素　　　　　B. 脂肪　　　　　　C. 微生物　　　　　D. 蛋白质

四、多项选择题

1. 下列属于食品营养成分的是（　　）。

A. 蛋白质　　　　B. 脂肪　　　　C. 水　　　　D. 龙葵素

2. 属于脂溶性维生素（　　）。

A. 维生素 A　　　B. 维生素 B 族　　C. 维生素 E　　D. 维生素 C

3. 食品商品的化学污染有（　　）。

A. 重金属　　　　B. 添加剂　　　C. 放射性　　　D. 抗生素

4. 动物性食品质量变化的内部因素主要有（　　）等生理特性。

A. 胚胎发育　　　B. 僵直　　　　C. 成熟　　　　D. 自溶

5. 食品中除含有人体必需的营养成分，还含有许多与食品品质有密切关系的功能成分，如（　　）等。

A. 有机酸　　　　B. 植物多酚　　C. 生物碱　　　D. 蛋白质

五、概念题

1. 食品安全

2. 后熟作用

3. 呼吸作用

4. 休眠作用

5. 背地性

6. 羰氨反应

7. 焦糖化反应

六、简答题

1. 食品商品的运输管理有哪些？

2. 食品商品的营养成分有哪些？

3. 简述食品储运中对呼吸作用的防控。

4. 简述动物性食品的生理特性及对储运的影响。

5. 简述植物性食品的生理特性及对储运的影响。

七、论述题

1. 食品商品的质量变化的因素分析。

2. 试述消费者对食品商品的需求有哪些？

3. 试述食品中的营养成分与人体健康的关系。

第 7 章
嗜好性食品的养护

目标分解

知识目标：了解消费者对嗜好性食品的需求

认识嗜好性食品的质量特性

掌握嗜好性食品的储运养护

技能目标：初步具备嗜好性食品使用价值分析能力

初步具备嗜好性食品质量劣变判断的能力

初步具备嗜好性食品储运养护管理的能力

素养目标：培养学生具备一定的团结合作精神

培养学生具备一定的文化素养

7.1 酒

商品故事

诗文中的酒

诗与酒，酒与诗，可以说自古就像连理缔结，相从相随。不管是酒使诗生辉，还是诗使酒成名，酒与诗，正如一对孪生兄弟一样，相依相附，比肩而行。早在 3000 多年前，中国最古老的诗集《诗经》中就已有了诗与酒相伴的记录。《诗经·周南·卷耳》："陟彼高冈，我马玄黄。我姑酌彼兕觥，维以不永伤。"意为：我登上那高冈，马儿累得变了样。我把酒杯斟满，一醉了事免悲伤。从此，诗与酒如影随形，饮酒赋诗，给中华文坛留下众多佳作。由此可见，酒的历史与华夏文化一样源远流长。

酒能使人精神亢奋，又能使人袒露真实情感。"月有阴晴圆缺，人有悲欢离合"，然而，一杯在握，胸襟渐开，豪气顿生。酒，能激发人们平日里被封闭的想象力与创造力，亦能激发人们的豪情壮志，所以酒与诗人有着不解之缘。

诗人有许多论酒的精妙诗句。杜甫的《可惜》写道："宽心应是酒，遣兴莫过诗。"《独酌成诗》中："醉里从为客，诗成觉有神。"张说《醉中作》："醉后乐无极，弥胜未醉时。动容皆是舞，出语总成诗。"苏轼《和陶渊明〈饮酒〉》："俯仰各有态，得酒诗自成。"杨万里《重九后二日同徐克章登万花川谷月下传觞》："酒入诗肠风火发，月入诗肠冰雪泼。一杯未尽诗已成，诵诗向天天亦惊。"

酒，是诗人的一种抒情言怀的媒介，诗，是诗人离愁别绪真情流露的载体。一代枭雄曹操，酾酒临江，横槊赋诗，一首《短歌行》，广为传唱："对酒当歌，人生几何！譬如朝露，去日苦多，慨当以慷，忧思难忘。何以解忧？唯有杜康。青青子衿，悠悠我心，但为君故，沉吟至今……"此诗慷慨激昂，深切地表达出了诗人对人生短暂的感慨与对招纳贤才的渴望以及建功立业的迫切心情。

诗仙李白，他的"兰陵美酒郁金香，玉碗盛来琥珀光"把酒之精美推向极致，一首《将进酒》更是石破天惊，惊世骇俗："君不见黄河之水天上来，奔流到海不复回，君不见高堂明镜悲白发，朝如清丝暮成雪。人生得意须尽欢，莫使金樽空对月……"

而今大浪淘尽，诗人无处寻。唯有这些瑰丽、豪迈的诗句和着诗人"酒中仙子"的声名千古流传了下来，震撼着一代又一代人的心灵。田园派诗人陶渊明，性嗜酒，造饮辄尽，期在必醉，写出了《饮酒》二十篇，或批判时俗污浊，或抒写隐居志向，或赞美饮酒的旷达。《饮酒》之五："采菊东篱下，悠然见南山。"一直为人激赏。

苏轼的《水调歌头》："明月几时有？把酒问青天。不知天上宫阙，今夕是何年？我欲乘风归去，又恐琼楼玉宇，高处不胜寒。起舞弄清影，何似在人间？转

朱阁，低绮户，照无眠。不应有恨，何事长向别时圆？人有悲欢离合，月有阴晴
圆缺，此事古难全。但愿人长久，千里共婵娟。"从酒写到月，从月归到酒；从
空间感受写到时间感受。悠悠万世，明月的存在对于人间是一个美丽的宇宙之
谜。因酒起兴，借月发端，表现出一般人难有的宇宙意识。

"绿蚁新醅酒，红泥小火炉，晚来天欲雪，能饮一杯无？"这是白居易贬居江
州时所作，当时诗人独居寓所，心情郁闷，但诗人善于自我排遣，寻找生活乐
趣。他亲手酿制成醇香怡人的新酒，在一个天寒地冻的日子，升起红红的小火
炉，以诗作笺，邀请友人前来小酌。在这样一个温馨的屋子里，友人与酒好比诗
人心灵的家园，给他慰藉与温暖。无论外界如何翻天覆地，都不能影响他、损
伤他。

酒激发诗的灵感，诗增添酒的神韵。酒与诗构成的这种种美妙意境，让读诗
的人悠然神往，欲与古人对酌，畅谈胸中二三事。

资料来源：http://www.wuliangye.com.cn/zh/main/main.html#/g=BRAND&id=361.

思考：（1）人们对酒的消费需求有哪些？

（2）你知道酒中的何种物质激发了诗人们的无限灵感？

知识储备

酿酒是用含糖类的原料，经水解后，逐步地转为单糖，然后在不同酵母所分
泌的酶的作用下，引起酒精发酵而得到具有色、香、味的产品。如果所用原料
（葡萄、苹果等）含有大量单糖，则可以直接进行酒精发酵。如果用含多糖和双
糖的原料，则必须先经各种酶的水解，由多糖转为双糖，再以双糖分解为单糖，
然后才能进行酒精发酵。

目前我国酒品的分类主要有以下几种方法：

（1）按酿制方法分类。按酿制方法分类有：

1）蒸馏酒。它是把含糖或含淀粉的原料，经糖化、发酵、蒸馏而制成的酒，
如我国的白酒、国外的白兰地、威士忌酒等。其特点是酒精度较高，刺激性强。

2）发酵原酒，也称压榨酒。发酵原酒是把含糖或淀粉原料经糖化（或不经
过糖化）、发酵后直接提取或用压榨法制成的酒，如啤酒、葡萄酒、果酒等，其
特点是酒精度低，刺激性小，并具有一定营养价值。

3）配制酒。配制酒是将白酒或酒精与一定比例的糖料、香料、中药等配制

而成的酒，如竹叶青、五加皮、虎骨酒等，其特点是酒内含有一定的糖分和固形物，有一定的药用价值。

（2）按酒精含量分类。按酒精含量分类有：

1）高度酒。酒精度在40度以上是高度酒，如高度白酒、白兰地等。

2）中度酒。酒精度在20~40度之间是中度酒，如中度白酒和配制酒。

3）低度酒。酒精度在20度以下是低度酒，如葡萄酒、果酒、黄酒、啤酒等。

（3）按经营习惯分类。按商业传统分为白酒、黄酒、啤酒、葡萄酒、果酒、露酒等。

7.1.1 白酒

（1）白酒的主要成分。白酒中乙醇和水的成分占98%以上，其他主要是醇、酸、酯、醛、酚、芳香族化合物及微量元素等少量活性成分。目前，已经确定出白酒中有益于人体健康的微量成分超过160种，特别是白酒中的阿魏酸、儿茶酚、愈疮木酚等酚类物质有益于人体健康，均为优良的自由基清除剂、具有抗氧化、清除活性氧自由基、抗肿瘤、阻断致癌物的形成和抑制机体内的代谢转化，提高机体免疫力、抗菌、抗病毒等功能。

白酒中也含有一些有毒、有害物质，如杂醇油是引起头痛、头晕等身体不适的物质，在体内氧化慢、停留时间长；甲醇能在体内氧化成可怕的甲醛，过量饮用甲醇含量高的白酒会头晕、耳鸣、视力模糊；还有来自酿酒器具的铅，其含量超标会引起头痛、头晕、记忆力减退、手握力减弱、睡眠不安、贫血直至死亡的铅中毒现象；来自酿酒器具和盛装容器的塑化剂对人体也有害。

（2）白酒的分类。我国白酒由于酿造原料、生产工艺不同，酒的香型及风味各异。名优酒的香型主要分为下列几种类型：

1）清香型。清香型以山西杏花村汾酒为代表，又称汾香型。主香成分是：乙酸乙酯和乳酸乙酯。酒质清香芬芳，干润爽口，醇厚绵软，酒味纯正，具有传统的老白干风格，如西凤酒、宝丰酒等。

2）浓香型。浓香型以四川泸州特曲和五粮液为代表，又称泸香型和窖香型，主香成分是乙酸乙酯和适量的丁酸乙酯。入口甜、落口绵、芳香浓郁，绵柔甘洌，回味悠久。其特点是饮后尤香、香气浓，如全兴大曲、五粮液、泸州老窖特曲（四川产）、古井贡酒（安徽产）。

　　3）酱香型。酱香型以茅台酒为代表，又称茅香型，主要成分是挥发性的酚元化合物，还含有多元醇和多元酚等，是酱香、窖底香和醇甜三种成分融合的独特风味。其特点是回香绵长、留杯不散、醇香优雅。

　　4）米香型。米香型以桂林三花酒为代表，又称蜜香型，主香成分是乳酸乙酯和乙酸乙酯高级醇共同形成的香型，其特点是入口绵甜，幽香纯净，如全州湘山酒等。

　　（3）白酒的质量与检验。白酒的质量评价，基本上采用感官鉴定和理化鉴定两种方法：

　　1）白酒的感官鉴定。白酒的感官鉴定主要有：

　　色泽。将白酒倒入无色透明的高脚酒杯中，酒液应无色透明，无悬浮物，无沉淀，一些名酒储存期较长，允许酒中存在极轻微的黄色。

　　香气。白酒倒入杯中后，易挥发的呈香物质分散至杯口周围的空气中，通过嗅觉来检验酒的香气。对白酒香气要求协调愉快，主要香气突出，没有焦糊味、糠味、泥味、腐臭味等异杂气味。白酒的香气可分为溢香、喷香和留香三方面。当鼻腔靠近酒杯口时，白酒中的芳香物质就溢散于杯口附近，很容易使人闻到其香气，这叫溢香或闻香。当酒液进入口腔后，香气即充满口腔，这叫喷香。当酒液咽下后，口中还余留香气，这叫留香。经嗅觉检验，一般白酒都应有一定的溢香。名酒和优质酒，不仅应有明显的溢香，还应有较好的喷香和留香。鉴定香气时还应区别其香型是否典型。

　　滋味。滋味是通过味觉器官（舌头）来鉴定的。白酒的滋味要求纯正，无强烈的刺激性（如烧灼喉舌）。白酒的口味应"协调、和谐"。白酒中甜味主要来源于多元醇，白酒中多元醇主要有甘油、环己醇，它们是黏稠物质，能赋予白酒丰富的醇厚感，使白酒口味绵软可口。白酒中的酸味来源于酸产生的氢离子，氢离子浓度增加，酸味增强。白酒中羟基酸酸味较温和，对白酒口味有协调作用，而且对白酒有烘托作用。白酒涩味来自乳酸、高级醇、多酚类等成分可引起舌部黏膜蛋白凝固，产生收敛作用，感到涩味，白酒辅料用量过多和发酵不足，高级醇含量过多使白酒后味有苦涩感。

　　酒体。通过色、香、味三方面评价酒体。酒体要求色、香、味正常，具有典型性。名优酒要求风格突出，一般白酒风格不突出，但不能有异味，白酒中某一成分超过平衡要求，酒会出现异常的气味和口味。

2）白酒的理化指标。白酒的理化指标有：

酒精。白酒酒精含量应符合各种白酒所规定的含量标准。

甲醇。国家食品卫生标准中规定，粮食白酒中甲醇含量每100毫升不得超过0.04克，薯干等代用原料不得超过0.12克。

总醛。总醛具有强烈的刺激性和辛辣味，饮用后头晕，有害健康，一般白酒总醛含量每100毫升不宜超过0.02克（以乙醛计）。

总酸。白酒中的有机酸可提高酒的风味。一般白酒总酸含量每100毫升为0.06~0.15克（以醋酸计）。

总酯。总酯是白酒中香味的主要成分，总酯含量每100毫升在0.02克（以乙酸乙酯计）。

杂醇油。杂醇油一般要求含量每100毫升不能超过0.15克（以戊醇计）。

铅根据国家食品卫生标准的规定，白酒中的含铅量不能超过1ppm（每千克1毫克）。

（4）白酒的质量变化。白酒的质量会发生如下变化：

1）挥发。新蒸馏出来的酒，一般比较燥辣，不醇和，也不绵软。主要是因为酒中含有一些低沸点的挥发性硫化物（如硫化氢、硫醇、硫醚）和少量的杂味物质（如丙烯醛、丁烯醛、游离氨），这些物质易自然挥发，经过一年贮存之后基本消失殆尽。但是，过长时间的贮存也会使香味降低，酒精分子也不断地向外界挥发，造成酒体质量降低，同时增加了酒库的消防危险。

2）物理老熟。酒分子的重新排列。白酒中自由度大的酒精分子越多，刺激性越大。随着贮存时间的延长，酒精与水分子间逐渐构成大的分子缔合群，酒精分子受到束缚，活性减少，在味觉上便给人以柔和的感觉。

3）化学老熟。通过缓慢的酯化反应使醇、酸反应生成酯，使总酯增加，酸度、酒度降低；通过氧化还原反应使醇氧化生成醛、酸，使酒度降低；通过缩合反应使醇醛重排，减少刺激性。

（5）白酒的消费养护。白酒的消费养护含有以下内容：

1）选购。选购时仔细观察包装标签。好的白酒其标签的印刷是十分讲究的：纸质精良白净、字体规范清晰，色泽鲜艳均匀，图案套色准确，油墨线条不重叠。真品包装的边缘接缝齐整严密，没有松紧不均、留缝隙的现象。

酒瓶倒置查看酒质。无色透明玻璃瓶包装的酒，把酒瓶慢慢倒置，对着光观察瓶的底部，如果有下沉的物质或有云雾状现象，说明酒中杂质较多；如果酒液不失光、不浑浊，没有悬浮物，说明酒的质量比较好。除酱香型酒外，一般白酒都应该是无色透明的。瓷瓶或带色玻璃瓶包装的酒，稍微摇动后开启，同样观其色和沉淀物。假酒虽然外包装能以假乱真，但酒的度数不一定与正品相符。摇动酒瓶，如果出现小米粒到高粱米粒大的酒花，堆花时间 15 秒钟左右，酒的度数应该是 53~55 度；如果酒花有高粱米粒大小，堆花时间 7 秒钟左右，酒的度数为 57~60 度。

倒酒入杯闻香辨味。白酒应清澈透明，无悬浮物和沉淀物；用鼻子贴近杯口，辨别香气的高低和香气特点；喝少量酒并在舌面上铺开，分辨味感的薄厚、绵柔、醇和、粗糙以及酸、甜、甘、辣是否协调，有无余味。劣质白酒一般是工艺粗糙，喝着呛嗓、上头。

手心摩擦滴油检验。取几滴白酒放在手心里，合掌使两手心接触用力摩擦几下，生热后发出的气味清香，为优质酒；气味发甜，为中档酒；气味苦臭，为劣质酒。或者是在酒中加一滴食用油，油在酒中的扩散比较均匀，且均匀下沉，酒的质量较好；油在酒中呈不规则扩散状态，且下沉速度变化明显，酒的质量肯定有问题。

2) 收藏与存放。家庭如要收藏白酒，一要选择高度酒。50 度以上为高度酒，50 度以下的低度酒很多是勾兑的，不适合长期保存。二要选择酱香型和浓香型的白酒。其他香型的白酒不适宜长期储存。

在家庭储存期间还要注意以下几点：①贮存期间必须封好容器口，避免经常开启，勿使白酒过多地接触空气，适当地控制氧化过程，提高酯化的比率。如封口不严，过多的氧化造成醛、酸过多，挥发又造成醇、酯的损失，这样贮存就非但无益而且有害了。②如欲取得较快的贮存效果，流酒温度宜稍高些（三十几度），最好用小容器贮存，这样杂味逸散得快。③温度必须适当，一般以 20℃左右为宜。温度太高，挥发损失较大；温度过低，影响贮存效果。最好选择家庭中阴凉避光干燥的位置存放，这样能在一定程度上保持温度的恒定。

（6）白酒的销售养护。白酒的销售养护有以下内容：

1) 进货质量保证。白酒在进货时要有质量确认制度。首先要注意运输包装的检验；其次要注意生产日期和保质期的检验；最后要进行抽检。

2) 销售卫生管理。白酒一般陈列在常温销售陈列柜中进行销售，要组织销售人员对销售陈列柜和陈列品进行经常清洁工作。销售人员要保持个人清洁卫生，持有健康证上岗。

3）销售陈列柜管理。销售人员在陈列中要轻拿轻放、小心碰撞，避免造成白酒包装的破碎。高档白酒最好陈列在具有防盗功能的陈列柜中。

（7）白酒的储运养护。白酒的储运养护有如下内容：

1）标识。预包装白酒标签应符合 GB10344 的有关规定。非传统发酵法生产的白酒，应在"原料与配料"中标注添加食用酒精及非白酒发酵产生的呈香、呈味物质。运输外包装纸箱上除标明产品名称、制造者名称和地址外，还应标明单位包装的净含量和总数量。运输包装上应有小心轻放、此面向上、易燃易爆等储运图示标识。

2）包装。白酒销售包装容器应端正、清洁、封装严密、无渗漏酒现象。运输包装应使用合格的包装材料，箱内宜有防震、防碰撞的间隔材料。常用的贮酒容器有陶坛、塑料容器、金属容器。

3）运输与贮存。运输时应避免强烈振荡、日晒、雨淋，装卸时应轻拿轻放。白酒商品应贮存在干燥、通风、阴凉和清洁的库房中，库内温度宜保持在 10℃~25℃，相对湿度保持在 75%~85%，温、湿度不宜忽高忽低。不得与有毒、有害、有腐蚀性物品和污染物混运、混贮。贮存时间与白酒的种类、香型、等级不同而不同。酱香型白酒贮存期较长，浓香型白酒约一年以上，清香型白酒仅一年左右。低度白酒随着时间贮存的时间延长，品质会严重下降，口味变淡，回味缩短，甚至出现水味等，使酒体质量下降。

4）堆码苫垫。堆箱码垛时，不得与潮湿地面直接接触。应按不同品种规格进行分别码垛，摆放整齐，一般 5~6 层为宜，不得倒置。

5）检查。建立定期检查制度。定期对白酒的包装容器进行检查、检修，做到无渗漏、不破损，检查包装口是否严密，定期清除容器底部的杂质，以免影响白酒的质量。

6）消防工作。白酒的主要成分是水和酒精，酒精在一般酒中占 98% 以上，而酒精则是易挥发、易燃、易爆的物质。贮酒设备中酒精分子每时每刻都不断逸向酒库空间，当空气中酒精浓度在 13%~19% 时，一遇火源，即会发生爆炸。因此，对白酒储运应做好消防工作。加强防电、防雷、防火工作，配备抗溶性泡沫灭火器、二氧化碳灭火器等。

7.1.2　黄酒

（1）黄酒的主要成分。黄酒是以稻米、黍米、玉米、小米、小麦等谷物为主要原料，经蒸煮、加曲、糖化、发酵、压榨、过滤、煎酒、贮存、勾兑而成的酿造酒，是中国历史最悠久的传统酿造酒，至今已有数千年的悠久历史。它与葡萄酒、啤酒并称为世界三大古酒。

黄酒的主体成分是水和乙醇以及含量较高的糖类、氨基酸、蛋白质、色素等营养成分，还含有少量醇、酯、醛、酸等成分，他们含量少、种类多，不同类型黄酒中的浓度也各不相同，是构成黄酒香气的主要成分物质。

黄酒中的蛋白质丰富，是各种酿造酒中含量最高的，其存在形式大多为游离氨基酸和多肽，可直接被人体吸收利用，黄酒中还富含人体必需的八种氨基酸。

黄酒中的碳水化合物几乎全部是微生物发酵所产生的功能性低聚糖，这些糖能直接被人体吸收利用或转化为糖元备用，不会导致人体发胖或引发龋齿病等不良后果，而且所含的低聚糖易被肠道中有益微生物双歧菌利用，起到调理肠胃的作用。

黄酒中维生素含量丰富。黄酒中一般都含有丰富的维生素 B_1、维生素 B_2 和维生素 B_5，有些黄酒所含种类更多，除上述三种维生素外还含有维生素 B_{11}、维生素 B_{12} 和维生素 C 等，在人体的新陈代谢中起重要作用。

黄酒中已经检测出来的矿物质有 18 种之多，不仅含钾、钠、钙、磷、镁这些常量元素，还含有铁、锌、铜、锰、硒等微量元素，其每 100 毫升总含量高达 130 毫克，是啤酒的 1.5 倍、葡萄酒的两倍。

黄酒中还含有多酚、类黑精、古胱甘肽等生理活性物质，它们有清除自由基、防止心脑血管疾病、抗癌、抗衰老等多种生理功能。

看板：绍兴酒的历史

世界上三大古酒——黄酒、啤酒、葡萄酒，唯黄酒源于中国，是中国最古老的酒种，而且最富民族特色，黄酒的黄，不仅是指酒的颜色，其内涵也是相当广泛：黄酒的黄是哺育华夏子孙的母亲河——黄河的黄，是生养炎黄子孙的大地——黄土地的黄，是中国人的肤色的黄。可以说，黄酒是伴随中华民族悠悠 5000 年文明历史发展的，是中华民族自己的酒。而黄酒中最有名的当数绍兴酒，它以选料上乘，工艺独特，酒精度低，营养丰富，并具有多种养身健体之功效而著称于世。一般人们所说的中国酒，就是黄酒，就是绍兴酒。

绍兴酒起源于何时已很难考查，目前只能靠文物考古进行推断，初步认为位于余姚河姆渡文化和杭州良渚文化中间的绍兴，酒的起源应与之同步。其证据是河姆渡文化出土大量的粮食（水稻）和类似酒器的陶器。这样推测绍兴酒应起源于6000年前的河姆渡文化中期。

绍兴有酒的文字记载当推《吕氏春秋》和《左氏春秋》。《左氏春秋》相传为春秋左丘明所作，书中记载有越王为增加国家人口补充兵力和劳力，曾采用过一系列奖励生育的政策和措施，内中有"生丈夫，二壶酒，一犬；生女子，二壶酒，一豚。"即生儿子，奖励二壶酒，一条狗；生女儿，奖励二壶酒，一头猪。以酒奖励生育体现两方面的作用：一作为国君的恩施，使百姓感激国君，听从国君；二作为对产妇的一种保健用品，帮助催奶和恢复产妇的体能，有利于优育。因此，以黄酒作为产妇的保健用品一直沿用至今。《吕氏春秋》是秦国宰相吕不韦主持编撰的综合性史书，在"卷九季秋纪第九顺民"这一篇中，有"越王苦会稽之耻，欲深得民心……有酒流之江与民同之"的记载。说的是越王勾践出师伐吴时，越城父老向他献酒，他把酒倒在河的上流，与将士们迎流共饮，于是士气大振……由此可见，2500多年前的越人已将酒融入政治经济活动中。

绍兴酒至少有2500多年历史的说法，就是从以上两部《春秋》中来的。

绍兴酒正式定名始于宋代，并开始大量输入皇宫。明清时期，是绍兴酒发展的第一高峰，不光品种繁多、质量上乘，而且产量高，确立了中国黄酒之冠的地位。当时绍兴生产的酒就直呼绍兴，到了不用加"酒"字的地步。"越酒行天下"，即是当时盛况的最好写照。

资料来源：中国食品科技网［EB/OL］. http://search.tech-food.com/ks.aspx? q=%e7%bb%8d%e5%85%b40%eq%85%92%e7%9a%84%e5%8e%86%e5%8f%bz&t=a&1=c.

（2）黄酒的分类。黄酒按不同的方法分类如下：

1）按产品风格分类。按产品风格分为：

传统型黄酒。传统型黄酒是以稻米、黍米、玉米、小米、小麦等为主要原料，经蒸煮、加酒曲、糖化、发酵、压榨、过滤、煎酒（除菌）、贮存、勾兑而成的黄酒。

清爽型黄酒。清爽型黄酒是以稻米、黍米、玉米、小米、小麦等为主要原料，加入酒曲（或部分酶制剂和酵母）为糖化发酵剂，经蒸煮、糖化、发酵、压榨、过滤、煎酒（除菌）、贮存、勾兑而成的、口味清爽的黄酒。

特型黄酒。由于原、辅料和（或）工艺有所改变，具有特殊风味且不改变黄酒风格的酒。

2）按原材料和曲药分类。以糯米或大米为主要原料，以酒药和麦曲为糖化发酵剂，主要代表为绍兴酒。此外，苏州和温州的仿绍酒、宁波黄酒、嘉兴黄酒、无锡老廒黄酒等也基本属于此种类型。

以糯米或大米为主要原料，以红曲、白曲为糖化发酵剂，主要代表为福建产的红曲酒。此外，还有温州、金华也酿造红曲酒。

以黍米为主要原料，以天然发酵的块状麦曲为糖化发酵剂，主要代表为山东黄酒，东北黄酒也属此种类型。

以大米为主要原料，以纯种米曲霉和清酒酵母为糖化发酵剂，主要代表为吉林清酒。

3）按含糖量分类。按含糖量分为：

干黄酒。干黄酒含糖量小于 1.50 克/100 毫升（以葡萄糖计）。"干"表示酒中的含糖量少，糖分都发酵变成了酒精，故酒中的糖分含量最低。

这种酒属稀醪发酵，总加水量为原料米的三倍左右。发酵温度控制得较低，开耙搅拌的时间间隔较短。酵母生长较为旺盛，故发酵彻底，残糖很低。在绍兴地区，干黄酒的代表是"元红酒"。

半干黄酒。半干黄酒含糖量在 1.51~4.00 克/100 毫升。"半干"表示酒中的糖分还未全部发酵成酒精，还保留了一些糖分。

在生产上，这种酒的加水量较低，相当于在配料时增加了饭量，故又称为"加饭酒"。加饭酒的酒质厚浓，风味优良，可以长久贮藏，是黄酒中的上品。我国大多数出口酒，就属于此种类型。

半甜黄酒。半甜黄酒含糖量在 4.01~10 克/100 毫升。这种酒是用成品黄酒代水，加入到发酵过程中，在糖化发酵开始之际，发酵中的酒精浓度会达到较高的水平，在一定程度上抑制了酵母菌的生长速度，由于酵母菌的数量较少，对发酵中产生的糖分不能转化为酒精，故成品中糖分较高。

这种酒酒香浓郁，酒度适中，味甘甜醇厚，是红酒中的珍品，但这种酒不易久存。贮藏时间越长，色泽越深。

甜黄酒。甜黄酒含糖量大于 10 克/100 毫升。一般采用淋饭操作法，拌入酒药，搭窝先酿成甜酒酿，当糖化至一定程度时，加入 40%~50% 浓度的米白酒或糟烧酒，以抑制微生物的糖化发酵作用。

4）按地域分类。按地域分类有：

绍兴酒。绍兴酒酒色褐黄清亮，因久贮而香高味浓，故又称"老酒"。依据口味、酿制技艺上的差别，绍兴酒可细分为：元红酒、加饭酒、善酿酒、香雪酒。

▲ 元红酒属于干型黄酒，酒度为 15 度，含糖量为 0.2~0.5 克/100 毫升，总酸为 0.3~0.5 克/100 毫升。具有绍兴酒特有的酒香，味清爽鲜美。

▲ 加饭酒属于半干黄酒，酒度为 16~17 度，含糖量为 4.0~6.5 克/100 毫升，总酸为 0.5~0.55 克/100 毫升。在原料配比中增加了 10% 以上的米饭，故取名加饭酒。加饭酒酒质优良，风味醇厚馥郁，适宜久储，花雕酒就是长期储藏的加饭酒。

▲ 善酿酒为甜黄酒，酒度为 13~14 度，含糖量为 8.0~10.0 克/100 毫升，总酸为 0.4~0.52 克/100 毫升。此酒用陈年元红酒代替落缸酿造而成，成品储存 1~3 年才供应市场，此酒香气浓郁，味醇厚甘美，是绍兴酒中的佳品。

▲ 香雪酒为甜型黄酒，酒度在 20 度左右，含糖量为 20.0 克/100 毫升以上，总酸为 0.28 克/100 毫升。此酒色泽黄亮，香气浓郁，味甘甜醇厚。

福建红曲酒。福建红曲酒的名品是福建老酒和福建龙岩沉缸酒。福建老酒呈褐黄色，酒香浓郁，口味醇厚，甜度爽适，余味绵长，是半甜型黄酒，酒度适中，在 14~17 度，为福建传统产品。沉缸酒酒度为 20 度，糖分高达 22%，酒色褐红，清亮透明，入口有稍稍的黏稠感，似蜂蜜。其甜味与酒的刺激辛辣味完美融合，使人饮之难忘。

山东黄酒。山东黄酒根据黍米在煮糜时，因温度高低颜色有深有浅，故成品酒也有老酒和清酒之分。

▲ 清酒。浅黄色，清亮透明，香气清爽，味醇厚爽口。酒度为 12~14 度，含糖量为 2.5 克/100 毫升，适宜夏季饮用。

▲ 老酒。深褐色，透明澄清，香气浓郁，味微苦而干爽。酒度为 10~11 度，含糖量为 8.0 克/100 毫升。老酒的固形物含量较高，有"挂杯"的特点，适宜冬

季饮用。著名品种有即墨老酒。即墨老酒酒液呈黑褐色，清亮透明，酒香浓郁，酒度在 12 度左右，含糖量在 8% 左右，入口醇香，甘爽适口，回味悠长。

吉林清酒。吉林的清酒以大米为原料，以纯种培养的米曲霉和清酒酵母为糖化发酵剂制成。该酒的酿造技艺是从日本流入的，酒度在 16~17 度，含糖量为 0.3~1.5 克/100 毫升，总酸为 0.2~0.3 克/100 毫升。酒色淡黄、清澈透明、香气清雅、味浓醇，略带甜味。

5）按酿造方法分类。按酿造方法分为：

淋饭酒。淋饭酒是指蒸熟的米饭用冷水淋凉，然后，拌入酒药粉末，搭窝，糖化，最后加水发酵成酒，口味较淡薄。这样酿成的淋饭酒，有些工厂用来作为酒母，即所谓的"淋饭酒母"。

摊饭酒。摊饭酒是指将蒸熟的米饭摊在竹篓上，使米饭在空气中冷却，然后再加入麦曲、酒母（淋饭酒母）、浸米浆水等，混合后直接进行发酵。

加饭酒。按照这种方法酿酒时，米饭不是一次性加入的，而是分批加入的。

（3）黄酒的质量与检验。黄酒质量主要通过理化分析和感官品评的方法来判断。黄酒的色、香、味、格依靠人的感官品评来鉴别。

1）黄酒的感官鉴定。黄酒的感官鉴定有：

色泽。黄酒色泽一般分色清和浑两个内容。黄酒的色因品种不同而异，大多呈橙黄、黄褐、深褐乃至黑色。黄酒应清亮、透明、有光泽，无失光、无悬浮物。

香气。正常的黄酒应有柔和、愉快、优雅的香气。黄酒香气由酒香、曲香、焦香三个方面组成。酒香主要是在发酵过程中产生的。由于酵母和酶的代谢作用，在较长时间的发酵、贮存过程中，有机酸与醇的酯化反应生成各种酯而产生的特有香气。构成酒香除酯类外，还有醇类、醛类、酸类等。曲香是由曲子本身带来的香气。这种香气在生产过程中转入酒中，则形成酒的独特之香。焦香主要是焦米、焦糖色素所形成，或类黑精产生的。如果酒的主体香是正常醇香的话，伴有轻量、和谐的焦香是允许的；反之，焦香为主，醇香为辅就成为缺点了。除以上的香气外，还要严格防止黄酒带有一些不正常的气味，如石灰气、老熟气、烂曲气以及包装容器、管道清洗不干净带有的其他异味。

滋味。黄酒的滋味要求甜、酸、苦、涩、辣五味调和。酒精是黄酒的主要成分之一。但在滋味中不能突出。优良的黄酒酒精成分应完全与各成分融和，滋味上觉察不出酒精气味。黄酒的辣味主要是由酒精和高级醇等形成的。酸味是黄酒重要的口味，它可增加酒的爽快和浓厚感。黄酒的酸味要求柔和、爽口，酸度应随糖度的高低而改变。黄酒的甜味要适口，不能出现甜而发腻的感觉。黄酒含有琥珀酸、氨基酸等成分，因而有一定的鲜味。正常范围内的鲜味，只要入口有鲜的感觉，后味鲜长就可以了。苦味是传统黄酒的诸味之一，轻微的苦味给酒以刚劲、爽口的感觉。苦味重了，就破坏了酒味的协调。苦涩味物质含量很小时，使酒的口味有浓厚调和感，涩味明显则是酒质不纯的表现。

风格。酒的风格即典型性是色、香、味的综合反映，是在特定的原料、工艺、产地及历史条件下所形成的。酒中各种成分的组合应该协调，酒质、酒体优雅，具有该种产品独特的典型性。

2）黄酒的理化指标。黄酒的理化指标有：

酒精。黄酒酒精含量应符合各种黄酒所规定的含量标准。

总糖。黄酒中以葡萄糖为计量标注黄酒中的总糖含量，并按总糖含量的不同将黄酒分为干型黄酒、半干型黄酒、半甜型黄酒和甜型黄酒。

总酸。黄酒中的有机酸以琥珀酸和乳酸居多，在总酸测定中也以乳酸或琥珀酸计量。GB/T13662-2008 中以乳酸为计量标注黄酒中的总酸含量。

非糖固形物。黄酒中的酸白酒中有机酸可提高酒的风味。一般白酒总酸含量每 100 毫升为 0.06~0.15 克（以醋酸计）。

氨基酸态氮。黄酒中含有 18 种氨基酸，其中谷氨酸赋予黄酒以鲜味，通过测定氨基酸态氮的方法测定。

氯化钙。黄酒中的氯化钙主要是酿造工艺中为了中和发酵的酸度而外加的。为了防止加入量过多，我国黄酒标准中规定每 100 毫升黄酒中氯化钙含量不得大于 0.05 克（清爽型）和 0.1 克（传统型）。

β-苯乙醇。酒中的香气成分属于微量组分，在构成黄酒主要香气成分的醇类物质中，含量较多的是 β-苯乙醇，它具有玫瑰芳香，与黄酒中的酯、醛类香气组分融合成协调细腻的酒香，给人以愉悦、柔和、优雅的感觉。在 GB/T13662-2008《黄酒》中，β-苯乙醇是判定稻米为原料酿制黄酒的质量指标之一。传统型中干、半干、半甜、甜黄酒中的含量指标分别为每升中含量不低于 60 毫克、80毫克、60 毫克、40 毫克；清爽型中的干、半干、半甜黄酒中的含量指标分别为35 毫克、35 毫克、30 毫克。

（4）黄酒的质量变化。新酿出来的黄酒各成分的分子很不稳定，分子之间的排列又很混乱，因此，口味粗糙欠柔和，香气不足缺乏协调，必须经过陈酿，促使黄酒老熟，使黄酒酒体变得醇香、绵软、口味协调。一般普通黄酒要求陈酿一年，名优黄酒要求陈酿 3~5 年。但在贮存过程中，受到光照、震荡、冷热作用及生物性侵袭，黄酒会出现酒体混浊现象以及色、香、味的变化。

1）混浊。黄酒的混浊有生物性混浊和非生物混浊两大类。生物性混浊是由于污染了微生物（乳酸菌或醋酸菌）或煎酒不彻底所引起的。它使酒混浊变质，生酸腐败，有时会出现异味、异气。出现生物混浊的原因主要是生产环节灭菌工作没有做好和贮酒库条件不适宜（贮酒库要避光、通风、干燥、卫生）。除生物性混浊外发生的混浊都属于非生物性混浊，主要表现是已澄清的酒重新混浊起来，引起非生物混浊的储运原因主要是：①贮存仓库温度过高，内部潮湿，通风性能差。②高温长途运输没遮盖好，太阳直晒，运到后，又没有散热就入库。以上两点都是温度过高、氧化作用加强而使酒混浊的。

2）色泽变化。黄酒的色泽随贮存时间延长而加深，尤其是含糖、氮等浸出物多的半甜型、甜型黄酒，贮存期过长，形成类黑精物质增多，酒色很深。黄酒的贮存时间长、温度高，则酒色加深。酒的色泽加深是老熟的一个标志，但随着时间的增长，会使黄酒出现焦糖臭味，酒味变差。

3）香气与滋味变化。黄酒在贮存中发生氧化、缩合、酯化等反应，使黄酒的香气趋于浓厚，但是黄酒的酯化反应速度非常缓慢，因此酒的陈酿期越长，香味就越浓厚，一般陈酿 3~4 年已经有相当浓厚的酒香，但是如果贮存时间过长，香气虽好，酒精含量下降，风味变淡。

（5）黄酒的消费养护。黄酒的消费养护有以下内容：

1）选购。选购黄酒时可以从以下几个方面着手：①到正规大型商场或超市中购买黄酒商品，这些经销场所对黄酒商品有进货把关、商品质量和售后服务保证。②选择品牌黄酒生产企业的商品，这些生产厂家管理规范，生产条件和设备好，产品质量稳定。③根据自己的口味要求选择不同风格的黄酒，可以从产品名称、产品含糖量来判别黄酒风格类型，选择适合自己需要的黄酒品种。④选购时注意查看标签。标签上必须标明黄酒等级（优级、一级、二级）、黄酒名称、类型、生产日期、制造者名称、地址、酒精度、净含量、配料表等。

2）家庭存放。黄酒的稳定性差，容易出现混浊、沉淀、色泽变深、风味变淡等现象，这些现象的发生与黄酒中的蛋白质、金属离子、酚类物质、糖、氨基酸、微生物污染等因素有关。一般干型黄酒含糖量低、甜型黄酒含氮浸出物含量较低，贮藏其可适当延长。未开封的黄酒易选择通风良好、干燥、避光、卫生的空间贮存；开封的黄酒易尽快饮用。

看板：黄酒的品饮

茶有茶道，酒亦有酒道。啤酒是动感的，适宜欢乐畅饮；白酒是豪爽的，适宜一小杯一小杯地干。而黄酒是温和的，宜慢慢品，方能品味出其曼妙滋味。

在气温 10℃以下的季节，黄酒宜温着喝。一般绍兴当地黄酒加热方法是"串筒水烫"，妙不可言。将酒倒入串筒，然后放入沸水中水浴，使酒逐渐变温。一般加温至酒香四溢，入口温和舒适即可。加温后的黄酒即倒入锡壶，然后将酒倒入杯中，琥珀色的酒液在杯中荡漾，夹带着缕缕酒香，十分怡人。黄酒热热地喝下去，不仅暖胃活血，其酒性散发得也快，身体比较舒服。

盛夏季节，黄酒宜存放在 3℃左右冰箱内，冰镇饮用，酒量稍逊者可加冰块。

资料来源：胡栋梁. 黄酒的品饮之道［Z］. http：//blog.renren.com/GetEntry.do？id=7978306648 owner=200723707.

（6）黄酒的销售养护。黄酒的销售养护有以下内容：

1）进货质量保证。黄酒在进货时要有质量确认制度。首先要注意运输包装的检验；其次要注意生产日期和保质期的检验；最后要进行抽检。

2）销售卫生管理。黄酒一般陈列在常温销售陈列柜中进行销售，要组织销售人员对销售陈列柜和陈列品进行经常性的清洁工作。销售人员要保持个人清洁卫生，持有健康证上岗。

3）销售保质期管理。黄酒虽说越陈越好，但灌装之后，也具有一定的保质期。在销售的时候要实行先进先出的原则，让较早进货的黄酒，先被消费者买走。

4）销售陈列柜管理。销售人员在陈列中要轻拿轻放、小心碰撞，避免造成黄酒包装的破碎。高档黄酒最好陈列在具有防盗功能的陈列柜中。

（7）黄酒的储运养护。黄酒的储运养护有以下内容：

1）标识。预包装产品标签除按 GB10344 规定执行外，还应标明产品风格和含糖量（传统型黄酒可不标注产品风格）。外包装箱上除应标明产品名称、酒精度、类型、制造者的名称和地址外，还应标明单位包装的净含量和总数量。外包装箱上应印刷此面向上、小心轻放、防晒、防潮、防雨等相应指示标识。

2）包装。黄酒的包装容器以陶坛和泥头（现已用石膏替代泥头）封口为最佳，这种古老的包装有利于黄酒的老熟和提高香气，在贮存后具有越陈越香的特点。随着市场营销的深入，黄酒包装材质发生了变化，以玻璃、陶土为主，向青瓷、官窑、紫砂、青花瓷等多种材质并重、全方位的格局发展。

所有以上黄酒的包装材料应符合食品卫生要求。包装容器应封装严密、无渗漏。包装箱应符合 GB/T6543 要求，封装、捆扎牢固。以防止微生物的侵入和酒精香气的挥发。

3）运输与贮存。搬运时应轻拿轻放，不得扔摔、撞击、挤压。运输工具应清洁、卫生，不得与有毒、有害、有腐蚀性、易挥发或有异味的物品混装、混运。运输过程中不得曝晒、雨淋、受潮，做好防震工作，以防酒体浑浊、沉淀，经过长途运输，一般要静止 3~5 天，使酒脚沉淀，酒色清亮。

黄酒不得与有毒、有害、有腐蚀性、易挥发或有异味的物品同库贮存。黄酒应贮存于阴凉、干燥、通风的库房中，适宜温度为 5℃~20℃相对湿度应为 60%~70%；不得露天堆放、日晒、雨淋或靠近热源；贮存黄酒的仓库要通风良好、干燥、避光、卫生。

4）堆码与苫垫。在酒库中，酒坛之间要保持一定的距离，以利于通风和翻堆，接触地面的包装箱底部应垫有 100 毫米以上的隔垫材料。箱装黄酒，要注意包装箱的称重，合理规划堆码层高。

5）检查。建立定期检查制度。检查黄酒包装容器的密封性能，检查贮存环境的温、湿度情况。天热或适当时间要注意翻堆、倒垛，以创造均匀的供氧条件和温度条件。

7.1.3　啤酒

（1）啤酒的主要成分。啤酒于 19 世纪末 20 世纪初传入中国，属外来酒种。啤酒是以麦芽为主要原料，添加水、酒花、酵母发酵制成的含有二氧化碳、起泡的低酒精度的饮料酒，有"液体面包"之称，其主要活性物质有多糖、蛋白质与氨基酸、鞣质、香精油、有机酸、B 族、酒精 、二氧化碳、甘油、高级醇、微生物等。纯生啤酒还可以促进铬元素的吸收，可以减少糖尿病的发病率，预防心脑血管疾病的发生。啤酒的饮用不当会容易长啤酒肚，容易导致痛风。

【引例 7-1】啤酒与白酒、黄酒、葡萄酒的区别（见表 7-1）

表 7-1　啤酒、白酒、黄酒、葡萄酒的区别

酒	原料	微生物	酒精含量	酿制方法
啤酒	麦芽、大米、酒花	啤酒酵母	4%左右	低温发酵
白酒	谷物、淀粉	曲霉、酒精酵母	38%~60%	常温发酵
黄酒	大米	根霉、毛霉、黄酒酵母	15%左右	常温发酵
葡萄酒	葡萄汁	葡萄酒酵母	15%左右	常温发酵

资料来源：根据资料整理。

（2）啤酒分类。啤酒分类有以下几种：

1）根据啤酒的色泽分类。根据色泽分为：

浅色啤酒，酒液淡黄，口味清爽，酒花香气突出，酒液透亮属于淡爽型。

金黄色啤酒，酒液金黄，口味清爽醇和，酒花香味突出。

棕黄色啤酒，酒液褐黄、棕黄、香气有焦味、口味稍苦醇爽。

浓色啤酒，酒色棕红，麦芽香气突出，口味醇厚。

黑色啤酒，酒色深红褐色或黑褐色，麦芽香味突出，口味醇厚，泡沫细腻。

2）按麦汁浓度分类。按麦汁浓度分为：

高浓度啤酒，原麦汁浓度为 14~20。酒精含量为 4.9%~5.6%的浓色啤酒或黑啤酒，这类啤酒稳定性好。

中浓度啤酒，原麦汁浓度为 11~12。酒精含量为 3.1%~3.8%，我国大多数啤酒属于此种。

低浓度啤酒，原麦汁浓度为 7~8。酒精含量为 2%左右，属于营养型啤酒，适合为夏天清爽饮料。

3）按工艺中是否杀菌分类。按工艺中是否杀菌分为：

鲜啤酒。不经巴士灭菌或瞬时高温灭菌，成品中允许含有一定量活酵母菌，达到一定生物稳定性的啤酒。鲜啤酒的味鲜美，营养价值高，稳定性差，多为夏季桶装啤酒。

生啤酒。不经巴士灭菌或瞬时高温灭菌，而采用其他物理方法除菌，达到一定生物稳定性的啤酒。

熟啤酒。熟啤酒装瓶后经过巴氏杀菌，防止酵母发酵和微生物引起的质量变

化，稳定性好，不易发生混浊，易保管。保存期一般为 60 天以上。高档产品可保持半年以上，多用与瓶装和灌装。

4）特种啤酒。特种啤酒由于原辅材料、工艺的改变，使之具有特殊风格的啤酒，主要有以下品种：

干啤酒。真正（实际）发酵度不低于 72%，口味干爽的啤酒。除特征性外，其他要求应符合相应类型啤酒的规定。

冰啤酒。经冰晶化工艺处理，浊度小于或等于 0.8EBC 单位浓度的啤酒。除特征性外，其他要求应符合相应类型啤酒的规定。

低醇啤酒。酒精度体积分数为 0.6%~2.5% 的啤酒。除特征性外，其他要求应符合相应类型啤酒的规定。

无醇啤酒。又称脱醇啤酒，酒精度小于或等于 0.5%（体积分数），原麦汁浓度大于或等于 3.0°P 的啤酒。除特征性外，其他要求应符合相应类型啤酒的规定。

小麦啤酒。以小麦芽（占麦芽的 40% 以上）、水为主要原料酿制，具有小麦麦芽经酿造所产生的特殊香气的啤酒。除特征性外，其他要求应符合相应类型啤酒的规定。

浑浊啤酒。在成品中含有一定量的酵母菌或显示特殊风味的胶体物质，浊度大于或等于 2.0EBC 单位浓度的啤酒。除特征性外，其他要求应符合相应类型啤酒的规定。

果蔬类啤酒。根据添加的是一定量的果蔬汁还是少量果蔬风味食用香精又分为果蔬汁型啤酒和果蔬味型啤酒。除特征性外，其他要求应符合相应类型啤酒的规定。

（3）啤酒的质量与检验。啤酒的质量可以从感官鉴定和理化鉴定两个方面来进行；同时，这两者之间有着密切的关系，其评定结果取决于啤酒中所含的主要成分的组成和比例。

1）啤酒的感官质量指标。啤酒的感官质量指标有：

透明度。啤酒的色泽有深浅之分，但都要求酒液透明且不能有悬浮的颗粒，更不能有沉淀，啤酒如果出现这些不正常的现象说明啤酒的稳定性差。造成稳定性差的原因或是由于酿酒工艺操作不完善，或啤酒存放已超过保存期限。啤酒出现失光（即不透明）现象，说明质量不合要求，不允许在市场上销售。

色泽。由于使用麦芽的种类不同，因此啤酒的色泽有深浅之分。用短的和浅色麦芽制成的啤酒，其色较浅，为黄啤酒。由于人们要求黄啤酒有凉爽的感觉，所以国内外黄啤酒的色泽都趋向于浅色。用长的焦麦芽制成的啤酒，其色泽较深，为黑色啤酒。黑啤酒的色泽应呈深咖啡色。

泡沫。啤酒的泡沫对啤酒的质量和风味具有特殊的意义，有清凉爽口和解暑散热的作用，所以要求啤酒有充沛的泡沫，泡沫细腻洁白，并有较好的持泡性。啤酒泡沫的这些特征与啤酒中含有的二氧化碳多少有关，也与啤酒中存在的表面活性物质（如蛋白质、酒花树脂、酒精等）有关，前者决定泡沫是否充沛，后者则决定泡沫细腻洁白程度和较好的持泡性。

香气和滋味。啤酒应具有酒花的清香和麦芽香，黄啤酒要求酒花清香突出，而黑啤酒则要求有明显的麦芽香。啤酒的滋味应具有爽口愉快的感觉，黑啤酒还要求口味醇厚。啤酒不能有其他的异杂味。

2）啤酒的理化指标。酒精含量、实际浓度、麦汁浓度和发酵度是一组鉴定啤酒质量的理化指标，其中麦汁浓度是酿造啤酒的基础，发酵度也很关键，它们的变化直接影响着酒精含量和实际浓度（浸出物含量），并与啤酒滋味、泡沫性能和稳定性密切相关。啤酒的酒精含量和实际浓度都以重量百分比为单位。

啤酒在发酵过程中会产生少量的酸，尤其乳酸含量较多。适量的含酸量有利于改进啤酒的风味。但酸的含量较多时则会使啤酒的风味变劣。啤酒的酸度应在1.8~3度（中和100毫升啤酒需要0.1摩尔/升氢氧化钠，1毫升为1度）。

（4）啤酒的质量变化。啤酒的质量变化有以下几点：

1）失光、混浊与沉淀。啤酒在微生物和理化反应作用下，使胶体破坏、失去透明，这种现象叫失光。严重者会产生混浊与沉淀。主要原因有以下两个方面：一方面是在金属离子和氧的催化作用下，啤酒中的蛋白质、多酚、β-葡聚糖、草酸钙以及酸类物质发生结合、氧化聚合、析出等物理化学反应；另一方面是微生物作用的结果使酒液浑浊、失光、有沉淀物、整启后气显过足，倒瓶有"冒烟"现象。

因此，为提高啤酒的稳定性，从生产环节来看，要选择合适的原料、添加非生物稳定剂、抗氧化剂、做好卫生与杀菌工作；从储运环节来看，要控制合理的储运温、湿度、储运场所的安全卫生工作。

【引例7-2】啤酒的浑浊

冷混浊在0℃左右产生，在20℃左右又复溶，一般认为是蛋白质-多酚结合物。

冷冻混浊在-5℃~-3℃出现，是以葡萄糖为主体的沉淀。

永久混浊是蛋白质-多酚物质氧化形成。

资料来源：根据资料整理。

2）风味老化。风味的老化首先从酒花失鲜、香味减少和消失开始，接着啤酒产生类似面包和焦糖的味道，然后产生纸板味。引起啤酒风味老化的主要原因是啤酒中的溶氧所引起的氧化还原反应。因此，提高啤酒的风味稳定性，从生产环节来看，关键是控制"氧"。一方面在啤酒酿造和包装的整个过程中，除了酵母增殖需充氧外，其他过程要严格避免与氧接触；另一方面通过添加抗氧化剂来提高啤酒的抗氧化性，常添加的抗氧化剂有维生素 C、二氧化硫、葡萄糖氧化酶等。从储运环节来看，主要是把握"时间"：一是生产日期；二是保质期；三是存放时间。严格遵守先进先出的原则。

看板：啤酒的历史

人类文字记载啤酒有 5000 年的历史，但酿造啤酒的历史可以追溯到 10000 年前的创世之初，即人类开始种植谷物的时代。近代考古研究有一种观点认为，古代种植粮食是为了酿造啤酒，吃饭是后来的发明。现代考古发现两河流域的苏美尔人最先酿造啤酒，其继承者是巴比伦人、亚述人。苏美尔人的啤酒酿造技术通过各种途径传到了埃及。早在 30 世纪埃及人就发展了苏美尔人的酿造技术，大量生产啤酒，啤酒成为当时普通居民的饮料，将古代啤酒推向极致。

由于宗教原因，当古代啤酒在中东消失之时，欧洲的日耳曼人就是如今的德国人薪火相传，在漫长的中世纪，建立了无数的啤酒坊，保留了啤酒的火种，并以他们的智慧发展了啤酒，率先将蛇麻花应用于啤酒酿造，形成了啤酒的概念。17 世纪开始，啤酒从欧洲走向全世界，成为名副其实的世界饮品。

中华民族的祖先在 10000 年前的新石器时代也开始使用工具加工谷物，洪荒时代基本解决了酿酒的大麦原料加工问题。新石器时代，中国用谷物发芽酿造醴酒，有人大胆设想，中国也是啤酒的发源地之一，后因口感问题，我们的祖先选择了曲酒。

19 世纪末，上海街头出现了啤酒广告。1900 年俄国人和德国人开始相继在哈尔滨和青岛建立啤酒作坊和小型工厂生产啤酒。1904 年哈尔滨出现了首家中国人创办的啤酒厂——东北三省啤酒厂，走出了中国啤酒业的第一步。1915 年之后，中国人在北京、烟台、上海、广州等地陆续建厂，实现了啤酒国产化。

资料来源：周茂辉.啤酒之河：5000 年啤酒文化历史［M］.北京：中国轻工业出版社，2008.

（5）啤酒的消费养护。啤酒的消费养护有以下内容：

1）选购。选购啤酒时，一看酒瓶是否带 B 标识，以免酒瓶爆炸；二看保质期，啤酒越新鲜越好喝；三看啤酒风格与口味需求，不同风格的啤酒口感不同，如干啤含糖量低、小麦啤比较清香、黑啤麦芽香比较突出、皮尔森型酒花的苦味比较突出。

2）家庭存放与饮用。家庭存放啤酒的场所要保持阴凉、清洁、卫生，温度不宜过高，并避免光线直射。

啤酒的销售包装上有具体的适合饮用的温度，一般为 5℃~25℃，所以啤酒绝不能冷冻保存。啤酒的冰点为-1.5℃，冷冻的啤酒不仅不好喝，而且会破坏啤酒的营养成分，使酒液中的蛋白质发生分解、游离。瓶装熟啤酒的温度应为 4℃~20℃。温度过高，啤酒的泡沫多而不持久；温度过低，泡沫减少并使苦味加重；若低于 0℃则外观浑浊，味道不佳。

啤酒对光敏感，不要日晒或剧烈震荡，以防啤酒中的酵母菌受热而产生浑浊和沉淀。

油是啤酒的大敌，啤酒应保持清洁，勿沾染油迹，因为油迹可使啤酒花过快消失。

桶装鲜啤酒不宜超过五天，瓶装鲜啤酒不宜超过 15 天，熟啤酒不宜超过 45 天。

饮剩的啤酒应密封，以防二氧化碳消失，影响啤酒中酒精成分及浓度。

（6）啤酒的销售养护。啤酒的销售养护有以下内容：

1）进货质量保证。啤酒属于快消品，流通速度快。在进货时要有质量确认制度。首先要注意运输包装的检验；其次要注意生产日期和保质期的检验；最后要进行抽检。

2）销售卫生管理。啤酒一般陈列在常温销售陈列柜或地堆的形式进行销售，要组织销售人员对销售陈列柜和陈列品进行经常的清洁工作，地堆的堆码要合理。销售人员要保持个人清洁卫生，持有健康证上岗。

3）销售保质期管理。啤酒属于低度的发酵酒，储存不当容易发生质量变化。在销售的时候要实行先进先出的原则。

4）销售陈列管理。销售人员在陈列中要轻拿轻放、小心碰撞，避免造成啤酒包装的破碎。高档啤酒最好选择货架陈列，促销品可选择堆头陈列。陈列位置要避免光线照射。

（7）啤酒的储运养护。啤酒的储运养护有以下内容：

1）标识。销售包装标签应符合 GB10344 的有关规定，标明产品名称、原料、酒精度、原麦汁浓度、净含量、制造者名称和地址、灌装（生产）日期、保质期、执行标准号及质量等级。用玻璃瓶装的啤酒，在标签、附标或外包装上应印有"切勿撞击，防止爆瓶"的警示语。

外包装纸箱上除标明产品名称、生产日期、制造者名称和地址外，还应标明单位包装的净含量和总数量。

包装储运图示标志应符合 GB/T191 的要求。

2）包装。瓶装啤酒应使用符合 GB4544 有关要求的玻璃瓶和符合 GB/T13521 有关要求的瓶盖。瓶装啤酒外包装应使用符合 GB/T6543 要求的瓦楞纸箱、符合 GB/T 5738 要求的塑料周转箱，或者使用软塑整体包装。瓶装啤酒不得只用绳捆扎出售。

听装啤酒应使用有足够耐受压力的包装容器包装，如铝易拉罐应符合 GB/T9106 的有关要求。

桶装啤酒应使用符合 GB/T17714 有关要求的啤酒桶。

产品应封装严密，不得有漏气、漏酒现象。

3）贮存和运输。鲜啤酒（生啤酒）未经过杀菌，酒中有活酵母，稳定性差，存放时间稍长或温度偏高，酒中的活酵母就会繁殖，使啤酒出现浑浊不清的现象，所以鲜啤酒一般就地销售，保存时间短，在低温下一般为七天，在夏季不能超过三天，保存温度在 0℃~15℃之间。熟啤酒经过杀菌工序而成，它不易继续发酵，稳定性较好，贮存期较长，可达三个月左右。

我国规定，瓶装、听装啤酒的保质期不少于 120 天（优、一级）和 60 天（二级），瓶装鲜啤的保质期不少于七天，罐装、桶装鲜啤酒的保质期不少于三天。

啤酒应在 5℃~25℃的温度下运输和贮存。啤酒应贮存于阴凉、干燥、通风的库房中；不得露天堆放，不得日晒、雨淋；不得与潮湿地面直接接触，避免与有毒、有害、易腐蚀性、易挥发或有异味的物品混装、混贮、混运。搬运啤酒时，应轻拿轻放，不得摔扔，避免撞击和挤压。

4）堆码与苫垫。啤酒的堆码高度一般瓶装为 5~7 层，不同出厂日期的啤酒不能混合堆码，严禁倒置。

5）消防。啤酒失火时可用水和干粉灭火器扑救。

7.1.4　葡萄酒

我国水果资源丰富，生产葡萄酒的历史已有 2000 多年。由于受饮酒习惯及消费水平的影响，葡萄酒在我国的人均消费量与工业发达国家相比差距较大，对其他果酒的需求则更少。中国副食流通协会 2010 年 10 月发布的《2009~2010 中国葡萄酒行业市场报告》显示，虽然我国葡萄酒产量低，但连续七年来一直保持18.8%的复合增长率，我国已成为世界第八大葡萄酒消费市场。

葡萄酒和果酒酿造的基本工艺流程如下：

水果（葡萄）—分选—洗涤—破碎—压榨（或不压榨）—果汁（浆、皮渣）—成分调整—添加二氧化硫—接种酒母—主发酵—后发酵—陈酿—冷、热处理—过滤—调配—灌酒—杀菌—贴标—成品。

主发酵的目的是进行酒精发酵，产生芳香物质，浸提色素物质。有分离发酵和混合发酵两种方法。分离发酵法是水果经破碎、压榨后，仅有果汁进入发酵池进行主发酵，酿造白葡萄酒采用此方法。混合发酵法是水果破碎后不经压榨，将果汁、果浆及皮渣一起放入发酵池进行主发酵，发酵液被压榨后进入后发酵，酿造红葡萄酒采用此方法。

无论哪种发酵方法，在发酵期间葡萄中的各种成分均发生了深度变化。芳香成分在发酵中趋于减少，糖分在酵母的作用下发酵生成酒精、二氧化碳和少量的甘油、琥珀酸、乳酸、乙醛等。有一部分糖被酵母作为碳素营养所消耗。一般红葡萄酒的主发酵期为 5~7 天，白葡萄酒的主发酵期为 15 天左右。

后发酵在贮酒时进行，促使葡萄酒进行酯化作用，产生新的芳香成分，使酒变得柔和，风味完整，形成其特有的色、香、味。葡萄酒的后发酵期一般为 30 天。

经过发酵后的皮渣，可以蒸馏白兰地原酒，供调整葡萄酒的酒度用，或经过陈酿生产白兰地。

（1）葡萄酒的主要成分。葡萄酒是以鲜葡萄或葡萄汁为原料，经全部或部分发酵酿制而成、含有一定酒精度的发酵酒。葡萄酒的主要成分来自于葡萄汁。主要有酒精、糖分、有机酸、无机盐、蛋白质和氨基酸、矿物质和维生素、醇类、聚酚等活性物质。这些活性物质对人体起着一定的保健作用，如滋补作用、消化作用、减肥作用、利尿作用、杀菌作用等。

（2）葡萄酒的分类。葡萄酒的分类原则不同其种类也不同：

1）按色泽分可分为：①白葡萄酒。用白葡萄或红皮白肉的葡萄酿成。酒的颜色近似无色或微黄带绿或浅黄或禾秆黄或金黄色，酒液澄清透明，口味纯正，酸甜爽口。②红葡萄酒。用红色或紫红色葡萄酿制。酒的颜色为紫红、深红、宝石红、红微带棕色或棕红色，口味甘美，酸度适中，香气芬芳。③桃红葡萄酒。用红葡萄酿制，采用及时分离果汁的方法发酵而成，颜色有桃红、淡玫瑰红或浅红色。

看板：为什么葡萄酒酒瓶底部要凹进去

葡萄酒在瓶内贮藏过程中，由于酒液在发生一系列物理、化学变化，这些变化的结果就会产生酒石、色素沉淀。当酒瓶站立时，这些沉淀物会沉淀到底部，如果瓶底平坦，沉淀物会很容易随酒液一起注入杯中，而酒瓶底呈山形状，沉淀物就会沉淀在凹陷处，就不会发生随酒液倒入杯中的问题。另外，向里凹的弧面更结实，凹坑使瓶子底部跟瓶壁一样牢固，也是为了防止酒瓶爆炸而设计的。最后，在侍酒礼仪中，在侍酒过程中，凹坑也为侍酒师提供了方便和平衡。

资料来源：烟台张裕葡萄酒官网，http://www.changyu.com.cn/about/index.html.

2）按含糖量分可分为：①干葡萄酒。含糖（以葡萄糖计）小于或等于0.4克/100毫升的葡萄酒。或者当总糖与总酸（以酒石酸计）的差值小于或等于0.2克/100毫升时，含糖最高为0.9克/100毫升的葡萄酒。在口中无甜味，只有酸味和清怡爽口的感觉。干葡萄酒在欧洲的消费量最大，在我国的消费量不大。②半干葡萄酒。含糖大于干葡萄酒，最高为1.20克/100毫升的葡萄酒，或者当总糖与总酸（以酒石酸计）的差值小于或等于0.2克/100毫升时，含糖最高为1.80克/

100 毫克的葡萄酒。在口中微有甜感或略感厚实的味道。③半甜葡萄酒。含糖大于半干葡萄酒，最高为 4.50 克/100 毫克的葡萄酒。口味略甜，醇厚爽顺，在日本、美国等国的消费量较大。④甜葡萄酒。含糖大于 4.50 克/100 毫克的葡萄酒。酒有明显的甜味，在我国的消费量最大。

3) 按二氧化碳含量分可分为：①平静葡萄酒。在 20℃时，二氧化碳压力小于 0.05 兆帕的葡萄酒。②起泡葡萄酒。在 20℃时，二氧化碳压力等于或大于 0.05 兆帕的葡萄酒。

【引例 7-3】起泡葡萄酒的分类

起泡葡萄酒的分类依据：全部依据自然发酵产生的二氧化碳压力的大小（见表 7-2）。

表 7-2　起泡葡萄酒分类

压力（兆帕）	类别	含糖量（克/100 毫或）	
0.05~0.34	低泡葡萄酒		
≥0.35	高泡葡萄酒	≤1.20	天然高泡葡萄酒
		1.21~1.70 克	纯干高泡葡萄酒
		1.71~3.20	干高泡葡萄酒
		3.21~5.00	半干高泡葡萄酒
		≥5.00	甜高泡葡萄酒

资料来源：根据资料整理。

4) 特种葡萄酒分类。用鲜葡萄或葡萄汁在采摘或酿造工艺中使用特定方法酿制而成的葡萄酒叫特种葡萄酒，其分为：利口葡萄酒。在总酒度为 12%（体积分数）以上的葡萄酒中，加入葡萄白兰地、食用酒精或葡萄酒精以及葡萄汁、浓缩葡萄汁、含焦糖葡萄汁、白砂糖等，使其终产品酒精度为 15.0%~22.0%（体积分数）的葡萄酒称为利口葡萄酒。

葡萄汽酒。酒中所含的二氧化碳是部分或全部由人工添加的，具有同起泡葡萄酒类似的物理特性的葡萄酒称为葡萄汽酒。

冰葡萄酒。将葡萄推迟采收，当气温低于-7℃时，使葡萄在树枝上保持一定时间，待其结冰再采收，并在结冰状态下压榨、发酵、酿制而成的葡萄酒（在生产过程中不允许外加糖源）称为冰葡萄酒。

贵腐葡萄酒。在葡萄成熟的后期，葡萄果实感染了灰绿葡萄孢，使果实的成分发生了明显的变化，用这种葡萄酿制而成的葡萄酒称为贵腐葡萄酒。

产膜葡萄酒。葡萄汁经过全部酒精发酵，在酒的自由表面产生一层典型的酵母膜后，加入葡萄白兰地、葡萄酒精或食用酒精，所含酒精度等于或大于15.0%（体积分数）的葡萄酒称为产膜葡萄酒。

加香葡萄酒。以葡萄酒为酒基，经浸泡芳香植物或加入芳香植物的浸出液（或馏出液）而制成的葡萄酒称为加香葡萄酒。

低醇葡萄酒。采用鲜葡萄或葡萄汁经全部或部分发酵，采用特种工艺加工而成的、酒精度为1.0%~7.0%（体积分数）的葡萄酒称为低醇葡萄酒。

脱醇葡萄酒。采用鲜葡萄或葡萄汁经全部或部分发酵，采用特种工艺加工而成的酒精度为0.5%~1.0%（体积分数）的葡萄酒称为脱醇葡萄酒。

山葡萄酒。采用鲜山葡萄（包括毛葡萄、刺葡萄、秋葡萄等野生葡萄）或山葡萄汁经全部或部分发酵，酿制而成的葡萄酒称为山葡萄酒。

5）按饮用顺序分可分为：①餐前葡萄酒。餐前葡萄酒也称开胃酒，在餐前喝了能够刺激胃口、增加食欲，酒精度一般为18%以上，我国常见的开胃酒有"味美思"。②佐餐葡萄酒。佐餐葡萄酒是同正餐一起饮用的葡萄酒，可以配合不同食物饮用，酒精度一般为9%~10%，主要是一些干型葡萄酒。③餐后葡萄酒。餐后葡萄酒在餐后伴随甜品一起吃。酒度和糖度比餐前和佐餐酒高，主要有利口酒等。

（3）葡萄酒的质量与检验。葡萄酒的质量可以从感官和理化两个方面进行鉴定。在我国以感官鉴定为主。

1）葡萄酒的感官指标。葡萄酒的感官指标有以下几项：

外观。外观包含：

▲ 色泽。要求具有与葡萄相近的天然颜色并富有光泽。白葡萄酒应呈麦秆黄色、晶亮，不能有浅棕褐色；红葡萄酒应呈近似红宝石色，不应呈深棕褐色，不应晶亮。

▲ 透明度。任何品种的葡萄酒都应澄清、透明、无浑浊和沉淀，也不能有悬浮物。出现不正常的情况，说明工艺不合要求或发生了变质现象。

▲ 起泡酒的泡沫情况。起泡的葡萄酒应含有充沛的二氧化碳，倒入酒杯泡沫很快升起，要求泡沫细致、持久。大香槟酒在开瓶时，要求瓶塞被气压冲出有一定的高度，发出清脆之响声。

香气和滋味。香气和滋味主要是：

　　▲香气。葡萄酒应具有葡萄的清香和酒香，并要求两者配合和谐、清快、舒畅，不应具有其他异味。

　　▲滋味。不同种类的葡萄酒其滋味有所区别。干型酒的滋味应该清快、爽口、舒适洁净、滋味丰满和谐。甜型酒醇厚爽口，酸、涩、甘、馥各味和谐，爽而不薄，醇而不烈，甜而不腻，馥而不艳（不飘）。

　　典型性。葡萄酒中的各种名酒应有各自的典型性及独特的风格。干白葡萄酒应具有清新、爽、利、愉、雅感；干红葡萄酒应具有清、爽、愉、醇、幽感；甜白葡萄酒应具有清新、爽、甘、愉、雅感；甜红葡萄酒应具有爽、馥、酸、甜感，各味应和谐统一。

　　2）葡萄酒的理化指标。根据 GB15037，葡萄酒的理化指标应符合以下要求：

　　酒精度。葡萄酒的酒精度要求大于或等于 7%（体积分数）。

　　总糖。不同类型葡萄酒的总糖含量标准详见葡萄酒按含糖量分类。

　　干浸出物。白葡萄酒要求大于或等于 1.6 克/100 毫升；桃红葡萄酒要求大于或等于 1.7 克/100 毫升；红葡萄酒大于或等于 1.8 克/100 毫升。

　　挥发酸（以乙酸计）。各类葡萄酒中的挥发酸按要求小于或等于 0.12 克/100 毫升。

　　柠檬酸。甜型葡萄酒要求小于或等于 2.0 克/100 毫升；其他类型葡萄酒要求小于或等于 1.0 克/100 毫升。

　　二氧化碳。二氧化碳是对起泡葡萄酒的理化指标。低泡葡萄酒为压力 0.05~0.34 兆帕，高泡葡萄酒的压力为大于或等于 0.35 兆帕。

　　金属离子。铁的限量最大值为 8.0 毫克/升，铜的限量最大值为 1.0 毫克/升。

　　防腐剂。苯甲酸或苯甲酸钠限量最大值为 50 毫克/升，山梨酸或山梨酸钾限量为 200 毫克/升。

　　（4）葡萄酒的质量变化。葡萄酒的质量主要有下列变化：

　　1）老化。新酿葡萄酒要经过成熟期（9~10 个月），老化阶段才能使酒醇香浓厚、滋味柔和，但贮酒时间过长或贮酒方法不当，葡萄酒品质会下降，使酒体越来越弱，口味乏力，这个过程成为葡萄酒的老化。

　　2）早熟。在葡萄酒的贮运过程中，频繁的震动会促进葡萄酒的早熟。

　　3）变色与沉淀。一方面是葡萄酒在酿造和贮藏过程中由于金属离子或氧化酶的作用，使葡萄酒发生不同程度的变色，并有沉淀产生；另一方面是由于酒石、蛋白质、原材料（如原料中的色素、单宁、果胶质等）、微生物等因素均能引起葡萄酒在贮藏过程中产生沉淀和浑浊现象。

4）生膜（又名生花）。当贮酒桶不满时葡萄酒与空气接触，在酒的液面上有一层灰白色薄膜，开始薄膜光滑，时间长了渐渐形成皱纹，有时薄膜破裂扩散到酒中，使酒变浑，甚至酒度降低，口味平淡，并带有不愉快的怪味。这种现象是生膜。生膜是由酒花菌类（产膜菌酵母）繁殖引起的。

5）变酸。葡萄酒变酸主要原因是由醋酸菌引起的。感染醋酸菌的酒在液面上会产生一层浓灰色薄膜。最初薄膜是透明的，以后变暗并出现波纹，逐渐沉入桶底，形成一种黏性的稠密物体。品尝时有一股醋酸味并有刺舌感。

6）异味。由于原料选择、工艺操作或容器的原因，会使葡萄酒产生异味。如霉烂的原料、贮酒容器生过霉等均会使酒产生霉味。如果熏硫时固体硫混入果汁中，使酒中存在固体硫，所得的酒会产生硫化氢味（臭鸡蛋味）或乙硫醇味（大蒜味）。发酵过程中果梗或种子的带入会增加酒体的苦味。

7）软木塞。太潮湿使软木塞及标签腐烂，太干燥则容易让软木塞干燥，失去弹性。软木塞若干燥，无法紧闭瓶口，容易使酒质变差。

（5）葡萄酒的消费养护。葡萄酒的消费养护有以下内容：

1）葡萄酒要卧放。葡萄酒在饮用时须适度氧化，让其香气能释放出来，但存放时却忌空气。卧放可保证软木塞浸泡在酒中，使软木塞保持一定的湿度。如竖放，木塞会渐渐地因干枯收缩而漏气，酒就会被氧化，无须多久瓶中之物就会变成醋。因此，酒买回来后应让它即刻躺下。

2）光线。葡萄酒要在缓慢的过程中成熟才好，而阳光会加速葡萄酒中的分子运动，加速其成熟过程。所以要找一个避光的地方存酒。

3）温、湿度。葡萄酒需低温存放。藏酒的理想温度是10℃~16℃，以20℃为上限，以5℃为下限。白葡萄酒以10℃~12℃为宜；红葡萄酒以15℃~16℃为好。最佳贮藏湿度为70%左右。温、湿度要相对恒定。

4）震动。收藏葡萄酒时还要注意避免震动。因为震动会加速分子运动，使酒趋于早熟，所以，切忌不要时不时地去翻动葡萄酒，切忌冰箱存放。

5）异味。葡萄酒极易被其他气味异化，因此存放葡萄酒还需注意的是，周围不要有异味。环境通风是避免异味的有效方式。

（6）葡萄酒的销售养护。葡萄酒的销售养护有以下内容：

1）进货质量保证。做好葡萄酒的质量验收工作。在进货时要有质量确认制度。首先要注意运输包装的检验；其次要注意生产日期和保质期的检验；最后要进行抽检。

2）销售卫生管理。要组织销售人员对销售陈列柜和陈列品进行经常性的清洁工作；销售人员要保持个人清洁卫生，持有健康证上岗。

3）销售保质期管理。葡萄酒属于有生命的低度发酵酒，每一种酒都有自己的最佳饮用期，要根据葡萄酒的质量情况，进行适时销售，实行先进先出的原则。能陈年的葡萄酒需要一定的潜质因素，如葡萄品种和种类，葡萄年份等，此类高档葡萄酒也要掌握其饮用期，不要错过最佳的销售时间。

4）销售陈列管理。销售人员在陈列中要轻拿轻放、小心碰撞，避免造成葡萄酒包装的破碎。高档葡萄酒最好选择恒温、恒湿陈列柜，采用卧放或倒放的方式，陈列柜温度控制在 10℃~15℃，湿度控制在 70%~75%，避免温、湿度的波动，陈列位置要避免光线照射。

（7）葡萄酒的储运养护。葡萄酒的储运养护有以下内容：

1）标识。预包装葡萄酒标签按 GB10344 的规定执行，并按含糖量标注产品类型（"干"、"半干"、"半甜"、"甜"型）或标示其含糖量。

标签上若标注葡萄酒的年份、品种、产地，应符合以下定义：①年份葡萄酒所标注的年份是指葡萄采摘的年份，其中年份葡萄酒所占比例不低于酒含量的 80%（体积分数）。②品种葡萄酒在所标注的葡萄品种酿制的酒所占比例不低于酒含量的 75%（体积分数）。③产地葡萄酒在所标注的产地葡萄酿制的酒所占比例不低于酒含量的 80%（体积分数）。

外包装纸箱上除标明产品名称、制造者（或经销商）名称和地址外，还应标明单位包装的净含量和总数量。

包装储运图示标志应符合 GB/T191 的要求。

2）包装。葡萄酒的包装材料应符合食品卫生要求。起泡葡萄酒的包装材料应符合相应的耐压要求。包装容器应清洁，封装严密，无漏酒现象。外包装应使用合格的包装材料，并符合相应的标准。

3）运输和贮存。运输和贮存葡萄酒时应保持清洁，避免强烈振荡、日晒、雨淋，防止冰冻，装卸时应轻拿轻放。存放地点应阴凉、干燥、通风良好；严防日晒、雨淋；严禁火种。用软木塞（或替代品）封装的酒，在储运时应"倒放"

或"卧放"。成品不得与潮湿地面直接接触；不得与有毒、有害、有腐蚀性物品同贮、同运。运输温度宜保持在 5℃~35℃；贮存温度白葡萄酒以 10℃~12℃为宜，红葡萄酒以 15℃~16℃为好。最佳贮藏湿度为 70%左右。

4）堆码与苫垫。葡萄酒堆码不宜过高，严禁倒置，货垛下垫高度应不低于20 厘米。

5）消防。葡萄酒失火时可用水、泡沫灭火器、干粉灭火器扑救。

讨论时间

（1）人们对酒的消费需求有哪些？

_____

_____

_____

（2）你知道酒中的何种物质激发了诗人们的无限灵感？

_____

_____

_____

7.2　茶叶

商品故事

茶叶出口

黄山毛峰闻名遐迩，其茶树生长在海拔 900~1000 米、终年云雾缭绕，在阳光充沛的高山上，芽叶肥厚，浓郁清香。黄山毛峰外形纤细精巧，白毫显露，色泽油润光滑、嫩绿微黄；汤色清澈带杏黄，香气持久，清鲜似白兰香，滋味醇厚；叶底嫩黄，匀量成朵，叶芽肥壮，一芽带一叶，为全国著名绿茶之一，为名茶中的名茶，但前些年出口却频频受挫，主要原因在于国内相关卫生标准的各项指标与国际标准，特别是欧盟、日本、美国等主要出口组织和国家的标准，存在明显差距。因此，针对现实情况，我国于 2008 年 10 月 1 日起正式实施了《出口茶叶质量安全控制规范》，为出口茶叶行业带来新的技术支撑。《出口茶叶质量安全控制规范》（GB/T21722-2008）国家标准共分为 10 个部分，对茶叶从生产到出口全过程的各个环节均作了详细规定，还特别根据当前出口形势，新增了茶叶源头管理，即茶园管理和初加工部分以及产品出口的预警和召回制度等。

该标准主要针对茶叶农药残留、重金属超标等问题，是我国第一个针对出口茶叶质量安全设置的控制体系。该规范标准能有效促进我国企业规范种植、加工茶叶、加强产品追溯，提高茶叶质量，开拓国外市场。因此，2008 年 1~8 月，我国茶叶出口量激增。

资料来源：汪永太，李萍. 商品学概论（第三版）[M]. 大连：东北财经大学出版社，2009.

思考：消费者对茶叶质量的要求有哪些？

知识储备

中国是茶叶的故乡。《神农本草》中说："神农尝百草，日遇七十二毒，得茶而解之"。也就是说，早在几千年前，我们的祖先还处于母系氏族社会，由狩猎时代演变到养殖和耕种的时代，就已经发现和利用茶叶了。现如今，茶叶、咖啡和可可成为世界三大饮料。

7.2.1 茶叶商品基础知识

（1）茶叶成分。经过现代科学的分离和鉴定，目前已知茶叶所含化学成分达 500 多种，主要有咖啡碱、茶多酚、蛋白质、氨基酸、糖类、维生素、脂质、有机酸等有机化合物，还含有钾、钙、镁、钴、铁、锰、铝、钠、锌、铜、氮、磷、氟、碘、硒等 28 种无机营养元素。茶叶中各种化学成分组合比例十分协调，是最理想的饮料之一。

> **看板：茶多酚**
>
> 茶多酚溶解度与温度成正比，温度越高，溶解度越大，水浸出物越多，故用开水来泡茶。
>
> 茶多酚遇铁会生成墨绿色沉淀，使茶汤呈淡黑色，故不能用铁制的容器来泡茶，否则使茶水发黑、发暗，失去明亮光泽。

茶多酚能与蛋白质结合生成鞣酸蛋白，易被人体消化吸收，因其增加了蛋白质的韧性，如茶叶蛋，故喝茶能帮助消化。

茶多酚能与所有的生物碱结合，形成白色晶体沉淀，而后随粪便排出体外，故其具有解毒、杀菌作用，喝茶可解除烟毒（尼古丁）。

资料来源：屠幼英，乔德京. 茶学入门 ［M］. 杭州：浙江大学出版社，2014.

（2）茶叶分类。我们通常将茶叶分为基本茶类和在加工茶类，基本茶类主要有绿茶、红茶、青茶（乌龙茶）、白茶、黄茶、黑茶六大类茶，再加工茶类主要有紧压茶和花茶。

1）基本茶类的细分。基本茶类细分为以下类型：

绿茶按干燥方法不同分类。绿茶按干燥方法分为：

▲ 炒青。干燥时用铁锅炒制的茶，按茶叶的形状可分为长炒青、圆炒青、扁炒青。外销绿茶与内销扁茶多属此类。

▲ 烘青。干燥时用烘笼干燥的茶，有毛烘青和特种烘青两种。内销绿茶与制作花茶的绿茶多属此类。

▲ 晒青。在阳光下晒干的茶，有特种晒青和普通晒青两种。特种晒青即为福建白茶，主销海外；普通晒青为花茶、普洱、紧茶、饼茶的原料茶。

白茶根据其采用原料不同分类。白茶根据其采用原料不同分为：

▲ 白毫银针。纯用大白茶或水仙种的肥芽制成的茶为白毫银针。

▲ 白牡丹。采用大白茶品种的一芽二叶初展嫩梢制成的茶为白牡丹。

▲ 贡眉。采用茶嫩梢一芽二三叶制成的茶为贡眉。

▲ 寿眉。以制银针"抽针"时剥下的单片叶制成的茶为寿眉。

黄茶根据原料不同分类。黄茶根据原料不同分为：

▲ 黄芽茶。采摘单芽或一芽一叶加工而成的茶为黄芽茶。

▲ 黄小茶。摘细嫩芽叶加工而成的茶为黄小茶。

▲ 黄大茶。摘一芽二、三叶甚至一芽四、五叶为原料制作而成的茶为黄大茶。

青茶根据产地分类。青茶根据产地分为：

▲ 福建乌龙。福建乌龙主要有武夷岩茶、安溪铁观音、大红袍、安溪黄金桂、闽北水仙等。

▲ 台湾乌龙。台湾乌龙主要有冻顶茶、台湾乌龙茶、文山包种茶。

▲ 广西乌龙。广西乌龙主要有凤凰单丛茶、岭头单丛茶。

红茶根据制造方法和外形分类。红茶根据制造方法和外形分为：

▲ 工夫红茶。工夫红茶因加工需要经多道工序，精工细作，颇费工夫，故而得名。

▲ 小种红茶。小种红茶是福建省的特产，有正山小种和外山小种之分。

▲ 红碎茶。在揉捻过程中边揉边切，使条茶成为颗粒状。

黑茶根据产地分类。黑茶根据产地分为：

▲ 湖南黑茶。湖南黑茶主要有茯砖、花砖、黑砖、湘尖、贡尖、生尖、天尖、千两茶。

▲ 湖北黑茶。湖北黑茶主要以青砖为代表。

▲ 滇桂黑茶。滇桂黑茶主要有云南普洱散茶、普洱沱茶、普洱七子饼茶、下关沱茶、圆饼、六堡茶、六堡散茶。

▲ 四川边毛茶：四川边毛茶主要有重庆沱茶、康砖、金尖、方包、茯砖。

看板：普洱茶与云南七子饼茶

普洱茶因产于云南省普洱府（今普洱市）而得名。现泛指以公认的云南普洱茶区的云南大叶晒青毛茶为原料，经过后发酵加工成的散茶和紧压茶。

云南七子饼茶，云南省西双版纳傣族自治州勐海县勐海茶厂生产的传统名茶，因将茶叶加工紧压成外形美观酷似满月的圆饼茶，然后每七块茶饼包装为一筒，故而得名。

资料来源：屠幼英，乔德京.茶学入门 [M].杭州：浙江大学出版社，2014.

2）茶叶按加工过程中的发酵过程及程度分类。茶叶按发酵过程及程度分为：

不发酵茶。不发酵茶是初制时采用高温处理，制止了酶对茶多酚的氧化程度，只有少量淡黄色的氧化物，因此汤色是黄绿色的，如绿茶。

微发酵茶。微发酵茶的茶多酚氧化程度比绿茶稍重，因此汤色是浅黄色的，如白茶。

轻发酵茶。轻发酵茶的茶多酚氧化程度比白茶又重些，有少量茶黄素形成，因此汤色是黄色的，如黄茶。

半发酵茶。半发酵茶的茶多酚氧化程度通常又比黄茶重些，有少量茶黄素和茶红素形成，因此多数汤色是橙黄色的，但不同种类的乌龙茶因发酵程度有轻有重，汤色也就有偏绿和偏红的。

全发酵茶。全发酵茶的茶多酚氧化程度较重，有较多的茶黄素、茶红素和茶褐素形成，因此汤色是红色的，如红茶。

后发酵茶。后发酵茶是在湿热条件下，加上微生物的作用，茶多酚的氧化、聚合和降解作用剧烈，因此汤色褐红或褐黄，如黑茶。

3）茶叶按生产季节分类。茶叶按生产季节分为：

春茶。每年清明至小满期间采摘制得的茶叶叫春茶。

夏茶。每年小满至小暑期间采摘制得的茶叶叫夏茶。

秋茶。每年小暑至寒露期间采摘制得的茶叶叫秋茶。

冬茶。冬茶是在秋茶采完后，气候逐渐转冷后生长的新梢芽采摘制得的茶叶。

（3）茶叶的质量特征。不同的茶叶具有不同的质量特征，其主要品种和代表茶叶质量特征如下：

1）绿茶。绿茶的制作工艺过程为：鲜叶—杀青—揉捻—干燥—绿毛茶。

绿茶中以春茶为最佳，其次是冬茶。绿茶干茶色绿，味道清香，鲜味爽口、浓而不涩，冲泡后清汤绿叶。

网络资源 5：请链接网址查看绿茶的品质特点。

西湖龙井茶。西湖龙井茶产于浙江杭州西湖区。茶叶为扁形，叶细嫩，色形整齐，宽度一致，为绿黄色，手感光滑，一芽一叶或二叶，芽长于叶，一般长 3 厘米以下，芽叶均匀成朵，不带夹蒂，碎片，小巧玲珑。龙井茶味道清香，假冒龙井茶则多是青草味，夹蒂较多，手感不光滑。

黄山毛峰。黄山毛峰产于安徽黄山，黄山枯谷庵一带所产的质量最好，为特级毛峰。外形细嫩稍卷曲，芽肥壮，匀齐，有锋毫，形状有点像"雀舌"，叶呈金黄色，色泽嫩绿油润，香气清鲜，水色清澈，杏黄明亮，味醇厚，回甘，叶底芽叶成朵，厚实鲜艳。假茶呈土黄色，味苦，叶底不成朵。

碧螺春。碧螺春产于江苏吴县太湖的洞庭山东山碧螺峰上的碧螺庵附近。银芽显露，一芽一叶，茶叶总长度为 1.5 厘米，芽为白毫卷曲形，叶为卷曲清绿色，叶底幼嫩，均匀明亮。假茶为一芽二叶，芽叶长度不齐，呈黄色。

信阳毛尖。信阳毛尖产于河南信阳东云山。其外形条索紧细、圆、光、直、青黑色，一般一芽一叶或一芽二叶。假的为卷曲形，叶片发黄。

2）红茶。红茶的制作工艺过程为：鲜叶—萎凋—揉捻—发酵—干燥。

红茶干茶色泽乌润，冲泡后汤色红亮，叶底红亮，香甜味醇。

网络资源6：请链接网址查看红茶的品质特点。

工夫红茶是我国特有的红茶品种，也是我国传统出口商品，多以地区命名，如滇红、祁红、宁红、宜红、川红、闽红、越红、粤红、湖红、政和红、白琳红、黔红等品种，其中以祁红、滇红、川红和宜红的质量为最佳。

正山小种外形条索粗长松散，肥壮重实，不带芽毫，色泽乌黑光润。内质香气高锐，带有特殊的松烟香，滋味浓而爽口，类似桂圆汤，汤色鲜艳浓厚，呈糖浆状的深金黄色。叶底明亮呈古铜色，厚实柔软光滑。

红碎茶又称碎红茶。印度是红碎茶生产和出口最多的国家，有百余年历史。而红碎茶在我国的生产较晚，以云南、广西、广东等地所产的大叶种红碎茶质量为最好。传统红碎茶产量较低，主要有叶茶、碎茶、片茶、末茶四种；非传统红碎茶分为转子红碎茶（国外称洛托凡红碎茶）、C.T.C红碎茶和L.T.P（劳瑞制茶机）红碎茶。红碎茶对外形要求不高而重内质，要求汤色红艳明亮，香高，味"强、浓、鲜"，富有收敛性，一次冲泡既能浸出大部分有效成分，适合国外人饮茶特点。

3）青茶。青茶的制作工艺过程为：鲜叶—萎凋—做青—炒青—揉捻—烘干。

青茶具有介于绿茶和红茶之间独特的品质特征。其外形条索粗壮，色泽青灰有光，内质香气馥郁芬芳，汤色清澈金黄，滋味浓醇鲜爽，带有天然花果香，叶底绿叶红镶边。

网络资源7：请链接网址查看青茶的品质特点。

福建产的青茶分为闽南青茶和闽北青茶。闽南青茶以安溪铁观音为代表，还包括黄金桂、永春佛手、乌龙和奇兰；闽北青茶有武夷岩茶、闽北水仙、闽北乌龙、大红袍、岩水仙等。台湾青茶有台湾乌龙和台湾包种等。广东青茶有凤凰单枞、凤凰水仙、饶平乌龙等。

4）黑茶。黑茶的制作工艺过程为：杀青—揉捻—渥堆—干燥—后发酵。

黑茶外形条索粗壮肥大，色泽黑褐油润，内质滋味醇厚爽滑，有独特的陈香味；汤色褐黄或褐红，叶底黄褐粗老。

黑茶加工要求鲜叶有一定成熟度，一般为一芽三四叶或一芽五六叶。黑茶较为耐藏，品质越陈越优，药理作用也越好。

5）黄茶。黄茶的制作工艺过程为：鲜叶—杀青—揉捻—干燥—闷堆。

黄茶具有黄叶黄汤、滋味醇浓的独特品质。

黄大茶的著名品种有安徽的霍山黄大茶、广东的大叶青等；黄小茶的著名品种有湖南宁乡的沩山毛尖、湖南岳阳的北港毛尖、湖北的远安鹿苑、浙江的平阳黄汤等；黄芽茶著名的品种有湖南岳阳的君山银针、四川名山的蒙顶黄芽、安徽霍山的霍山黄芽、浙江德清的莫干黄芽等。

6）白茶。白茶的制作工艺过程为：萎凋—烘焙（或阴干）—拣剔—复火等。

白茶的芽叶壮嫩，形态自然，芽毫完整，白毫满披，毫香显露，具有"绿装素裹"之美感；汤色黄绿清澈，滋味清淡甘和、鲜嫩，持久耐泡。

白茶的主要品种有白毫银针、白牡丹、贡眉、寿眉等。尤其是白毫银针，全是披满白色茸苇的芽尖，形状挺直如针，在众多的茶叶中，它是外形最优美者之一，令人喜爱。

7）花茶。花茶的制作工艺过程为：茶坯—窨花—提花。

茶叶经窨花后，不仅香气增加，并且茶叶吸收了鲜花的香桂油，使花茶香气鲜灵，浓郁清高，滋味浓厚鲜爽，汤色清澈、淡黄、明亮，叶底细嫩、匀净、明亮。

网络资源 8：请链接网址查看花茶的品质特点。

花茶的种类多以鲜花命名，主要有茉莉花茶、玉兰花茶、珠兰花茶、玳玳花茶、栀子花茶、桂花茶、玫瑰花茶等。花茶的质量主要取决于茶坯质量、鲜花的种类和数量以及窨花技术。馥郁的花香与醇爽的茶味并存，香、味协调，相得益彰。

8）紧压茶。紧压茶的制作工艺过程为：原料茶—蒸茶—装模（装篓）—压制—烘干。

紧压茶体现为不同的形状。砖形的有黑砖、青砖、茯砖、花砖、米砖、紧茶（紧茶也有蘑菇形或呈心脏形的）等，方形的有方茶；圆饼形的有圆茶、饼茶；碗形的有沱茶；枕形的有康砖、金尖；篓装的有六堡茶、湘尖茶等。不同的茶类和加工方式使压制茶的品质各异，彼此间有较大的差别，不仅是形状，在松紧度、原料嫩度、色泽、内质、风味上也不同，部分压制茶如茯砖茶的品质还强调"发花"状况。

（4）茶叶的检验。茶叶的检验包括感官检验、理化检验和安全检验三部分。

在我国主要根据茶叶的外形、香气、滋味、汤色和叶底等项目，进行感官检验。

1）感官检验。茶叶感官审评按外形、汤色、香气、滋味、叶底的顺序进行，一般操作程序为：把盘—开汤—嗅香气—看汤色—尝滋味—评叶底。

干茶审评。干茶审评包括外形、色泽、嫩度、净度四个方面。

将茶叶倒入审评盘中，双手转动审评盘，使茶叶均匀地平伏在审评盘中，由于茶叶的轻重程度不同，能把大小、长短不同的茶叶有次序地分布在不同层次。一般粗大的茶叶多浮于上层，重实较细小的茶叶或碎末多分布在下层，而中层多为较均整的茶叶。用此法可以检查下脚茶、粗老茶占的比例，并通过检查观察茶叶的外形（包括嫩度、净度）是否合乎标准规格的要求。

网络资源 9：请链接网址查看干茶的品质特点。

茶叶的内质审评。在审评茶叶的内质时，先从审评盘中的不同部位称取一定数量的茶样，样品的重量根据茶类和沏水量的不同有所区别。红茶、绿茶、花茶一般称取 2.5~3 克，每克沏水 50~60 毫升；毛茶取样较多，一般为 5 克，沏水 250 毫升；乌龙茶称取茶样 5 克，沏水 80 毫升；紧压茶采取煮蒸法，取样 3~5 克，用水量 150~400 毫升。沏茶需用容量一致的审评杯。沏茶水要求煮沸，并在杯中冲泡 5 分钟，然后将茶水倾于审评碗中，叶底先留在杯中，按顺序审评茶叶的香气、汤色、滋味和叶底。

网络资源 10：请链接网址查看茶叶内质评审。

2）茶叶的理化检验。在茶叶的生产、流通、贸易活动以及科学研究中，除根据各类茶叶的品质规格进行感官审评外，还必须进行必要的理化检验。国内外通常检测的茶叶品质影响成分有：水分、茶多酚、水浸出物、灰分、粗纤维、氨基酸、咖啡碱以及红茶中的茶黄素、茶红素等，水分、灰分为法定化学检验项目。此外还有茶梗、碎茶、末茶、非茶夹杂物等。

3）茶叶的安全检验。影响茶叶安全性的主要因素有化学性因素、生物性因素、人为故意性因素和生理性因素。影响人体健康的有害成分如重金属铅、铜含量及农药残留，属于安全性检验的必须检验项目。目前农药残留是制约茶叶出口的主要问题。

【引例7-4】联合国粮食与农业组织（FAO）制定的红茶、绿茶中农药残留（MRL）标准（见表7-3）

表7-3　红茶、绿茶中的农药残留标准

农药名称	MRL标准（毫克/千克）
甲基毒死蜱	0.1
氯氰菊酯	20
溴氰菊酯	10
三氯杀螨醇	50
硫丹	30
杀螟硫磷	0.5
氟氰戊菊酯	20
杀扑磷	0.5
克螨特	10

资料来源：根据相关标准整理。

7.2.2　茶叶养护

（1）茶叶的质量变化。茶叶具有较强的吸湿性、吸附性和陈化性三个基本特性，有些茶还具有后熟性。这些质量特性取决于茶叶在存放中容易发生的质量变化。

1）水分的变化。茶叶中含有的糖类、蛋白质、茶多酚、果胶质等有机成分都是亲水性的，茶叶干燥后形成的多孔性组织使茶叶具有较强的吸附性，能吸收水分。茶叶吸收水分后会使茶叶含水量增加，含水量达到5%时就会使茶叶品质加速劣变，当茶叶水分超过12%时，就会引起霉变。

2）香气、滋味、色泽的变化。茶叶具有多孔性组织，能吸收异味，导致香气和滋味大大降低，严重的还会失去饮用价值。存放过程中，在氧、光、温、湿度的作用下，挥发性的芳香油会慢慢消失，干茶的颜色变得没有光泽，条索松散，茶味变淡，茶汤色变暗、变深，透析度降低，茶叶中的茶多酚和可溶性固形物含量也明显下降，这种现象称为茶叶陈化。茶叶的陈化使茶叶的品质不断降低，存期越长，茶叶陈化程度越严重。

3）外形的变化。茶叶讲究美观造型，如果搬运装卸不能做到轻装轻卸、堆码不考虑包装承压能力，包装不考虑茶叶形态，极易造成茶叶外形的变化。

（2）茶叶的消费养护。茶叶的消费养护有以下内容：

1）选购。春天，适合品饮清香四溢的花茶，一则可以却寒去邪，二则有助于理郁，去除胸中浊气，促进人体阳刚之气回升；夏天，天气炎热，适合饮品凉性的绿茶，可给人以清凉之感，还能收到降温消暑之效；秋天，天高气爽，饮上一杯属性平和的乌龙茶，不凉不热，取红、绿两种茶的功效，既能清除盛夏浊热，又能恢复津液和神气；冬天，天气寒冷，饮杯味甘性温的红茶，或者将它调制成奶茶，可以收到生热暖胃之效。如此安排四季择茶、饮茶，对人体健康大有裨益。

每个人还应该根据自己的体质和口味选择适合自己的茶叶品饮。用药期间最好不要饮茶，避免药效成分与茶发生化学反应。

2）存放。可以到茶叶包装市场购买相应的茶叶储藏容器，袋装食品用干燥剂，将茶叶放入其中，选择阴凉、干燥、清洁、无异味的位置存放即可。高档绿茶和清香型铁观音最好进行合理包装后放入冰箱冷藏保存。

（3）茶叶的销售养护。各大商场、茶城多以散卖形式进行，交易达成后进行零售包装。零售小包装是一种方便于销售的小包装，除一般要求外，还要求携带方便、美观大方，作为礼品的还要富有艺术性。最常见的包装容器有纸袋、纸盒、铁罐、竹筒等。我国的竹制小包装容器，既是包装容器，又是一种工艺品，别具一格。近年来我国也发展了一部分袋泡茶，它是用特制的无毒、无味的滤纸制成小袋，每袋装入一次冲泡的茶叶数量，冲泡时将袋直接放入杯中。

茶叶在零售中也需有短期贮藏，以便周转。零售中的茶叶多数经过分装，这些小包装的茶叶应尽可能地减少与空气直接接触，所以小包装的茶叶应放在干燥、清洁和具有一定密闭条件的容器内，并把它们堆放在干燥、无异味的场所。在货架或橱窗中陈列的茶叶，不宜过多，应随销售随陈列，并防止日晒。高档茶叶应装在密闭的铁皮罐中存放，抽氧充氮，避光冷藏保管。

经营散茶的场所，要注意配备相应的干燥剂、烘干机、除湿机，在茶叶出现含水量超标时进行除湿、去湿的操作。

（4）茶叶的储运养护。茶叶的储运养护有以下内容：

1）标识。销售包装上印有茶类名称、重量、产地、厂名、商标、出厂日期等。运输包装上要有相应的指示标识，如怕晒、怕雨、易碎品等指示性标志。

2）包装。茶叶包装是茶叶产业的重要环节，在茶叶贮存、保质、运输和销售中具有重要作用。茶叶的包装主要有箱装、篓装、袋装和零售小包装。无论哪种包装材料均要求卫生，无异味，包装牢固，封口严密，防止香气散失和回潮。

竹篾编制的箱主要包装紧压茶和副茶。箱内须有衬罐。外销和高级茶多用铝箔衬罐，内销多用 1~2 层牛皮纸包装作为衬罐。外销茶在木箱外还要包以席包、苇包和篾包，用铁丝或铁皮捆扎，刷上唛头。

篓装和袋装主要用于包装内销的一般茶叶。篓外用竹篾捆扎牢固，并附有各种标记。袋装有麻袋包装和布袋包装两种，内衬食品塑料袋，袋口用麻线捆扎牢固，并附有各种标记。

3）运输与贮藏。茶叶在储运的过程中的品质改变，与储运环境条件密切相关。运输应避免强烈振荡、日晒、雨淋，装卸时应轻拿轻放。茶叶商品应贮存在干燥、通风、阴凉和清洁的库房中。

温度控制。库内温度最好为 15℃ 左右，最高不宜超过 30℃，尽量避免温度波动，温度每升高 10℃，绿茶的褐变速度加快 3~5 倍、香气逸散快、不愉快的气味逐渐生成和增加。

湿度控制。库内相对湿度保持在 60% 为宜，茶叶中各种成分的变化以及霉菌的产生与环境相对湿度和茶叶含水量关系密切。相对湿度高，茶叶就会吸湿返潮，影响茶叶品质。

光线。阳光会促进茶叶色素及酯类物质的氧化，能将叶绿素分解成为脱镁叶绿素。

氧。茶叶中的多酚、VC、类酯、醛类、酮类等物质均能进行自动氧化，影响茶叶的品质。运输和贮藏包装可选用气调包装技术。

安全卫生。茶叶属于入口的食品，在储运中不得与有毒、有害、散味物品、有腐蚀性物品和污染物混运、混贮。储运空间内要保持清洁，做好防霉、防虫、防鼠工作。不同类别、不同等级的花茶不可混放，防止串味。

4）堆码与苫垫。堆垛时，下面应垫枕木，离墙至少 50 厘米。避免茶叶受挤压而变形。夏天要经常倒垛，以免垛底的茶叶受潮变质。

5）定期检查。做好仓库和长途运输的茶叶商品品质检查工作，及时发现问题及时处理。在多雨季节，要增加检查次数。

讨论时间

消费者对茶叶质量的要求有哪些？

_____

_____

能力训练

实训：福鼎白茶之白牡丹的采购、仓储、运输、销售基础知识

一、实训内容

项目名称	福鼎白茶之白牡丹的采购、仓储、运输、销售基础知识
时间	60 分钟
场景	慢茶生活—福鼎白牡丹的经营
商品	不同等级的福鼎白茶之白牡丹
目的与目标	1. 能够分析出福鼎白牡丹白茶商品的商品体，能够认识到商品体是商品使用价值的自然属性；能够结合消费者需求提出为此商品提供有形附加物和无形附加物，赋予商品使用价值更多的社会属性；明确卖点是商品使用价值与消费者的契合点，养护的要点是卖点的保护 2. 学会商品资料搜集的方向、方法，学会资料整合的方法与思路 3. 能够结合全面质量管理内容，做好白牡丹茶商品质量检验与认证、储运养护相关资料的收集、分析与整理
要求	1. 组织结构要求 　　小组划分：每组 5 人 　　小组组织结构：组长 1 人 　　　　　　　　　　组员 4 人 采购员需重点掌握的商品知识： 商品分类、商品质量、商品检验、商品标准、商品属性与顾客需求 仓储人员需重点掌握的商品知识： 商品储运特性与环境因素控制、商品检验、商品质量、商品包装 运输人员需重点掌握的商品知识： 商品储运特性与环境因素控制、商品包装 销售人员需重点掌握的商品知识： 商品属性与顾客需求；商品质量的基本要求 2. 文案撰写思路 　（1）商品的构成分析。商品的构成分析如下： 　　核心部分描述：从其外部形态进行等级描述；从化学成分进行功能和营养成分描述；总结消费者对商品体方面的需求 　　形式部分描述：能结合实物和理论明确此商品的有形附加物包含的内容 　　附加部分描述：能结合理论和小组门店实际情况明确提供的商品无形附加物有哪些

续表

项目名称	福鼎白茶之白牡丹的采购、仓储、运输、销售基础知识
要求	（2）商品的使用价值与卖点分析。商品的使用价值与卖点分析如下： 　　商品使用价值：能结合以上三方面的分析描述、结合对使用价值的理解，通过市场细分知识的学习和商品分类知识的学习，明确福鼎白牡丹商品使用价值 　　卖点与养护要点：能够结合消费者需求，明确商品使用价值大小（商品属性与消费者需求的契合）即为商品的卖点，也是流通过程中采购、储运养护、销售的要点 　　（3）商品质量基本要求满足情况分析。食品商品质量的基本要求主要体现在营养价值、安全卫生、感官要求三个方面，在采购、运输、仓储环节要保证这三个方面的不损失、不降低、不改变 　　销售环节食品商品质量的基本要求要想很好地展现给消费者，必须要加上服务，所以服务商品质量的基本要求也要体现在文案里面 　　（4）商品储运特性分析。围绕商品的成分、结构分析商品的储运特性，明确包装和储运条件要求，才能做好仓储和运输工作
准备工作	1. 小组成立—组织结构明确 2. 茶叶耗材称量分配 3. 茶叶销售宣传手册发放
方法	1. 观看视频 2. 示范讲解 3. 撰写文案 4. 学生 PPT 讲解

二、实训步骤

第一步　资料收集

（1）福鼎白牡丹品牌确立与品牌故事查找。

（2）福鼎白牡丹等级知识。

（3）福鼎白牡丹营养与功能成分。

第二步　资料分析

（1）按要求和所学知识分析汇总收集资料。

（2）撰写门店各岗位工作人员所需福鼎白牡丹商品知识文案。

第三步　展示讲解

（1）福鼎白茶白牡丹采购员采购知识文案与 PPT 展示讲解。

（2）福鼎白茶白牡丹仓储员储存知识文案与 PPT 展示讲解。

（3）福鼎白茶白牡丹运输员运输知识文案与 PPT 展示讲解。

（4）福鼎白茶白牡丹销售员销售知识文案与 PPT 展示讲解。

三、操作要求

1. 纸张要求：学院作业纸或 A4 纸。

2.格式要求：字迹要求工整、清晰可辨认；标题居中，正文首行缩两格；落款右对齐，表格形式，内容为小组成员+工作分工+福鼎白茶之白牡丹商品知识。

四、成绩评定

评价内容	分数	自我评价	小组互评	教师评价
PPT设计	2			
文案资料分析	4			
文案格式	2			
语言表达	2			
合计	10			

本章小结

酿酒是用含糖类的原料，经水解后，逐步地转为单糖，然后在不同酵母所分泌的酶的作用下，引起酒精发酵而得到具有色、香、味的产品。按酿制方法分类有蒸馏酒、发酵原酒、配制酒；按酒精含量分类有高度酒、中度酒、低度酒；按经营习惯分类有白酒、黄酒、啤酒、葡萄酒、果酒、露酒等。

白酒中乙醇和水占98%以上，其他主要是醇、酸、酯、醛、酚、芳香族化合物及微量元素等少量活性成分。白酒中的有毒、有害物质主要是杂醇油、甲醇、铅、塑化剂。我国白酒香型主要有清香型、浓香型、酱香型、米香型。白酒的质量评价，基本上采用感官鉴定和理化鉴定。

白酒商品应贮存在干燥、通风、阴凉和清洁的库房中，库内温度宜保持在10℃~25℃，相对湿度保持在75%~85%，温、湿度不宜忽高忽低。不得与有毒、有害、有腐蚀性物品和污染物混运、混贮。贮存时间因白酒的种类、香型、等级不同而不同。酱香型白酒贮存期较长，浓香型白酒约一年以上，清香型白酒仅一年左右。低度白酒随着时间贮存的延长，品质严重下降，口味变淡，回味缩短，甚至出现水味等，使酒体质量下降。

黄酒的主体成分是水和乙醇以及含量较高的糖类、氨基酸、蛋白质、色素等营养成分，还含有少量醇、酯、醛、酸等活性成分。黄酒可按产品风格、原材料和曲药、含糖量、地域、酿造方法等进行分类。黄酒的质量评价，基本上采用感官鉴定和理化鉴定。

黄酒不得与有毒、有害、有腐蚀性、易挥发或有异味的物品同库贮存。黄酒应贮存于阴凉、干燥、通风的库房中，适宜温度为5℃~20℃相对湿度应为60%~70%；不得露天堆放、日晒、雨淋或靠近热源；贮存黄酒的仓库要通风良好、干燥、避光、卫生。

啤酒是以麦芽为主要原料，添加水、酒花、酵母发酵制成的含有二氧化碳、起泡的低酒精度的饮料酒，有"液体面包"之称。其主要活性物质有多糖、蛋白质与氨基酸、鞣酸、香精油、有机酸、B族、酒精、二氧化碳、甘油、高级醇、微生物等。啤酒种类繁多，一般可按啤酒的色泽、麦汁浓度、工艺中是否杀菌等进行分类。啤酒的质量评价，基本上采用感官鉴定和理化鉴定。

啤酒应在5℃~25℃的温度下运输和贮存。啤酒应贮存于阴凉、干燥、通风的库房中；不得露天堆放，不得日晒、雨淋；不得与潮湿地面直接接触，避免与有毒、有害、易腐蚀性、易挥发或有异味的物品混装、混贮、混运。搬运啤酒时，应轻拿轻放，不得摔扔，避免撞击和挤压。

葡萄酒是以鲜葡萄或葡萄汁为原料，经全部或部分发酵酿制而成的、含有一定酒精度的发酵酒。葡萄酒其主要成分有酒精、糖分、有机酸、无机盐、蛋白质和氨基酸、矿物质和维生素、醇类、聚酚等活性物质。葡萄酒可按色泽、含糖量、二氧化碳含量等进行分类。葡萄酒的质量评价，基本上采用感官鉴定和理化鉴定，在我国以感官鉴定为主。葡萄酒储运存放地点应清洁卫生、阴凉、干燥、通风良好；严防日晒、雨淋；严禁火种；防冰冻。用软木塞（或替代品）封装的酒，在储运时应"倒放"或"卧放"。成品不得与潮湿地面直接接触；不得与有毒、有害、有腐蚀性物品同贮、同运。运输温度宜保持在5℃~35℃；贮存温度白葡萄酒以10℃~12℃为宜；红葡萄酒以15℃~16℃为好。最佳贮藏湿度为70%左右。

茶叶就是以茶树的嫩叶或嫩芽经加工制成的干制品，是一种植物性食品。按茶叶加工方法不同和经营习惯，茶叶可分为绿茶、红茶、乌龙茶、花茶、紧压茶和其他六大类茶。

茶叶所含化学成分达500多种，主要有咖啡碱、茶多酚、蛋白质、氨基酸、糖类、维生素、脂质、有机酸等有机化合物，还含有钾、钙、镁、钴、铁、锰、铝、钠、锌、铜、氮、磷、氟、碘、硒等28种无机营养元素。茶叶中各种化学成分组合比例十分协调，是最理想的饮料之一。

茶叶品质的检验主要有感官质量评价和理化检验、安全卫生检验指标三个方面。感官审评分为干茶审评和湿茶审评，理化检验主要是内容物含量检验，安全卫生检验主要是对农药残留、重金属含量等指标的检验。

茶叶具有吸湿性、吸异味性、易陈化等贮藏特性。茶叶在储运的过程中应避免强烈震荡、日晒、雨淋，做好储运环境控制。温度最好为15℃左右，最高不宜超过30℃，尽量避免温度波动；相对湿度保持在60%为宜；避免阳光照射；包装内控制氧气含量；注重安全卫生工作，做好防霉、防虫、防鼠工作；不能与具有气味挥发性的商品混存、混运，防止串味。

知识测试

一、填空题

1. 白酒的香气可分为（   ）、（   ）、（   ）三方面。当鼻腔靠近酒杯口时，白酒中的芳香物质就溢散于杯口附近，很容易使人闻到其香气，这叫（   ）。当酒液进入口腔后，香气即充满口腔，这叫（   ）。当酒液咽下后，口中还余留香气，这叫（   ）。

2. 白酒中的有毒、有害物质主要是（   ）、铅、（   ）、塑化剂等。

3. 黄酒的（   ）、（   ）、（   ）、（   ）依靠人的感官品评来鉴别。

4. 铁罗汉属于（   ）茶。

5. 白兰地的制作原料是（   ）。

二、判断题

1. 冰葡萄酒是将葡萄推迟采收，当气温低于-7℃时，使葡萄在树枝上保持一定时间，待其结冰再采收，并在结冰状态下压榨、发酵、酿制而成的葡萄酒（在生产过程中不允许外加糖源）。（   ）

2. 乌龙茶为半发酵茶，要求具有绿茶的清香和红茶的醇香。（   ）

3. 中度酒是酒精含量在20%以下的酒类。（   ）

4. 啤酒根据酿造中是否杀菌分为黄啤酒和黑啤酒。（   ）

5. 茶多酚的含量一般是嫩叶多于老叶，春叶多于夏秋叶。（   ）

三、选择题

1. 下列属于蒸馏酒的是（   ）。

A. 黄酒　　　　　　B. 五粮液　　　　　C. 啤酒　　　　　D. 葡萄酒

2. 下列属于红茶的是（　　）。

A. 狮峰龙井　　　B. 云南七子饼　　C. 正山小种　　　D. 婺绿

3. 不属于绍兴酒的原料有（　　）。

A. 酒母　　　　　B. 酒药　　　　　C. 酒曲　　　　　D. 糯米

4. （　　）具有陈化性、吸湿性、吸异味性的特性。

A. 绿茶　　　　　B. 啤酒　　　　　C. 白酒　　　　　D. 塑料

5. （　　）的库房温度宜控制在5℃~20℃，相对湿度宜控制在60%~70%。

A. 黄酒　　　　　B. 啤酒　　　　　C. 白酒　　　　　D. 葡萄酒

四、多项选择题

1. 茶叶的主要成分有（　　）。

A. 茶多酚　　　　B. 芳香油　　　　C. 生物碱　　　　D. 氨基酸

2. 下列茶叶中属于烘青绿茶的有（　　）。

A. 普洱　　　　　B. 白牡丹　　　　C. 黄山毛峰　　　D. 太平猴魁

3. 下列关于葡萄酒说法正确的是（　　）。

A. 葡萄酒按酒的颜色分为红葡萄酒和白葡萄酒

B. 半干葡萄酒每升酒含糖在4克以下

C. 原汁葡萄酒全部是由葡萄发酵的产品

D. 起泡葡萄酒一般属于蒸馏葡萄酒

4. 酒按制造方法分类分为（　　）。

A. 酿造酒　　　　B. 利口酒　　　　C. 蒸馏酒　　　　D. 配制酒

5. 关于绿茶说法正确的是（　　）。

A. 绿茶的特征是在初制时采取高温杀青，制止酶对茶多酚的氧化

B. 太平猴魁属于炒青绿茶

C. 绿茶按干燥方法不同分为炒青、烘青和晒青

D. 贡熙产于浙江杭州龙井而得名，是我国著名的绿茶之一

五、概念题

1. 喷香

2. 留香

3. 溢香

4. 失光

5. 冰葡萄酒

6. 贵腐葡萄酒

六、简答题

1. 茶叶的贮藏特性与质量变化。

2. 简述啤酒的分类与质量变化。

3. 简述白酒的分类与质量变化。

4. 简述黄酒的分类与质量变化。

5. 简述葡萄酒的分类与质量变化。

6. 简述各类酒、茶的主要成分。

7. 啤酒的感官审评。

8. 茶叶感官鉴别的方法。

七、论述题

1. 试分析消费者需求与茶叶商品使用价值的关系。

2. 试述各类酒的储运养护。

第8章
粮谷、果蔬、副食品的商品养护

目标分解

知识目标： 了解消费者对粮油副食品最基本的需求

认识粮油副食品的质量特性

掌握粮油副食品的储运养护

技能目标： 初步具备粮油副食品使用价值分析能力

初步具备粮油副食品质量劣变判断的能力

初步具备粮油副食品储运养护管理的能力

素养目标： 培养学生具备一定的团结合作精神

培养学生具备一定的文化素养

8.1 粮谷及其初加工食品

商品故事

五谷文化

"五谷"始见于春秋末年，将文献记载和考古发现相对照可以看到，我国先秦时代主要粮食作物是：粟、黍、菽、麦、稻。

粟，我国北方俗称谷子，原产于我国，后传入欧洲。殷周时期，中原人民以粟、黍为主粮，春秋战国以后，粟、黍的主粮地位逐步下降。

黍，《说文》："禾属而黏者"。是北方的黏米，后来也指南方的糯米。俗称糜子，去壳后的籽粒称为大黄米。在古代，黍是北部、西部地区居民的主要粮食。

菽，《说文》："尗，豆也，像豆生之形。"菽，原作尗，即大豆也。野生大豆是我国东北雨量丰沛或地势低洼地区的原生植物，经过东北、华北地区农民驯化后传入中原。我国是世界公认的栽培大豆的起源地，现今世界各地的栽培大豆都是直接或间接从我国引进的。

麦，甲骨文中"来"是小麦植株的象形，"来"有行来之意，于是来下加足（夌），作为小麦的名称。麦原产于西亚，对中原来讲是引进物。麦的种植到商周时期有了进一步发展。取代了粟、黍的地位，称为我国仅次于水稻的第二大粮食作物。

稻，水稻是南方百越族系先民首先从野生稻驯化来的，长期是南方人民的主粮。在野生稻的驯化栽培过程中，我国历史最为悠久，在北宋时期，稻子称为五谷之首，目前仍是我国第一大粮食作物。

资料来源：根据网络资料整理。

思考：为什么麦、稻称为主要的粮食作物？它能给人们提供哪些营养物质？

知识储备

8.1.1　粮谷商品基础知识

在我国居民的膳食中，谷类是热量和蛋白质的主要来源，所占比例分别为60%~70%和60%，同时也是维生素B族的重要来源。

（1）粮谷分类。粮谷类主要包括稻谷、小麦、黑麦、大麦、荞麦、玉米、高粱和粟米等。

根据加工特点可将粮谷分为制米类、制粉类。制米类有稻谷、高粱、粟谷、玉米等；制粉类有小麦、大麦、燕麦、荞麦等。其中稻谷种植面积分布在南、北方，有很多品质优良的品种，是居民餐桌上的主要主食。根据植物学性状可分为籼米、粳米、糯米。根据生长季节可分为早稻、中稻、晚稻。根据生长环境可分为水稻、深水稻、旱水稻。根据米粒外形可分为长粒米、短粒米。根据加工程度，可分为糙米、精白米。

（2）粮谷的营养成分及其变化。粮谷是有生命的有机体，营养物质主要有碳水化合物、蛋白质、脂类、维生素、矿物质、酶、色素和水分等。由于粮谷品种不同，其化学成分存在着很大的差异。一般来讲，谷类以淀粉为主。

碳水化合物是粮谷中最重要的贮藏物质之一，在粮谷发芽时，供给胚生长发育所必需的养料和能量。碳水化合物也是为人体提供热能的主要物质，在人类膳食中，由碳水化合物提供的能量占全部能量的 60%~70%。在储运工程中，粮食及其加工品中的糖类物质变化不是特别明显。在高水分的粮食中，在酶的作用下，非还原糖含量降低，淀粉发生变化，导致大米食品品质降低。高温、高湿条件下小麦中的蔗糖、葡萄糖、果葡二糖含量都下降，只有在水分为 35.4% 的小麦样品中麦芽糖才显著增加。

蛋白质也是粮谷中最重要的化学成分。粮谷中蛋白质含量因粮谷种类、品种和成熟度不同而有很大差异。一般谷类粮食含蛋白质在 15% 以下，而豆类中蛋白质含量可高达 30%~40%。如稻谷为 5.6%，小麦为 8.4%~13.1%，而蚕豆为 16.8%~26.4%，豌豆为 12%~39.7%，大豆可达 40% 左右。可见，豆类中的蛋白质含量高于谷类，粮谷是我国人民获得蛋白质的主要来源。蛋白质的量与质的变化会导致粮食的质量裂变。量变表现为不同种类蛋白的含量增减。质变表现为溶解性降低，被人体的消化率降低。

【引例 8-1】蛋白质的存在与变化

存在：将和好的面团用水揉洗，洗掉淀粉与麸皮及其他可溶性物质，剩下的就是面筋，其主要成分就是蛋白质。面粉中面筋含量高，面团有弹性，发酵作用好，制成品食用价值就好。

量变：新收获的小麦醇溶蛋白含量高，经过后熟，谷蛋白含量逐渐增加，这种变化与小麦品质逐步改善密切相关。

质变：水分为 11℃ 的小麦，在 24℃ 条件下储藏密封罐中两年，蛋白质消化率下降 8%。

资料来源：根据资料整理。

脂类是粮谷中又一类重要的化学成分，其主要是脂肪，此外还有类脂物和脂肪伴随物。因粮谷种类的不同，脂肪在粮谷成分中所占的地位也各有不同。对用于榨油的大豆，脂肪含量是影响其使用价值的重要因素，而对其他谷物和豆类则不是主要成分。粮谷中脂肪的含量以大豆为最多，含 17%~20%，其他谷物中脂肪含量均较低，如稻谷为 2.0%~2.5%，小麦为 1.0%~2.30%，玉米为 1.5%~4.8%。粮食中的脂类也会在存放中发生氧化酸败，产生大米的米臭味和玉米粉的哈喇味。禾谷类籽粒中脂肪含量较低，一般为 1.5%~2%，燕麦和玉米可达 5%~6%，经过精加工之后含量降低，所以在禾谷类及其加工品中脂肪氧化酸败的影响相对较小；但对于含有麦麸和麦胚的谷物产品或全麦粉中，酸败影响品质明显，要注意控制。

粮谷中含有维生素 A、维生素 D、维生素 E。维生素 E 广泛存在于粮谷种子的胚中，尤其是小麦胚中的含量丰富，因此维生素 E 又叫"麦胚醇"。B 族维生素都是粮谷中广泛存在的维生素，它们主要集中在胚、皮层、糊粉层和子叶中。因此，谷类加工越细、精度越高，维生素损失越多。粮谷中的维生素与粮食的储藏条件和粮谷本身的水分含量有一定的关系。原粮中维生素均较为稳定，但在成品粮中易于分解。

【引例 8-2】小麦中维生素的变化

在室温条件下，水分含量为 17% 的小麦 5 个月后损失 30% 的维生素 B_1；维生素 E 在不良储存条件下损失较大；维生素 A 在储藏过程中损失较大，即使在低温下含量也可能降低。

资料来源：根据资料整理。

粮谷中矿物质含量一般为 1.5%~5.5%，其中带壳的谷类（如稻谷、燕麦）矿物质含量较高。多含于表皮、糊粉层中，胚含量次之，胚乳中含量最少。因此，在粮谷加工中，可以根据加工成品中（如大米和面粉）矿物质含量的多少来鉴定其加工精度，矿物质含量越低，表示精度越高，质量越好；反之，则精度低，质量差。据分析，粮谷中含有 30 种以上的矿物质元素，其中含量较多的一般元素，如钙、镁、钾、钠、铁、磷、硫、硅、氯等；此外还含有极少的微量元素，如锰、锌、铝、铜、镍、钴、硼等。

酶是生物体自身产生的一种特殊活性蛋白质，含量极少，却具有高度的催化能力，被称为生物催化剂。一切生物体内物质的分解与合成，都是在酶的催化下完成。所以，酶是生物新陈代谢的内在基础。粮食中的酶主要有淀粉酶、蛋白酶、苹果酸脱氢酶、合成酶类、氧化酶类。蛋白酶对啤酒品质有较大影响；苹果酸脱氢酶是推动氧化还原反应产生能量的主要酶系。随着储藏时间的延续，酶的活性逐渐降低，当大于 20% 的脱氢酶失去活性时，小麦不在适合制作高质量的面包。粮谷所出现的呼吸作用与化学成分的分解转化以及粮谷的发芽、脂肪酸氧化内在原因就是酶的存在及其催化作用引起的反应。如果酶的活性被破坏了，粮谷的生命活动的这些变化也就停止了。淀粉酶对谷物的食品品质影响较大，含水量高的粮谷，其淀粉酶活性较高，粮谷品质容易裂变；氧化酶类能把脂肪中不饱和脂肪酸氧化成过氧化物，使面粉和大米产生苦味。

（3）粮谷的品质变化。粮谷的品质变化主要有两种：

1）感官特性变化。感官特性变化有：

形态上的变化。粮食在贮藏过程中，籽粒的形态会发生变化，如小麦和玉米的胚部会发生萎缩、胚乳变得不充实、外皮发皱、体积变小、小麦的腹沟变浅等。

色泽上的变化。正常条件下，粮食的色泽是比较稳定的，但在不适宜的环境下储藏，常会发生褐变、黄变、点翠等品质变化，如大米颜色由纯白、透明而有光泽变为灰暗浑浊；小麦出现黑胚；玉米出现点翠。在正常条件下储存，小麦粉会自行由微黄变为白色；大豆储藏时间较长或经过高温季节会出现"红眼"，之后子叶红色还会加深俗称"赤变"。

气味的变化。粮食是容易变味的食品，其气味物质有 100 多种。陈米的主要气味物质是羰基化合物，其中戊醛和乙醛是表征大米陈化与裂变，并影响米饭风味的主要成分。新米的主要气味物质是硫化物，大米挥发性硫化物的减少，被认为是陈化的现象之一。

看板：谷物颗粒结构

谷物颗粒是由谷皮、糊粉层、胚乳和胚四部分组成（指除去谷壳的谷物颗粒）。谷皮亦称表皮或糠皮，位于谷粒的最外层，由较坚硬的木质化细胞壁组成，对胚乳和胚有保护作用。糊粉层位于谷皮内部，由大型多角细胞组成。胚乳位于谷粒的中部，一般占谷粒重量的 80% 左右，由许多大型薄壁细胞组成。胚位于谷粒下端，由胚芽和胚根组成，是谷粒的萌发部分，在适宜条件下会萌发生芽，成长为植株。

资料来源：郑永华. 食品贮藏保鲜［M］. 北京：中国计量出版社，2006.

2）食用品质变化。食用品质变化有：

色泽。一般情况下，新米做成的饭有光泽、半透明，陈米做成的饭缺少光泽，且浑浊。

香气和味道。随着贮藏时间的增长，米发生陈化，煮饭时吸水快，米粒膨胀不均匀，因而食味不良，如储存时间过长，还会产生陈米臭味。

黏度。黏度与蛋白质、淀粉、脂类等有关，主要取决于淀粉空间网状结构，随着贮藏时间增长，品质下降，黏度也随着降低。

8.1.2 粮谷的养护

粮谷在储运过程中其主要营养成分不是静止不变的，随着时间的推移和环境的不适宜，发生着各种变化，最终表现为其品质的改变，所以，粮谷具有一定的储存特性。

（1）粮谷的贮藏特性。粮谷的贮藏特性如下：

1）吸附与吸湿性。粮谷的吸附性与吸湿性是由粮谷的结构和成分决定的。粮谷是多孔性物质，成分中糖类和蛋白质等属于亲水胶体物质，这些因素促使粮谷容易吸收空气中的水分和其他异味，造成含水量的增高和异味、有害气体的感染。粮谷含水量增加，在一定温、湿度条件下，会增强呼吸强度，利于霉菌与害虫的繁殖，引起发热、发芽、霉变、虫害。粮谷在外界湿度小时，会散发水分；粮谷吸附了异味后，气体散失很慢，甚至不能散失，如受香料、煤油、咸鱼和某些农药、熏舱药物等异味感染后，都不易散失，会影响食用或不能食用。

2）呼吸作用。粮谷是处于休眠状态的活的有机体，靠呼吸作用获得能量以维持生命。呼吸强度受粮谷的水分、温度、空气成分、籽粒状态等因素影响，其中水分是最重要的因素。在一定范围内，粮谷水分增大，能促进呼吸加强。干燥谷物呼吸作用极为微弱，当水分超过安全水分时，呼吸强度骤然增强。温度为0℃~50℃时，呼吸强度随温度上升而增强，适宜温度为20℃~40℃。空气中氧含量充足则呼吸强度大。适当增加二氧化碳（或氮气）的比例，则可减弱呼吸作用。新糙、瘪粒、破碎粒、虫蚀粒及生过芽、受过冻伤、表面粗糙、带菌量高的籽粒呼吸作用较强。粮谷呼吸作用愈强，营养物质的消耗愈多，会使质量降低、粮温增高，不利于保持粮谷的食用品质。

3）易霉变。粮谷是微生物良好的营养基质，粮谷本身及杂质、害虫都带有大量的微生物，微生物大量活动的结果导致粮谷出现变色、变味、发热、生霉以及霉烂等霉变现象。微生物一般以粮谷超过安全水分、温度为 25℃~35℃时生长最快，低温、干燥环境对微生物有抑制作用。

4）易受虫害作用。粮谷很容易感染害虫。害虫不仅蛀食粮谷，引起重量损失和品质降低，而且害虫在取食、呼吸、排泄等生命活动中，散发热量和水分促使结露、生芽、霉变现象发生，所产生的分泌物、粪便、尸体、皮屑等还会污染粮谷。粮谷的主要害虫是米象、谷象等，还常遭鼠咬、鸟食。

5）发热性。粮谷在储运中，粮堆温度不正常上升的现象，称为粮谷发热。粮谷发热是粮谷内生物体（包括粮谷、微生物、害虫）进行呼吸作用产生热量积聚的结果。如果粮堆内热量产生比散失快时，粮温就会增高。同时，粮温的增高又为生物体的旺盛呼吸创造了条件，这样就会产生粮堆自身促进发热的现象。粮谷发热主要分为两类：一是干燥粮谷发热，由粮谷及昆虫引起。粮谷因本身呼吸引起的发热一般温度在 30℃左右，发热明显的是由混入粮谷中的昆虫所引起，粮温一般可升至 42℃左右。二是潮湿粮谷发热，由微生物促成。粮温可达 50℃~55℃，最高可达 65℃，粮谷的发热常以此类居多。

6）陈化性。粮谷随着储存期的延长，由于酶的活性减弱，呼吸降低，原生质胶体结构松弛，物理化学性状改变，种用和食用品质变劣，这种由新到陈、由旺盛到衰老的现象，称为粮谷的陈化。粮谷陈化，既是粮谷本身的生理变化，又是其本身生化变化的自然现象。粮谷陈化的深度与保管时间成正比。高温、高湿，杂质多，虫、霉滋生，易加速粮谷的陈化。

7）散落性和下沉性。粮食在自然形成粮堆时，向四面流动成为一个圆锥体的性质称为粮食的散落性。其原因是粮粒之间的内聚力很小。粮谷散落性的大小与谷粒的大小、形状、表面的状态、含水率、杂质以及外力等因素有关。

粮食的散落性在粮食储藏、装卸、运输及储藏设施的设计中都是一个重要因素。储藏期间散落性的变化，可在一定程度上反映粮食的稳定性。安全储藏的粮食总是具有良好的散落性。如果粮食出汗、返潮，水分增大，霉菌滋生，就会使散落性降低；严重的发热结块会形成 90 度角的直壁状，完全丧失散落性。

散落性好的粮食，在运输过程中容易流散，对于装车、装船、入仓、出库操作较方便，可节省劳动力与时间。但是散落性较大的粮食对装粮容器的侧压力也大。装粮时对散落性大的粮食就要降低堆装高度，对散落性较小的粮食则可酌情增加高度。

粮谷间因有空隙，受外力作用后会产生表面下沉，这种特性称为下沉性。粮谷的下沉性与孔隙度（孔隙体积与粮堆体积的百分比）直接有关。谷物的下沉性不但影响舱内谷物的实际重心位置，而且使已经装满的舱室出现空隙，使谷物出现自由流动的表面，在散落性的作用下直接影响海运船舶稳定性和航行安全。

（2）粮谷的储运养护。粮谷的储运养护有以下内容：

1）储运前的准备工作。对仓库、船舱、集装箱、设备、器材和用具等进行检查，确认仓库、船舱、集装箱等门窗完好，所有设备处于适用状态。

对存储区及作业区应清洁干净，清除仓内残余粮粒、灰尘、杂物，填堵孔、洞、缝隙，保证清洁、干燥、严密、无异味。存储区、作业区、设备、包装、输送设备上有活虫或虫卵时，应施用空仓杀虫剂或熏蒸进行杀虫处理并做好隔离工作，保证无虫害。

装粮用麻袋应符合 LS/T3801 的规定，编织袋应符合 GB/T8946 的规定。

了解好储运期间是否与其他货物混装，严禁与易散发水分货物、易散发热量货物、有异味物、污秽货物、有毒货物以及影响谷物质量的其他货物混装。

2）储运前的检验工作。承运前，加强对粮谷质量的检查，防止接受含水量超标、发热、霉变、有虫害的谷物，以免扩大损失。具体指标如下：

粮谷应达到干燥、饱满、杂质含量低的基本要求。质量应符合国家质量标准规定，水分含量应符合当地安全水分要求。卫生质量应符合 GB2715 的规定。详见表 8-1。

表 8-1　常见粮种的水分与杂质含量标准

粮种	水分（%）	杂质（%）
稻谷	13.5	0.5
小麦	12.5	0.5
高粱	13.0	0.5
玉米	13.5	0.5

3）储运中的养护。储运中要注意以下几个因素：

温度测量。温度测量包含了粮堆温度、存储空间气体温度和外部空气温度。对存储空间的温度要求一般为 10℃~15℃。

定时测量粮谷堆的温度、空间温度、外部温度，并根据外界条件进行正确通风以散发热量和防止出汗。粮堆温度在 15℃及以下时，安全粮谷 15 天内至少检测一次，半安全粮谷 10 天内至少检测一次，危险水分粮谷五天内至少检测一次；粮谷温度高于 15℃时，安全粮谷七天内至少检测一次，半安全粮谷五天内至少检测一次，危险水分粮谷每天至少检测一次 。新收购的粮谷，三个月内要适当增加检测次数。

湿度测量。采用干湿球温度计或其他湿度计对存储空间和空间外进行相对湿度的检测。对存储空间的相对湿度要求为 70%~80%。

堆码苫垫。对于袋装的粮谷，要结合包装的承压能力，秉着安全、方便、多储的原则在合理的高度内堆码。做好苫垫工作，以防止地面的潮气、阳光、雨雪对粮谷的影响。

安全防火。严禁吸烟、明火和燃放烟花爆竹，严禁在粮堆附近进行氧焊、电焊作业。因工作需要的，必须办理审批手续，并采取相应的防火措施。严禁堆放易燃易爆物品，易燃易爆物品必须远离粮库，在指定地点集中妥善保管。

讨论时间

（1）为什么麦、稻成为主要的粮食作物？

_____

_____

（2）大米和面粉能提供给人类哪些营养物质？

_____

_____

8.2 果蔬

顾客需求与苹果卖点

摊主一

老太太去买菜，路过水果摊，看到卖苹果的摊主，就问道："苹果怎么样啊？"

摊主回答："我的苹果特别好吃，又大又甜!"

老太太摇摇头走开了（只讲产品卖点，不探求需求、都是无效介绍，做不了单）。

摊主二

老太太又到一个摊子，问："你的苹果什么口味的？"

摊主措手不及："早上刚到的货，没来得及尝尝，看这红润的表皮应该很甜"。

老太太二话没说扭头就走了（对产品了解一定是亲自体验出的，亲自体验感受出的才是卖点。只限于培训听到的知识，应对不了客户）。

摊主三

旁边的摊主见状问道："老太太，您要什么苹果，我这里种类很全!"

老太太："我想买酸点的苹果"。

摊主："我这种苹果口感比较酸，请问您要多少斤？"

老太太："那就来一斤吧"。

摊主四

这时她又看到一个摊主的苹果便去询问："你的苹果怎么样啊？"

摊主："我的苹果很不错的，请问您想要什么样的苹果呢（探求需求）？"

老太太："我想要酸一些的。"

摊主："一般人买苹果都是要大的、甜的，您为什么要酸苹果呢（挖掘更深的需求）？"

老太太："儿媳妇儿怀孕了，想吃点酸的苹果。"

摊主："老太太您对儿媳妇真是体贴啊，将来您儿媳妇一定能给您生一个大胖孙子（适度恭维，拉近距离）。几个月以前，附近也有两家要生孩子的，她们就来我这里买苹果（讲案例，第三方佐证），您猜怎么着？这两家都生了个儿子（构建情景，引发憧憬），你想要多少（封闭提问，默认成交，适时逼单，该出手时就出手）？"

老太太："我再来两斤吧。"

老太太被摊主说得高兴了（客户的感觉有了，一切都有了）。摊主又对老太太介绍其他水果。

摊主："橘子也适合孕妇吃，酸甜适中，还有多种维生素，特别有营养（连单，最大化购买，不给对手机会），您要是给儿媳妇来点橘子，她肯定开心（愿景引发）！"

老太太："是嘛！好那就来三斤橘子吧。"

摊主："您人可真好，儿媳妇要是摊上了您这样的婆婆，实在太有福气了（适度准确拍马屁，不要拍到马蹄子上）！"

摊主称赞着老太太，又说他的水果每天都是几点进货，天天卖光，保证新鲜（将单砸实，让客户踏实），要是吃好了，让老太太再过来（建立客户黏性）。

老太太被摊主夸得开心，说"要是吃得好，让朋友也来买。"提着水果，满意地回家了。

资料来源：多说一句，创造了销售的奇迹［EB/OL］. http://wenku.baidu.com/view/7092f4bc87c24028915fc398.html.

思考： 消费者对水果的需求有哪些？

知识储备

8.2.1 果蔬商品基础知识

（1）水果的分类。水果的种类繁多，按经营习惯和果实构造不同，水果分为仁果类、核果类、浆果类、柑橘类、瓜类、热带水果类、进口水果类。

1）仁果类。仁果类的水果其果实由果皮、果肉、五室子房构成。种子室壁为薄膜状，室内有不带硬壳的种仁，故名仁果。仁果类水果，比较耐贮藏。常见仁果类水果有苹果、梨、枇杷、沙果、香果、海棠等。

2）核果类。核果类的水果其果实由外果皮、中果皮、内果皮和种子构成，外果皮较薄，其食用部分主要是肉质中的中果皮，内果皮形成木质硬壳，内包种子，故称核果。核果类果实成熟后，果肉变软，柔嫩多汁，正值炎热夏季采摘，因而不适合长期储藏。常见核果类水果有桃、杏、李、樱桃以及属李科的枣。

3）浆果类。浆果类的水果其果实形状较小，果实成熟后果肉呈浆液状，故称浆果。由于果肉呈浆状，易受机械损伤，呼吸和蒸腾作用旺盛，难以储运。常见浆果类水果有葡萄、草莓、树莓、醋栗、猕猴桃、桑葚、无花果，热带和亚热带生长的香蕉、杨桃、龙眼、荔枝等。

4）柑橘类。柑橘类的水果其由外果皮、中果皮、内果皮、种子构成。外果皮与中果皮界限不清，粘连在一起，其中外层为黄皮层，外覆蜡质，内油胞（含芳香油）外皮颜色有鲜黄、淡黄、橙黄及橘红等。内层为白皮层，系白色海绵状组织，内含大量果胶，并有维管束（橘络），其厚薄因品种而有很大差异。内果皮组织成瓣瓣状果肉，一般由6~12瓣组成。每一瓣瓣外包薄膜，其内侧生长许多肉质化的小瓣囊，又称沙囊，果汁即含在瓣囊中。常见的柑橘类果实有柑橘、甜橙、柚和柠檬。

柑橘类水果比较耐贮藏，但不同种类、品种之间也存在很大差异，一般情况下，柠檬、柚极耐藏，其次是甜橙、柑，最后是橘。

5）瓜类。瓜类是我国商业部门水果经营的一大类别，主要有西瓜类、甜瓜类、蜜瓜类。瓜类果蔬具有后熟性，随着时间的推移，果实果皮的厚度逐渐变薄，质量损失逐渐加大。贮藏期较短，如西瓜于九成半成熟度采收，远程运输要控制在三天以内；已经成熟的西瓜采收后只能当地销售。

6）热带、亚热带水果类。按照水果生长环境的不同可将水果分为热带水果、亚热带水果、温带水果。随着人们生活水平的提高，温带地区的市场上也常见热带水果和亚热带水果，主要品种有荔枝、大核龙眼、小核龙眼、金凤梨、杨桃、帝王蕉、菠萝、火龙果、榴莲、椰子、莲雾、青枣、芒果等。

7）进口水果。进口水果顾名思义非本土水果。结合当地消费者的需求，常见的进口水果主要有红蛇果、青蛇果、黑布朗、红布朗、青贝梨、澳芒、澳橙、红提、青柚、车厘子、加力果等。

（2）蔬菜的分类。蔬菜的种类繁多，食用部分分属于植物的不同器官及不同的发育阶段和生态型。在这里采用植物的可食用器官进行分类。

1）根菜类。根菜类是以肥大的变态的肉质根部作为食用的蔬菜。因为是贮藏养分的器官，均富含多糖类。常见的根菜类有直根类的萝卜、芥菜头、胡萝卜、紫萝卜头、辣根、牛蒡、美国防风等，还有块根类的豆薯、葛等，一般来说，这些蔬菜耐贮藏。

2）茎菜类。茎菜类是以肥嫩而含有丰富养分的变态茎部作为食用的蔬菜，如地上茎类的莴苣、茭白、榨菜等；嫩茎类的冬笋、竹笋、香椿、石刀柏等；地下茎类的莲藕、姜、慈姑、芋头、马铃薯等。一般来说，除嫩茎类外，其他茎菜类都比较耐贮藏，尤其是地下茎类。

3）叶菜类。叶菜类是以叶片和肥嫩叶柄作为食用的蔬菜，是品种最多、消费量最大的一类蔬菜，如普通叶菜类的小白菜、菠菜、芥菜等；结球叶菜类的大白菜、大头菜；鳞茎叶菜类的大蒜、葱头、百合等；香辛叶菜类的大葱、韭菜、香菜、茴香等。一般来说，除结球叶菜、鳞茎状叶菜类外，其他叶菜由于叶片面积大，含水量高，生理活动旺盛，大多容易失重、失鲜，不耐储藏；鳞茎状叶菜长期贮藏后容易抽薹，结球叶菜中的大白菜容易脱帮、菜心萌发抽薹。

4）果菜类。果菜类是以果实和幼嫩的种子作为食用的蔬菜，如茄果类番茄、茄子和辣椒等；瓜类的黄瓜、冬瓜、南瓜、丝瓜、苦瓜等；豆类的菜豆、豇豆、豌豆、刀豆、蚕豆、毛豆等。豆类和茄类中的茄子以及瓜类中的黄瓜、苦瓜、西葫芦、丝瓜、佛手瓜等一般采收未成熟果实食用；瓜类中的南瓜、冬瓜等和茄类中的番茄、红椒、青椒等一般采收成熟果实食用。一般来说，多数果菜类易发生低温冻害，不易长期贮藏，但也有例外，如南瓜。

5）花菜类。花菜类是以幼嫩的花器和花枝为食用的蔬菜，种类不多，常见的有黄花菜、菜花。一般来说，菜花经储存保鲜可以常年供应市场。但因菜质柔嫩，易受机械损伤而发生褐变。

6）食用菌类。食用菌是一类可供食用的低等植物的总称，属于药膳两用的食品。常见的有蘑菇、香菇、木耳、金针菇、猴头菇等。鲜的食用菌含水量高，组织细嫩，呼吸强度大，营养物质消耗快，极易腐烂和老化变质，耐贮藏性能很差，不适合长期贮藏。

（3）果蔬的成分。果蔬中含有多种化学成分，它们的含量及其组成比例直接决定着果蔬的质量和风味特点以及营养价值，并且与果蔬的贮藏、运输和加工等也有着密切的关系。

果蔬的主要化学成分，包含在果蔬细胞液中的有：糖、有机酸、含氮物、果胶、色素、多酚类物质、芳香物质、矿物质和水等；组成果蔬细胞壁的有：纤维素、半纤维素、原果胶等。前者决定果蔬的营养价值。作为鲜活食品的果蔬还普遍含有多种酶，这对果蔬的贮藏性能及使用品质也有着重要的影响。

【引例 8-3】果蔬中主要成分的含量

（1）矿物质含量。蔬菜中的矿物质含量分别为：根菜类 0.6%~1.1%，茎菜类 0.3%~2.8%，叶菜类 0.5%~2.3%，花菜类 0.7%~1.2%，果菜类 0.3%~1.7%；果品中的矿物质含量分别为：仁果类 0.2%~0.9%，核果类 0.4%~1.8%，浆果类 0.2%~2.9%，柑橘类 0.3%~0.9%，坚果类 1.1%~3.4%，瓜类为 0.2%~0.45%。

（2）不同果蔬的糖类物质。仁果类以果糖为主，葡萄糖和蔗糖次之；核果类以蔗糖为主，葡萄糖次之，果糖最少；浆果类含有等量的葡萄糖和果糖；柑橘类以蔗糖为主；番茄以葡萄糖为主，果糖次之，蔗糖很少或没有；甜瓜、胡萝卜以蔗糖为主；西瓜以果糖为主；甘蓝以葡萄糖为主。

（3）单宁含量对比。李子：未成熟果单宁含量 0.32%，成熟果 0.22%，过熟果 0.10%，常见的水果中苹果、葡萄、李子、柿子，单宁物质含量比较高。

资料来源：根据相关资料整理。

网络资源 11：请链接网址查看果蔬的主要成分。

8.2.2 果蔬的鲜度管理

（1）呼吸作用。呼吸作用的强弱与果蔬的品种与种类、成熟度、水分含量，环境的温、湿度、气体成分，作业操作中的机械损伤等因素有关。

1）品种与种类。不同种类的果蔬农产品，具有不同的呼吸强度，呼吸强度越高，贮藏性能越差。

晚熟品种呼吸强度低于早熟品种，夏季成熟的品种呼吸强度高于秋冬季节成熟的品种，南方的品种呼吸强度高于北方品种，因此早熟、夏季成熟、南方盛产的果蔬不耐储运。

球茎、鳞茎、块茎等蔬菜属于植物营养贮藏器官，其采摘后呼吸作用相对较小，因此比较耐储运。

叶菜类蔬菜也是植物的营养器官，但它的作用主要就是进行呼吸和蒸腾作用，有的还具有吸收和营养繁殖的功能。采收后，由于叶片具有扁平而薄的结构，分布着大量的气孔，气体交换迅速，其呼吸和蒸腾作用仍然十分旺盛，又失去了植株营养的供给，故极易萎蔫、黄化、腐烂，特别是幼嫩叶菜，组织发育尚未完善，不易长时间储运。

球茎、鳞茎、块茎、种子类蔬菜具有休眠特性，处于休眠期时，呼吸作用减弱，使其具有一定的耐贮藏性。

果菜类属于植物的幼嫩果实，表层保护组织不完善，采后水分蒸腾快导致果菜代谢失常，呼吸底物增加，进一步刺激呼吸作用，容易遭受微生物的侵染。同时，由于采后果实的生长及营养成分的转化，导致果实容易变形并发生组织纤维化，降低食用品质。而成分成熟采收的冬瓜、南瓜等蔬菜，由于其新陈代谢已经降低，且表皮形成了角质层、蜡粉等保护组织，因此较耐贮藏。

果品的结构不同，贮藏性能亦有差别。果品果皮较厚且致密，果面密被茸毛、蜡质等保护，果肉质地较硬，肉质致密，水分含量低的果实耐储运。一般来讲，果品中的呼吸强度以浆果类最强，其次为核果类，仁果类呼吸强度最小。柑橘品种中柠檬类、柚类最耐贮藏，其次是甜橙类，再次是柑类，耐贮性最差的是宽皮橘。

2) 成熟度。一般来讲，果蔬的幼嫩组织仍处在细胞分裂和生长阶段，其代谢旺盛，且保护组织尚未发育成熟，便于气体交换而使组织内部供氧充足，呼吸强度较高。当农产品达到生理成熟度后，随着成熟度的增加，产品内容物代谢分解增加，果品质地软化，储运性能较差。

一般具有明显后熟作用的果蔬，如苹果、香瓜、香蕉、番茄、猕猴桃、西瓜、桃子、梨、柿子等，只要达到采收成熟度即可采收，通过控制环境因素，延缓其后熟进程，提高此类果蔬的贮藏期。

对于不具有明显后熟作用的果蔬，如樱桃、葡萄、菠萝、草莓、甜橙、温州蜜柑等，则适于达到食用成熟度时进行采摘，采摘后即可供当地消费，但却不适于长途储运。

3) 水分含量。果蔬本身含有丰富的水分，水分是保持果蔬生命活动的根本，因为水使蛋白质膨润，使细胞、膜、酶保持稳定，从而维持一切正常的生物化学反应。

当农产品出现萎蔫时，水解酶活性提高，块根、块茎类蔬菜中的大分子物质加速向小分子转化，呼吸底物的增加会进一步刺激呼吸作用，如风干的甘薯变甜，就是由于脱水引起淀粉水解为糖的原因。但对于大白菜、菠菜、温州蜜柑轻微的失水有利于抑制呼吸。

4）温、湿度。呼吸作用对温度极为敏感。在一定的温度范围内（0℃~35℃），温度与呼吸强度变化呈正比关系。果蔬进行呼吸作用最适宜的温度为25℃~30℃，当超过45℃时，呼吸强度明显下降，当温度逐渐降低，呼吸强度减弱，当温度忽高忽低的时候，呼吸作用会明显增强。低温有助于果蔬的储运，确定储运温度应注意不出现低温伤害为限度，不同种类的果蔬不能放在同一温度条件下，储运期间，要尽量保持温度恒定，允许波动范围为±0.5℃。

与温度相比，湿度对呼吸的影响较为次要，由于不同种类的农产品对湿度的反应不同，因此无法得出两者之间的确切关系，但湿度对呼吸强度仍具有一定的影响。环境湿度的变化影响着果蔬的含水量，进而影响果蔬的呼吸作用。也影响着后熟果蔬的是否能够正常晚熟。

5）气体成分。正常的空气中的氧气大约占21%。环境中的氧气含量对果蔬商品的呼吸作用有直接的影响（见表8-2）。

表8-2　呼吸作用与氧气含量关系

氧气浓度	有氧呼吸	无氧呼吸	适宜果蔬
16%<氧气<21%	无抑制作用		
7%<氧气<10%	显著抑制	存在	热带、亚热带
2%<氧气<7%	较大幅度抑制	存在	一般果蔬
2%<氧气	抑制	旺盛	

空气中的二氧化碳占0.03%，高于此浓度的二氧化碳对果蔬的呼吸作用必有抑制作用，也能钝化果蔬对乙烯的敏感性，降低乙烯的生理作用，但浓度过高也会引起果蔬代谢异常，产生生理障碍，如苹果、黄瓜的苦味，西红柿、蒜薹的异味，果实表皮出现不规则褐斑等。对于多数果蔬来说，适宜的二氧化碳浓度为1%~5%。

果蔬在储运期间，组织自身代谢可以释放乙烯，这对于一些对乙烯敏感产品的呼吸作用有较大的影响，从而加快果蔬成熟和衰老。可以选择在果蔬贮藏空间内适当通风换气或放入乙烯吸收剂，排除乙烯防止其过量积累，可以延长果蔬贮藏时间。

在不干扰组织正常呼吸代谢的前提下，适当降低贮藏环境中氧气浓度或适当增加二氧化碳浓度，可有效地降低呼吸强度、抑制乙烯的生物合成和延缓后熟现象的出现，可延长果蔬的贮藏寿命，更好地维持果蔬的品质，这是气调贮藏的基本原理。

6）机械损失。果蔬在采收、分级、包装、运输和贮藏过程中，果蔬商品常会受到挤压、振动、碰撞、摩擦等损伤。这些会引起呼吸加快以促进伤口愈合。损伤程度越高，呼吸越强。另外，伤口细胞破裂，聚集大量营养物质，为微生物的生长提供良好条件，最终导致果蔬呼吸强度增高、发热以致腐烂。

（2）蒸腾作用。蒸腾作用与果蔬的组织结构，环境的温、湿度、风速，作业中的机械损伤等因素有一定关系。

1）果蔬组织结构。果蔬的蒸腾作用与果蔬的比表面积、皮孔和气孔、角质层和蜡质层、表皮细胞有一定的关系。

比表面积。比表面积一般是指单位重量的器官所具有的表面积。植物蒸腾作用的物理过程是水分的蒸发，而蒸发是在表面进行的，比表面积越大，相同重量的产品所具有的蒸腾面积就越大，而失水就越多。叶片的比表面积要比其他器官大出很多，因此叶菜类在储运过程中更容易失水萎蔫。块根、地下茎、球根和成熟果实等比表面积比较小，则蒸腾较缓慢。同一器官个体小的比个体大的失水相对多一些。

角质层和蜡质层可以降低水分蒸腾和营养物质外渗，也可以防止微生物的侵害。角质和蜡质因果蔬种类、品种、生育阶段而不同。幼嫩器官表皮层尚未发育完全，主要成分为纤维素，容易透水，随着器官的成熟，角质层加厚，失水速度减慢。

表皮自然孔口。主要有气孔和皮孔，是果蔬水分散失的通道之一。皮孔形成后持续张开，不能自动调节，气孔能够进行自动调节。叶菜极易萎蔫主要是因为叶面上气孔多，保护组织差，成长的叶片中90%的水分都是通过气孔蒸腾的。皮孔多存在于根、茎、果实表面，叶面上实质无皮孔。老龄果实比幼龄果实皮孔多。

看板：皮孔小知识

苹果、梨的表面有皮孔（俗称果点），使内层组织的胞间隙直接与外界相通，从而有利于各种气体的交换。但是，皮孔蒸腾量极微，约占总蒸腾量的

0.1%。果实中的柿子、葡萄果面上没有气孔和皮孔。蔬菜中的茄子、番茄、甜椒的气孔集中在蒂的部位。

资料来源：白世贞，曲志华.冷链食品商品学 [M].北京：中国财富出版社，2014.

表皮组织。表皮细胞的大小、层数及排列方式对表皮结构有重要影响。表皮细胞小、排列紧密、相对粗短、与亚表皮细胞结合紧密的结构有利于贮藏。

细胞的保水力。细胞的保水力与细胞中可溶性物质和亲水性胶体的含量有关。原生质中含有较多的亲水胶体，可溶性物质含量较高，可以使细胞具有较高的渗透压，有利于细胞的保水，阻止水分向外渗透到细胞壁和细胞间隙。洋葱的含水量一般比马铃薯高，但在相同的贮藏条件下失水反而比马铃薯少，主要就是与其原生质胶体的保水力和表面保护层的性质有很大的关系。

2）温、湿度。环境湿度是影响果蔬商品表面水分蒸腾的主要因素。在相同的贮藏温度下，贮藏环境越干燥，即相对湿度越低，水蒸气的流动速度越快，组织的失水也越快。可见，果蔬的蒸腾失水率与贮藏环境中的湿度呈显著的反相关。为了延缓果蔬因为失水而造成变软和萎蔫，除核果、干果、洋葱等少数品种外，大部分易腐果蔬商品储运的相对湿度以保持在85%~95%为好。

不同果蔬商品的蒸腾的快慢随温度的变化差异很大，温度的变化主要是造成空气湿度的改变而影响到表面蒸腾的速度。此外，温度的升高，分子运动加快，新陈代谢旺盛，蒸腾也加快。可采用泼水、喷雾等方法对果蔬进行苏生操作，以利于保鲜。

温度的波动造成饱和湿度低于绝对湿度而出现结露现象，主要出现在以下果蔬储运作业中：

▲ 果蔬产品从冷库中直接被转移到温暖的地方，产品表面很快就会有水珠出现，出现结露现象。

▲ 当块茎、鳞茎、直根类蔬菜堆藏，由于呼吸等代谢活动仍进行，在通风散热不好时，堆内温、湿度均高于堆表面的，此时堆内湿热空气运动至堆表面时，与冷面接触，温度下降，部分水汽就在冷面上凝成水珠，也会出现结露现象。

▲ 果蔬商品用塑料薄膜袋密封贮藏时，袋内因果蔬的呼吸和蒸腾，温度和湿度均较外界高，薄膜正好是冷热的交界面，从而使薄膜的内壁有水珠凝结。

以上这些情况所产生的凝结水本身是微酸性的，附着或滴落到产品表面上，极有利于病原菌孢子的传播、萌发和侵染。所以，结露现象会导致贮藏产品腐烂损失的增加。因此，在贮藏中，要尽可能防止结露现象的出现，主要原则是设法消除或尽量减小温差。

3）风速。贮藏环境中的空气流速也是影响果蔬商品失重的主要原因之一。空气流速对相对湿度的影响主要是改变空气的绝对湿度，可以带走集聚在果蔬表面附近的水分，会加大果蔬内外湿度的差异，使果蔬水分散失加快。在一定的时间内，空气流速越快，产品水分损失越大。

4）机械损伤。农产品的机械损伤会加速产品的失水，导致萎缩。当产品组织擦伤后，破坏了表面的保护层，使皮下组织暴露在空气中，因而更容易失水。虽然在组织生长和发育早期，伤口处可形成木栓化细胞愈合伤口，但这种愈伤能力随着产品的成熟而减弱，因此，采收和采后操作时要尽量避免机械损伤。此外，表面组织在遭到虫害和病害时也会造成伤口，增加水分的损失。

（3）销售环节的质量控制。果蔬产品采收后经处理、包装、运输等一系列活动，最后到达销售地，果蔬产品只有销售出去，才能实现其商品价值。做好果蔬商品的销售养护工作，才能促进人民生活水平的提高。

1）要做好进货品质评价工作。品质是衡量产品质量好坏的尺度，果蔬产品必须从食用品质和商品价值两方面加以综合评价。

食用品质主要从以下七个方面进行评价。①新鲜度。新鲜度表示果蔬产品的新鲜程度，新鲜程度好的产品比新鲜度差的产品商品价值要高，营养成分损伤少，质地口感好。②成熟度。提供市场销售的果蔬产品应具有适宜的成熟度，成熟度不够，果实的色、香、味受到影响，过熟果实则易腐烂、变质，不耐贮藏和运输。③色泽。良好的色泽可反映果蔬产品的品质特性，能给消费者留下美好的印象，在一定程度上能促进消费。④芳香。每种果蔬产品都应具有本身特有的芳香气味，芳香气味能给人以愉悦，有利于人们身心健康。⑤风味。果蔬产品要求有鲜美、酸甜、可口的味道。⑥质地。质地的好坏直接影响果蔬产品的口感及其耐储运性能。⑦营养。果蔬产品含有丰富的对人体有特殊营养价值的维生素、矿物质、微量元素等成分，长期食用，能调节人体营养及生理代谢，预防和治疗某些疾病。

果蔬的质量检验以感官鉴别为主，理化检验为辅。只在必要时测定某些项目围绕重金属、农药残留、化肥、微生物等方面进行理化、生理生化检验。感官鉴别具体见表 8-3 和表 8-4。

表 8-3　蔬菜的感官评价

评价方面	内　容	检验手段
合格	蔬菜有无病虫害、生理病害及严重污染	视觉和实验分析
外观	颜色、大小、形状、外表、整齐度等	视觉、触觉
口感	新鲜度、嫩度、多汁性/粉性等	味觉、视觉、触觉
洁净	清洁的程度和净菜比例	视觉

表 8-4　水果的感官评价

评价方面	内　容	检验手段
合格	水果有无病虫害、生理病害及严重污染	视觉和实验分析
外观	颜色、大小、形状、外表、整齐度、结构等	视觉、触觉
口感	新鲜度、嫩度、多汁性、酸甜度、软硬度等	味觉、视觉、触觉
洁净	清洁的程度和外包装良好	视觉

　　果蔬商品价值的高低可体现在以下三个因素：①商品化处理水平。果蔬产品采后的商品化处理水平高低是决定其商品价值的重要因素。商品化处理水平高，其耐储运性能好，运输损耗少，产品精美的包装也能提高其商品价值。②抗病性及耐储运性能。抗病性强，耐储运性能好的优质果蔬产品其商品价值高。③货架寿命。新鲜果蔬产品不仅能在储运过程，而且在市场销售中还能保持其良好的食用品质的期限，称为货架寿命，这是果蔬产品价值高低的重要标志。

　　2）要认识果蔬产品市场销售的特点并做好对策。要求果蔬产品市场做到周年供应、均衡上市、品种多样、价廉物美。果蔬产品生产具有季节性、地域性，只有做好果蔬产品的贮藏运输工作，才能保证其均衡上市，周年供应，这样有利于保持物价稳定，维护社会经济稳定。

　　新鲜果蔬产品是易腐性果蔬产品，市场流通应及时、畅通，做到货畅其流，周转迅捷，才能保持其良好新鲜的商品品质，减少腐烂损耗。为此需要产、供、销协调配合，尽量实行产销直接挂钩，减少流通环节，提高运输中转效率。大、中城市和工矿企业周边逐步建立批发市场，加强生产者、零售网点与消费者之间的联系，使新鲜果蔬产品及时销售到千家万户。

　　果蔬产品商品性强，发展果蔬产品生产的目的在于以优质、充足的商品提供销售，满足人民消费的需要。

　　果蔬产品必须适应市场需要，才能扩大销售。经验告诉我们，只有那些适应市场的产品才能经久不衰。为了了解产品的市场占有情况，必须加强市场信息调查，预测行情变化趋势，根据调查预测结果有效组织销售。

　　(4) 储运环节的鲜度管理。储运环节的鲜度管理有以下内容：

　　1) 做好包装的选择。结合果蔬产品的贮藏特性，在储运环节对包装容器的选择应注意以下几点：①保护性。在装饰、运输、堆码中有足够的机械强度，防止果蔬产品受挤压碰撞而影响品质。②通透性。利于产品呼吸热的排出及氧、二氧化碳、乙烯等气体的交换。③防潮性。避免由于容器的吸水变形而致内部产品的腐烂。④清洁、无污染、无异味、无有害化学物质。另外，需保持容器内壁光滑；容器还需卫生、美观、重量轻、成本低、便于取材、易于回收。除包装外，还应注明商标、品名、等级、重量、产地、特定标志及包装日期。

　　2) 做好运输环节的因素控制。良好的运输效果除了要求果蔬产品本身具有较好的耐储运性外，同时也要求有良好的运输环境条件，这些环境条件具体包括震动、温度、湿度、气体成分、包装、堆码与装卸六个方面。

　　在果蔬产品运输过程中，由于受运输路线、运输工具、货品的堆码情况的影响，震动是一种经常出现的现象，而剧烈的震动会给果蔬产品表面造成机械损伤，促进乙烯的合成，导致果实的快速成熟；同时伤害造成的伤口易引起微生物的侵染，造成果蔬产品的腐烂；另外，伤害也会导致果实呼吸高峰的出现和代谢的异常。凡此种种都会影响果蔬产品的贮藏性能，造成巨大的经济损失，所以在果蔬产品运输过程中，应尽量避免震动或减轻震动。

　　温度是果蔬产品运输过程中的一个重要因素，随着温度的升高，果蔬产品机体的代谢速率、呼吸速率、水分消耗都会大大加快，结果促进果实快速成熟，影响果实的新鲜度和品质；温度过低，会给果蔬产品有机体造成冷害，影响其耐贮性。根据运输过程中温度的不同，果蔬产品的运输分为常温运输和低温运输。常温运输中的货箱温度和产品温度易受外界气温的影响，特别是在盛夏和严冬时，这种影响更大。南菜北运，外界温度不断降低，应注意做好保温工作，防止产品受冻；北果南运，温度不断升高，应做好降温工作，防止产品的大量腐烂。

　　果蔬产品是鲜活产品，其水分含量为85%~95%。运输环境中的湿度过低，加速水分蒸腾导致产品萎蔫，湿度过高，易造成微生物的侵染和生理病害。在果蔬产品运输过程中保持适宜稳定的空气湿度能有效地延长产品的贮藏寿命，为了防止水分过分蒸腾，可以采用隔水纸箱或在纸箱中用聚乙烯薄膜铺垫或通过定期喷水的方法也能提高运输环境中的空气湿度。

除气调运输外，新鲜果蔬产品因自身呼吸、容器材料性质以及运输工具的不同，容器内气体成分也会有相应的改变。使用普通纸箱时，因气体分子可从箱面上自由扩散，箱内气体成分变化不大，二氧化碳的浓度一般不超过 0.1%；当使用具有耐水性的塑料薄膜贴附的纸箱时，气体分子的扩散受到抑制，箱内会有二氧化碳气体积累，积聚的程度因塑料薄膜的种类和厚度而异。

包装可提高与保持果蔬产品的商品价值，方便运输与贮藏，减少了流通过程的损耗，有利于销售。包装所用的材料要根据果蔬产品种类和运输条件而定。常用的材料有纸箱、塑料箱、木箱、铁丝筐、柳条筐、竹筐等，抗挤压的果蔬产品也有采用麻布包、草包、蒲包、化纤包等包装。近年来纸箱、塑料箱包装发展较快。国外果蔬产品的运输包装主要以纸箱、塑料箱为主。

果蔬产品的装运方法与货物的运输质量的高低有非常重要的关系，常见的装车法有"晶"字形装车法，"井"字形装车法，"一、二、三，三、二、一"装车法，筐口对装法等。无论采用哪种装运方法都必须注意尽量利用运输工具的容积，并利于内部空气的流通。

3) 做好贮藏技术的合理运用。水果是鲜活食品，采收后易腐烂，为延长保鲜期，各国科研人员发明了多种保鲜新技术，现介绍几种水果保鲜养护的方法。

保鲜纸箱。保鲜纸箱是由日本食品流通系统协会近年来研制的一种新式纸箱。研究人员用一种里斯托瓦尔石（硅酸岩的一种）作为纸浆的添加剂。因这种石粉对各种气体都具有良好的吸附作用，价格便宜又不需低温高成本设备，具有较长时间的保鲜作用，而且所保鲜的水果分量不会减轻，所以商家都爱用它，对进行远距离储运具有其独特优势。

微波保鲜。微波保鲜是由荷兰一家公司对水果进行低温消毒的保鲜办法。它是采用微波在很短的时间（120 秒）将其加热到 72℃，然后将这种经处理后的食品在 0℃~4℃环境条件下上市，可贮存 42~45 天，不会变质，十分适宜在淡季供应"时令水果"，备受人们青睐。

可食用的水果保鲜剂。可食用的水果保鲜剂是由英国一家食品协会所研制成的可食用的水果保鲜剂。它是采用蔗糖、淀粉、脂肪酸和聚酯物配制成的一种半透明乳液，既可喷雾，又可涂刷，还可浸渍覆盖于西瓜、西红柿、苹果、香蕉等表面，其保鲜期可长达 200 天以上。这是由于这种保鲜剂在蔬果表面形成一层密封薄膜，完全阻止了氧气进入水果内部，从而达到延长水果熟化过程、增强保鲜效果的目的。

新型保鲜薄膜。新型保鲜薄膜是由日本研制开发出的一种一次性消费的吸湿保鲜塑料包装膜，它是由两片具有较强透水性的半透明尼龙膜所组成，并在膜之间装有天然糊料和渗透压高的砂糖糖浆，能缓慢地吸收从果实、肉表面渗出的水分，达到保鲜作用。

加压保鲜。加压保鲜是由日本京都大学粮科所研制成功的，利用压力保鲜食品的方法。水果加压杀菌后可延长保鲜时间、提高新鲜味道，但在加压状态下酸无法发挥作用，因此掌握好水果保存时的状态较为关键。

陶瓷保鲜袋。陶瓷保鲜袋是由日本一家公司研制的一种具有远红外线效果的水果保鲜袋，主要在袋的内侧涂上一层极薄的陶瓷物质，于是通过陶瓷所释放出来的红外线就能与水果中所含的水分发生强烈的共振运动，从而使水果得到保鲜。

微生物保鲜法。乙烯具有促进水果老化和成熟的作用，所以要使水果能够保鲜，就必须要去掉乙烯。科学家经过筛选研究，分离出一种 NH-10 菌株，这种菌株能够除去乙烯。

减压保鲜法。减压保鲜法是一种新兴的水果贮存法，有很好的保鲜效果，且具有管理方便、操作简单、成本不高等特点。目前英、美、德、法等一些国家已研制出了具有标准规格的低压集装箱，已广泛应用于水果的长途运输中。

烃类混合物保鲜法。英国塞姆培生物工艺公司研制出一种能使梨、葡萄等水果贮藏寿命延长一倍的天然可食保鲜剂。它采用一种复杂的烃类混合物，在使用时，将其溶于水中，然后将需保鲜的水果浸泡在溶液中，使水果表面很均匀地涂上了一层溶液。这样就大大降低了氧的吸收量，使水果所产生的二氧化碳几乎全部排出。因此，保鲜剂的作用，酷似给水果施了"麻醉药"，使其处于休眠状态。

电子技术保鲜法。电子技术保鲜法是利用高压负静电场所产生的负氧离子和臭氧来达到目的的。负氧离子可以使水果进行代谢的酶钝化，从而降低水果的呼吸作用强度，减弱果实催熟剂乙烯的生存。而臭氧是一种强氧化剂，又是一种良好的消毒剂和杀菌剂，既可消除水果上的微生物及其分泌毒素，又能抑制并延缓水果有机物的水解，从而延长水果贮藏期。

讨论时间

（1）消费者对果蔬类商品的需求体现在哪些方面？

_____

_____

_____

（2）经营者如何维护果蔬商品的食用品质？

_____

_____

_____

8.3　畜肉与水产品

商品故事

三千年吃肉史

在很早的时候，中国人就懂得驯养"马、牛、羊、猪、狗、鸡"六牲获得肉食，但不同的肉食在食物系统中有着不同的地位。牛羊豕三牲中，牛羊为贵，猪次之。

（1）先秦、唐时期。从排名上看，牛羊在猪之上，为何在先秦时期的肉食排名中会有这样的区分？

首先是与肉食的珍贵程度有关，牛在农耕时代是重要的生产资料，在许多朝代都不许私自宰杀。

最早在汉代，牛已经被立法保护，汉律规定"不得屠杀少齿"。汉律对杀牛的惩罚十分严厉，犯禁者诛，要给牛偿命。到了唐宋时期，牛更是不管是否老弱病残，都在禁杀之列，只有自然死亡，或者病死的牛才可以剥皮售卖或者自己吃用。物以稀为贵，牛肉自然在肉食排行榜中名列前茅。

（2）宋朝时期。汉族的饮食文化发展到了宋朝已是博大精深，由于对牛肉的禁食，羊肉在这个时期成为了皇家士大夫阶层的主要肉食。

宋朝吃羊是从皇家流行开来的习俗，上行下效，从官员到民间，羊肉成为了宋朝餐桌的头等肉食。民间无论婚丧嫁娶，或是中秀才举人，还是烧香还愿，如果没有一只羊在案上放着，都不好意思招待客人。

在宋朝，猪肉仍然不是士大夫阶层的主要肉食，或者说猪肉仍然是低档的肉食。但在普通老百姓那里，猪肉就是主要肉食了。

苏东坡让猪肉沾上了点贵族气。苏东坡在杭州任上，因为治理西湖，要解决民工的吃饭问题，他创造性地发明了"小火慢炖"的方块肥肉，这种以姜、葱、红糖、料酒、酱油等做成的猪肉菜肴，被命名为"东坡肉"。

（3）辽金地区。汉人的地盘以羊肉为贵，但到了北方辽金朝却正好相反，猪肉成了"高大上"。宋朝的使节出使辽金，北人用最好的猪肉款待使者，猪肉在辽金，是"非大宴不设"。为何猪肉在同一时代南北国家中有着如此悬殊的待遇？究其原因无非就是"物以稀为贵"，辽金猪少，以猪肉为贵；大宋羊少，自以羊肉为美。于是在互市的时候双方就互通有无，辽金出口肥羊，换取宋朝的猪，双方都挺高兴。

（4）吃肉图什么。远古时代，人们吃的大多数食物应该还是野菜草根之类，对他们来说，能够迅速补充体力的糖和能量密度高的脂肪，无疑都是最优质的食物。对高脂、高糖食物的追求，在互通有无的各族人群中都流传了下来。

其实，无论猪肉、牛肉或鸡肉、鱼肉，它们都像鸡蛋、牛奶和黄豆一样，属于高蛋白质食品，它们的优质蛋白质所含的各种氨基酸比例都比较恰当，进入人体时，几乎能被完全吸收和利用。

从营养角度出发，吃肉的主要目的是让人得到优质蛋白质。因为我们体内肌肉的正常维护，需要这些蛋白质；身体各种组织的维护也少不了这些蛋白质；人体内的各种酶主要由蛋白质组成，要让它们发挥正常的生理功能，维护其代谢更新，也离不开蛋白质。

资料来源：唐元鹏. 中国三千年吃肉史，牛羊肉为上等肉［EB/OL］. http://culture.ifeng.com/a/20141027/42305920_0.shtml.

思考：人们吃肉是为了获得什么营养物质？

8.3.1 畜肉商品基础知识

广义上凡是适合人类作为食品的动物机体的所有构成部分都可称为肉。包括胴体、血、头、尾、内脏、蹄等。

商品课程上的肉指畜禽屠宰后除去毛或皮、血、头、尾、蹄和内脏的畜禽胴体，而头、尾、蹄、内脏等则称为副产品、下水或杂碎。因此，胴体所包容的肌肉、脂肪、骨、软骨、筋膜、神经、脉管和淋巴结等都列入肉的概念。

肉制品中所说的肉，仅指肌肉以及其中的各种软组织，不包括骨和软骨组织。精肉则是指不带骨的肉，去掉可见脂肪、筋膜、血管、神经的骨骼肌。

（1）畜肉的分类。畜肉按分类原则不同分为以下两种：

1）按加工程度分类。按加工程度分为：

生鲜肉。生鲜肉指凌晨宰杀，清早上市的"热鲜肉"，未经任何降温处理的畜肉。

排酸肉。排酸肉指屠宰后的禽畜胴体迅速进行冷却处理，使胴体温度在24小时内降温为0~4℃，并在后续的加工、流通和零售过程中始终保持在0~4℃范围内的冷鲜肉。

冷冻肉。冷冻肉是指经屠宰加工，符合冷冻条件后，在-23℃的低温下冻结后，又在-18℃的冷库中储存一段时间的肉。

2）按动物类别。按动物类别分为：

牛肉。犍牛肉是经过阉割过牛的肉，其肌肉呈红色，纤维柔细，质地较嫩，有少量肌间脂肪，质量最好；母牛肉与犍牛肉基本相同；犊牛肉即一岁以内牛犊肉，肉呈淡红色，肌间脂肪少，肉细柔松弛，肉质虽鲜嫩但滋味远不如成牛肉，西餐中使用较多；公牛肉肌肉粗糙，肌间脂肪少，质量较差。

猪肉。猪又称"豕"、"彘"。东北地区食用的多为商品猪，是指自幼阉割的生猪，阉割后的生猪，其公猪前部发达，颈胸肌肉丰满，母猪则后部发达，臀、腰后腿肉多。育龄为一年左右的商品猪，其肉质细嫩，皮面光滑，毛孔细，质量最好，肉易熟，熟后香味浓，味鲜美。

羊肉。羊肉是三大家畜肉之一。我国信仰伊斯兰教的少数民族人民主要食用羊肉。山羊体形比绵羊小，皮质厚，肉呈较淡的暗红色，皮下脂肪较少，腹部脂肪较多，公山羊膻气味较重，但瘦肉较多。绵羊肉体丰满，特别是臀部肌肉，尾部略呈圆形，且储有大量脂肪，肉质结实，颜色暗红，肌肉纤维细而软，肌间脂肪较少。公绵羊膻气味较少。

（2）畜肉的营养。家畜肉的营养成分的含量因家畜的类别、性别、年龄、饲养情况、部位的不同而有所差异。

1）蛋白质。肌肉中含有较丰富的蛋白质，猪、牛、羊达 18%~20%，大多为完全蛋白质，营养价值高，结缔组织中的蛋白质多为不完全蛋白质，营养价值低。牛羊肉的蛋白质含量要高于猪肉。

2）脂肪。畜肉的脂肪含量因牲畜的肥瘦程度及部位有较大差异。多为饱和脂肪酸，除猪油具有较高的营养价值外，牛羊油脂的熔点较高，不利于人体的吸收。

肥猪肉脂肪含量达 90%，猪里脊肉含脂肪 7.9%，猪前肘含脂肪 31.5%，猪肉五花肉含脂肪 35.3%，牛五花肉含脂肪 5.4%，瘦牛肉含脂肪 2.3%。

3）糖。糖主要存在于肌肉和肝脏中。

4）无机盐。畜肉骨骼中含有较多的无机盐。畜肉矿物质总含量占 0.8%~1.2%，其中钙含量低，为 7.9 毫克/100 克。含铁较多，以血红素铁的形式存在，因其生物利用率高是膳食铁的良好来源。肉也是磷的良好来源。

5）维生素。畜肉中 B 族维生素含量丰富，是人们获取此类维生素的主要来源之一，特别是尼克酸。

（3）畜肉的食用品质。肉的食用品质主要包括肉的色泽、风味、保水性、嫩度等。

1）色泽。不同动物的肌肉色泽呈现不同的颜色。猪肉一般为鲜红色、牛肉为深红色、马肉为紫红色、羊肉为浅红色、兔肉为粉红色。老龄动物肉的颜色深、活动量大的部位肉的颜色深。

肉的颜色主要取决于肌肉中的肌红蛋白和血红蛋白，如放血充分，肌红蛋白占肉中色素的 80%~90%，占主导地位。肌红蛋白中铁离子的价态和与氧气结合的位置是导致其颜色变化的根本原因。

肌红蛋白（Mb 紫色）与氧结合生成氧合肌红蛋白（鲜红色），此颜色为新鲜肉的特征。肌红蛋白和氧合肌红蛋白可被氧化为高铁肌红蛋白（褐色），使肉色变暗。肌红蛋白可被硫化物氧化为硫代肌红蛋白（绿色）。肌红蛋白与亚硫酸盐反应，生成亚硝基肌红蛋白（粉红色），为腌肉的典型色泽。肌红蛋白加热后蛋白质变性，生成球蛋白氯化血色原（灰褐色），是熟肉的典型色泽。

影响肉色的外部因素有氧气、温、湿度、微生物。污染了微细菌会分解蛋白质使肉色污浊；污染真菌，则在肉表面形成白色、红色、绿色、黑色等色斑或发生荧光。为保持最长时间的鲜艳肉色，在储运期间要处在低氧条件，在销售之前再与氧充分接触，形成鲜艳的氧合肌红蛋白。一般在 0℃~4℃零售，降低高铁肌红蛋白的形成。一般存放在较大的湿度环境内，使肉的表面有水汽层，减缓高铁肌红蛋白的形成。

2）保水性。肉在加工处理（如加压、切碎、加热、冷冻、解冻、腌制等加工）过程中，保持其原有水分与添加水分的能力是肉质评定的一个重要指标。

冻结形成的冰晶会破坏肉的结构和肌细胞膜的完整性，肉在冻藏过程中温度的波动会加速冰晶的生长和盐类浓缩，肉的保水性下降，解冻后造成大量汁液损失。研究表明，贮存一个月的冻猪肉的保水性几乎下降一半。冻结速度直接影响冻肉解冻后的保水性能。在不引起冷收缩的情况下，冻结速率越快，解冻损失就越少。贮藏与运输过程中温度波动是造成生鲜肉保水性下降的重要原因，改善肉的贮藏和运输条件对保持肉的系水力至关重要。

3）嫩度。嫩度是指肉的坚韧性或硬度，肉的嫩度与动物品种、肌肉纤维的结构和粗细、肉中结缔组织和含量成分、热加工、水化作用有关，也是肉的重要品质指标。

影响肉的嫩度的实质主要是结缔组织的含量与性质及肌原纤维蛋白的化学结构状态。一般情况下，畜、禽的体型越大肉越老，公畜比母畜的肉粗糙；老龄家畜比幼龄家畜肉质粗糙；运动多、负荷大的肌肉老；营养良好的家畜，肌肉脂肪含量高，大理石纹丰富，肉的嫩度好。

宰后僵直期肉的嫩度最差，成熟期肉质柔嫩多汁，风味好，嫩度改善。

4）风味。肉的风味是指生鲜肉的气味和加热后肉制品的香气和滋味，其特点是成分复杂多样，含量甚微，除少数成分外，多数无营养价值。

8.3.2 畜肉的鲜度管理

要想对畜肉进行商品养护，就需要先了解判断畜肉的指标标准和其影响质量变化的因素。

（1）冷藏肉的感官指标。冷藏肉的感官指标有如下几项：

1）新鲜肉。新鲜肉的感官指标主要为：

外观。表面有一层干硬皮；干硬皮呈粉红色或淡红色；新切开的表面上呈微湿润状，但不发黏，呈现红色；有每种肉的显著颜色，肉汁透明。

硬度与弹性。肉切开处紧密有弹力，用手指按压处复原迅速。

气味。清淡的自然芳香，有每种肉的显著气味。

脂肪。分布均匀，脂肪无酸败或油腻气味，大牲畜脂肪呈白、黄或淡黄色，结实，按压时碎裂；猪脂肪呈白色，有时呈淡粉红色，柔软，有弹性；山羊和绵羊脂肪呈白色，紧密。

骨髓。骨髓充满骨腔，结实、黄色，折断处有光泽、不陷入骨的折断边缘内。

肉汤。肉汤透明、芳香；脂肪有适口气味，大量集中于表面上，脂肪滋味正常。

腱与关节。腱有弹性、结实；关节表面有光，有光泽，关节内关节液呈透明状。

2）次鲜肉。次鲜肉的感官指标为：

外形。表膜有一层风干硬皮或粘手的黏液，有时表面附有霉菌。

色泽。干硬皮呈暗色；新切开的肉表面较暗、湿润，手摸时微粘手；切开处黏附的滤纸上浸有大量水分；肉汁浑浊。

韧度。肉切开处较软，用手指按压处不立即复原或不能完全复原。

气味。气味微酸，微有腐败味。有时外面腐烂，在内层深处无腐败气味。

脂肪。脂肪有淡灰色阴影，按压时泥烂、微粘手指。有时有霉菌，微有油污气味。

骨髓。骨髓微陷入骨的折断边缘内，较柔软，色较暗，折断处无光泽，白色无光或灰色。

腱与关节。腱稍柔软，呈白色无光或淡灰色；关节覆有一层黏液，关节液呈浑浊状。

肉汤。肉汤浑浊，不香，常有酸败肉气味；表面上油滴小，有油污气味。

3）变质肉。变质肉的感官指标为：

外形。表面过度干燥或过度湿润、发黏，常常附有霉菌。

色泽。表面呈灰色或绿色；新切开的表面上过度发黏或潮湿；切开处呈暗色，淡绿色或黑色。

韧度。切开处非常松软，用手指按压处不复原。

气味。在内层深处也感觉有显著的腐败气味。

脂肪。脂肪灰色，有脏污的阴影；覆有霉菌及黏液层；有酸败或显著的油污气味。过度腐败时呈淡绿色，有脏污阴影，韧度尽失。

骨髓。骨髓未充满骨腔，柔软。用手指取出时呈烂泥状，色暗，常呈污灰色。

腱与关节。腱湿润、呈脏污的灰色、有黏液；关节覆有大量黏液，关节液呈血浆状。

肉汤。肉汤脏污，有碎块，有酸败和腐败气味；表面上几乎无油滴，脂肪具恶臭味。

（2）冷藏肉的质量变化。影响冷藏肉的质量变化因素有：

干耗。储存期间以水分蒸发而导致的干耗最为突出，高温、低湿、高风速会增加肉的干耗。

发黏、发霉。与肉表面的污染程度和相对湿度有关。污染越严重，温、湿度越高，肉的表面越容易发黏、发霉。

颜色变化。储藏不当，牛、羊、猪肉会出现变褐、变绿、变黄、发荧光等。

串味。与有强烈气味的食品存放在一起，会使肉串味。

（3）畜肉储运养护。牲畜经屠宰后即无生命体体征，对外界的微生物侵害失去了防御能力，同时进行一系列的降解等生化反应，经过僵直、后熟、自溶和腐败四个阶段，其中，自溶阶段始于成熟后期，是质量开始下降的阶段，特点是蛋白质和氨基酸分解、腐败微生物大量繁殖，使质量变差。肉类的贮藏应尽量推迟其进入自溶阶段。

【引例8-4】肉的变化与销售关系（见表8-5）

表8-5 肉的变化与销售关系

阶段	僵直	后熟	自溶	腐败
味道	不好吃	好吃	还可以	不能吃
销售	不要销售	销售最好时期	二次加工或调理	不能销售

资料来源：根据相关资料整理。

鲜肉。鲜肉是屠宰后经过冷却但未经低温冷冻的家畜肉，即冷却肉。养护方法是凉透后放入冷藏柜。

冻肉。冻肉是指在-23℃低温冻结后，又在-18℃的冷库中储存一段时间的肉。冻肉的养护应该随卖随解冻，解冻后肉汁流失，需尽快销售。

牛羊肉。牛羊肉的养护应该冬季防吹风、防忽冷忽热以免肉面发干变黑。夏季用冰保存鲜牛羊肉，时间不超过两周。

【引例 8-5】冻肉的运输

（1）温度要求。冻肉是指经过天然冷冻或人工冷冻后，肌肉深处的温度为-8℃以下的肉。冻肉托运温度要求-10℃以下，出库温度应该更低些，以备装车过程中肉温回升。机械保温车运输应保持在-12~-9℃。

（2）质量检验。质量优良的冻肉，应是肉体坚硬，色泽鲜艳，敲击时能发出清脆的声响；割开部分呈玫瑰色，用手指或较高温物体接触时，由玫瑰色转为艳红色；油脂部分呈白色。如有发软、霉斑、气味杂腥等现象，均不符合质量标准。

（3）包装。冻肉可用白布套包装或不包装，采用紧密堆码方法，不留空隙，装车时要"头尾交错、复背相连、长短对弯、码紧码平"，底层应将内皮紧贴底格板，最上层应使肉皮朝上，以免车顶上的冷凝水珠落在精肉上。装车完毕，上层也可加盖一层草席。

资料来源：根据相关资料整理。

8.3.3 水产品商品基础知识

水产品是生长在水中有一定食用价值和经济价值的动植物食品的总称，包括鱼类、虾类、蟹类、贝类、其他类（环节类、腔肠类、棘皮类）水生动物。狭义上水产品专指鱼、虾、贝、蟹等，鲜活原料不包含干贝、海参、海蜇等干货原料。

（1）水产品的分类。水产品按原材料来源可将水产品分为动物性水产品和植物性水产品，鲜活动物性水产品分为鱼类、虾类、蟹类、贝类和其他类。

鱼类通常分为活鱼、鲜鱼。由于海水鱼脱离海水环境就会很快死亡，所以活鱼仅限于淡水鱼。凡活泼好动，反应敏锐，体表有一层清洁透亮的黏液，不掉鳞，无伤损病害的鱼质量为好。鲜鱼以温度可以进一步区分：温体鲜鱼也称常温鲜鱼，一般指死后不久的鱼；冰鲜鱼指从渔船直送超市的冰藏鲜鱼；冷藏鱼指鲜鱼经冷藏库-20℃冷却的鱼品；冷冻鱼指经-40℃冷冻库 4~6 小时急速冷冻的鱼品，一般分为单冻、块冻和剖割冷冻。

虾类、蟹类、贝类都属于无脊椎动物，共同特征是身体中没有脊索或脊椎，中枢神经系统不是管状，位于消化器官的腹面，如果有心脏则位于消化管的背面。

软体类动物的共同特征是身体柔软不分节。

（2）水产品与人体健康。鱼类含有丰富的水分和蛋白质，且比其他畜禽肉类蛋白质更易被人体消化吸收，吸收率高达97%。鱼类还可提供人体所必需的氨基酸和维生素A、维生素D、维生素B族及钙、磷等无机盐。鱼类脂肪中有一种特殊的不饱和脂肪酸，能降低血脂，可用来防治动脉硬化和冠心病等。

虾、蟹中蛋白质较丰富，与畜肉相近。钙、磷、钾和维生素A、维生素B_2也较多且吸收率比植物性食品高。蟹类胃肠内含有大量的病菌和毒素，死后体内蛋白迅速分解，细菌大量繁殖，所以死蟹不能吃。

贝类不但含较多的蛋白质，而且维生素B_{12}和锌含量远比其他食物丰富。贝类食用前应选活的，用清水仔细冲洗干净，烹调时可放些酒、葱、姜，起到一定的杀菌作用。贝类不易被人体消化，故不能生食，要煮透、烧透再吃。

8.3.4　水产品的鲜度管理

（1）水产品的鲜度变化。水产品的鲜度变化主要有以下两方面：

1）水产品鲜度变化原因。导致水产品质量劣变速度快的原因有：①水分含量高，水产品的水分含量达70%~80%。②脂肪成分主要是不饱和脂肪酸，不饱和程度越高（如冷海和深海鱼类），越易发生自动氧化，出现哈味，并使鱼体表面变黄。③体表黏液多、表皮薄、鳞片易脱落，这些因素均为微生物提供了侵入机体内部的机会和生长繁殖所需要的营养基础。④外界原因，鱼类所携带的微生物不仅有生活在水体中的细菌，而且，捕捞上岸后还会污染上陆地的细菌、霉菌等，捕捞过程中由于挤压和挣扎，其体内或体外都极易受伤，且在死后未及时进行初加工，若不采取适当的贮藏方式，鱼肠内及体表污染的微生物就会生长繁殖，使鱼体发生双向腐败。

2）水产品鲜度变化阶段。鲜鱼死亡后分为僵直前、僵直、软化、腐烂等阶段。

僵直前又称活鱼，活生生的鱼，鲜度最佳。鱼死后不久就硬化，称为僵直。是由构成肌肉的蛋白质中有肌浆蛋白与肌纤球蛋白相化合而成肌纤凝蛋白所导致的。鱼进入僵直期的早晚和持续时间的长短，取决于：①鱼的种类。扁体鱼比圆体鱼僵直迟。②环境温度 30℃时，鱼出水到僵直结束大约两小时。如果迅速冰藏，僵直期可持续几天或更长时间。③捕获时的状态。春夏饵料丰富，僵直开始迟，僵硬持续时间长。④致死方法。迅速致死比疲劳致死的鱼进入僵直期迟，持续时间长，利于储藏。

经过僵直期过后的鱼体软化，称为自溶作用。自溶是鲜度下降的象征。鱼的自溶是受酶作用和细菌作用两个因素的影响。由于肌肉中的蛋白质被酶分解，使肌肉中氨基酸、肽等的含量增加，从而肉质变软。鱼肉含水量可达 70%~80%，体表黏液多，表皮薄，鳞片易脱落，这些均为微生物提供了侵入机体内部的机会和繁殖所需要的营养基础。

鱼类在微生物的作用下，鱼体中的蛋白质、氨基酸及其他含氮物质分解为氨、三甲胺、吲哚、组胺、硫化氢等低级产物，使鱼体产生腐败特征的臭味。

（2）水产品质量检验。水产品质量检验按分类不同，标准如下：

活鱼质量标准。活鱼应活泼，对外界刺激有敏锐的反应，身体各部分无残缺或伤害，脊椎正直无变形。

新鲜的虾体应完整，有一定弯曲度，呈青白色和青绿色，有光泽，肉质坚实而细嫩。不新鲜的虾头尾脱落或易分开，虾体伸直，呈红色或灰紫色，壳色暗，肉质松软，有异味。

新鲜的蟹壳呈青腹白，带有亮光，脚爪齐全，腿肉紧实，脐部饱满，分量较重，肉质鲜嫩无异味。不新鲜蟹呈暗红色，腿肉松空，体重较轻，肉质松软，有失水或出水现象，脐为黑色，有异味。

水产品的鉴定方法有感官鉴定法和理化判断法。

1）感官鉴定方法。感官鉴定有如下方法：

鱼鳃的状态。新鲜鱼的鱼鳃色泽鲜红或粉红，鳃盖紧闭，黏液少；不新鲜的鱼鳃呈灰色或苍灰色。腐败的鱼的鳃呈灰白色，有黏液。

鱼眼的状态。新鲜鱼的眼澄清透明，周围没有因充血而发红的现象。腐败的鱼眼球破裂。

鱼鳞和表皮状态。新鲜鱼的表皮上黏液少，鱼鳞紧密完整而有光泽。不新鲜的鱼表皮黏液增多，鱼鳞色泽发暗，鳞片松动。

鱼的组织状态。新鲜鱼鱼肉组织紧密而有弹性，肛门周围呈一圆坑形，肛腹不膨胀。不新鲜的鱼肉质松软，肉与骨易分离，肛门凸出。

2）理化判断法。理化判断法即通过计算鱼类中的细菌数，来判断腐烂程度，又称细菌判断法。

（3）活鲜的鲜度管理。鲜活海鲜的鲜度管理最主要就是怎样将活的水产商品养活，尽量延长生命。

1）分类养殖。小分类不同的不能混养，如虾不能同鱼放在一起；海水鱼与淡水鱼不能混养；海水贝与淡水贝不能混养；有鳞鱼与无鳞鱼不能混养。高档海鲜和普通海鲜分开养殖，如龙虾应单独养殖。热带鱼单独归类养殖，如非洲鲫鱼、彩云雕、巴西雕、珍珠斑、淡水昌等属于热带鱼类，适应较高的水温。混养鱼种的水质要求尽量一致。混养的鱼性情要相似，即凶猛肉食性的不能同非肉食性的混养，如胡子鱼性凶猛，应单独养殖。

2）水温控制。水温的控制，一方面靠温度调节机器来实现；另一方面也可以通过加入热水袋或冰块来适当地调节不同的水产品。水族生物都有其生活的最低温度、最高温度及最适宜的温度范围。

3）水质要求。不同品种和类别的水产品对水质有一定的要求，主要是浓度和温度两个方面。

看板：活体大黄鱼的运输技术

（1）运输车辆。运输车辆一般为市场上经常使用的活鱼运输车，即在经过改装的货车上放上一只容积为 0.3 立方米的圆塑料桶，并在桶内放上一只充气头或者一只呈十字形的充气管，气源由车上装载的三马力或五马力柴油机带动气泵来提供。

（2）运输用水。运输途中的海水通常为大黄鱼养殖地的海水。如有特殊情况，无法使用养殖地的海水，可用海水晶来调制运输用水浓度，水体比重一般在 1.015~1.024 范围。

（3）温度。运输途中的海水温度一般跟养殖地海水的温度相近，在 5℃~10℃。如在盛夏季节运输，为防止水温过高，在运输途中可适当放些冰块，但要防止冰块融化后的淡水流入运输桶内，使桶内比重降低而影响成活率。

（4）充气。运输途中应保持适宜的充气量，一般控制在微沸腾状。气量过大，常会引起鱼体烦躁不安，不利于运输成活率的提高。

（5）密度。运输的鱼体密度应视运输时间和鱼体大小而定。运输时间在 24

小时内、鱼体大小在 0.5 千克/尾上下的，可放 30 尾/米³左右。

资料来源：戴海军. 活体大黄鱼陆上运输技术要点 ［EB/OL］. http://wenku.baidu.com/view/5543860e482 fb4daa58d4b43.html.

（4）冰鲜水产品的鲜度管理。冰鲜水产品鲜度管理的方法主要有敷冰法、冷藏保鲜法、微冻法、冷盐水处理法等。

1）敷冰法。敷冰法是将质量新鲜鱼的鱼体清洗干净，选择好包装容器（泡沫箱、木桶箱等），装完一层鱼撒上一层碎冰，最上层还应多撒一些碎冰。鲜鱼装车一般采用鱼、冰紧密堆码，不留空隙，这样能更好地保证质量。夹冰的数量与外界温度和运输距离有关，数量一般为鱼的 30%~50%。碎冰的尺寸最好不大于两厘米，采用小冰块可以增加冰与鱼体的接触面，加速冷却，并防止将鱼体挤压损伤。运输当中，温度应保持在-1℃左右，如果温度过低，碎冰不会融化，鱼体形成慢冻状态，破坏了肉体的组织结构，会损伤鱼的原有风味和品质。

2）冷藏保鲜法。冷藏保鲜法是用天然冰或机制冰把新鲜水产的温度降至接近冰点，但不冻结的一种保鲜方法，通常称为冰藏、冰鲜。贮藏温度为-2℃~2℃，陈列的温度应在 5℃以下，操作间的温度应控制在 12℃以下。营运中尽量减少海鲜产品在常温下暴露的时间。

3）微冻法。微冻法是将水产品放置于-1℃~2℃的低温下保存。保鲜期比 0℃条件下延长 1.5~2.0 倍，且不会影响水产品的质量。但操作技术要求高，对温度的控制比较难。

4）冷盐水处理法。冷盐水处理法即是将原料放在浓度为 0.8%~1%（海产品为 3.5%）、温度为 1℃~2℃的流动食盐水中进行浸泡处理。其原理在于：利于原料降温；除去附着在原料表面的微生物，使色泽鲜艳，表皮富有弹性。但同时要注意：避免切块后浸泡；浸泡时间不可太长；浸泡后要将肉表面的水分擦干。最后，盛放的容器要先进行冷却，将在冷盐水中浸泡过的毛巾拧干后垫在容器里，将处理后的原料放在上面，再用在冷盐水中浸泡过并拧干的毛巾盖在上面。不断重复这一过程，最后标上标签后便可销售。

（5）冻藏水产品的鲜度管理。在冻藏和运输期间应使用尽可能低的温度，并应避免任何温度波动。包装和操作方法对冻藏期也有影响，应避免货物暴露在空气中造成脂肪氧化和脱水干耗，装、拆箱作业应快速进行，避免温度波动影响质量。

讨论时间

(1) 人们吃肉是为了获得什么营养物质?

_____

_____

(2) 水产品容易腐烂变质的原因是什么?

_____

_____

_____

能力训练

实训: 芒果采购、仓储、运输、销售管理

一、实训内容

项目名称	芒果的采购、仓储、运输、销售所需商品基础知识文案与 PPT 展示
时间	60 分钟
场景	门店水果课芒果大促
商品	不同等级、品种、产地的芒果
目的与目标	1. 学会商品资料搜集的方向、方法,学会资料整合的方法与思路 2. 能够分析出芒果商品的商品体,能够认识到商品体是商品使用价值的自然属性;能够结合消费者需求提出为此商品提供有形附加物和无形附加物,赋予商品使用价值更多的社会属性;明确卖点是商品使用价值与消费者的契合点,养护的要点是卖点的保护 3. 能够结合全面质量管理内容,做好芒果商品质量检验与认证、储运养护等相关资料的收集、分析与整理
要求	1. 组织结构要求 小组划分: 每组 5 人 小组组织结构: 组长 1 人 　　　　　　　组员 4 人 组长 组员 1 采购人员　组员 2 仓储人员　组员 3 运输人员　组员 4 销售人员

续表

项目名称	芒果的采购、仓储、运输、销售所需商品基础知识文案与 PPT 展示
要求	采购员需重点掌握的商品知识： 商品分类、商品质量、商品检验、商品标准、商品属性与顾客需求 仓储人员需重点掌握的商品知识： 商品储运特性与环境因素控制、商品检验、商品质量、商品包装 运输人员需重点掌握的商品知识： 商品储运特性与环境因素控制、商品包装 销售人员需重点掌握的商品知识： 商品属性与顾客需求；商品质量的基本要求 2. 文案撰写思路 　　（1）商品的构成分析。商品的构成如下： 　　核心部分描述：从其外部形态进行等级描述；从化学成分进行功能和营养成分描述；总结消费者对商品核心部分的需求 　　形式部分描述：能结合实物和理论明确此商品的有形附加物包含内容 　　附加部分描述：能结合理论和小组门店实际情况明确提供的商品无形附加物有哪些 　　（2）商品的使用价值与卖点分析。商品的使用价值与卖点分析如下： 　　商品使用价值：能结合以上三方面的分析描述，结合对使用价值的理解，通过市场细分知识的学习和商品分类知识的学习，能明确不同品种、等级、产地芒果商品使用价值 　　卖点与养护要点：能够结合消费者需求，明确商品使用价值大小（商品属性与消费者需求的契合）即为商品的卖点，也是流通过程中采购、储运养护、销售的要点 　　（3）商品质量基本要求满足情况分析。食品商品质量的基本要求主要体现在营养价值、安全卫生、感官要求三个方面，在采购、运输、仓储环节要保证这三个方面的不损失、不降低、不改变 　　销售环节食品商品质量的基本要求要想很好地展现给消费者，必须要加上服务，所以服务商品质量的基本要求也要体现在文案里面 　　（4）商品储运特性分析。围绕商品的成分、结构分析商品的储运特性，明确包装和储运条件要求，才能做好仓储和运输工作
准备工作	1. 小组成立—组织结构明确 2. 芒果商品分发
方法	1. 观看视频 2. 示范讲解 3. 撰写文案 4. 学生 PPT 讲解

二、实训步骤

第一步　资料收集

（1）芒果营养价值、安全与卫生、感官等方面要求的资料搜集。

（2）芒果产地、品种、等级等方面知识的收集。

第二步　资料分析

（1）按要求和所学知识分析汇总收集资料。

（2）撰写门店各岗位工作人员所需芒果商品知识。

第三步　展示讲解

（1）芒果采购员采购知识文案与 PPT 的展示讲解。

（2）芒果仓储员储存知识文案与 PPT 的展示讲解。

（3）芒果运输员运输知识文案与 PPT 的展示讲解。

（4）芒果销售员销售知识文案与 PPT 的展示讲解。

三、操作要求

（1）纸张要求：学院作业纸或 A4 纸。

（2）格式要求：字迹要求工整、清晰可辨认；标题居中，正文首行缩两格；落款右对齐，表格形式，内容为小组成员＋工作分工＋芒果商品知识。

四、成绩评定

评价内容	分数	自我评价	小组互评	教师评价
PPT 设计	2			
文案资料分析	4			
文案格式	2			
语言表达	2			
合计	10			

本章小结

粮谷类主要包括稻谷、小麦、黑麦、大麦、荞麦、玉米、高粱和粟米等。营养物质主要有碳水化合物、蛋白质、脂类、维生素、矿物质、酶、色素和水分等。由于粮谷品种不同，其化学成分存在着很大的差异。一般来讲，谷类以淀粉为主。

粮谷类商品在储存中其主要成分的糖类物质、脂类、蛋白质、维生素等会发生相应的物理机械、化学、生理生化变化，从而使粮谷类商品表现出吸附与吸湿性、呼吸作用、易霉变、易受虫害作用、发热性、陈化性、散落性和下沉性等生理特性。随着储存环境因素的变化粮谷类食品在感官特性上发生变化，影响食用品质。

粮谷的储运养护是要做好储存场所的选择，存储作业区的安全卫生工作，储运前的品质检验工作，储运中的环境控制工作。储运温度要求一般为 10℃~15℃，相对湿度要求为 70%~80%。做好防火工作。

水果的种类繁多，按经营习惯和果实构造不同，水果分为仁果类、核果类、浆果类、柑橘类、瓜类、热带水果类、进口水果类。

蔬菜采用植物的可食用器官分为根菜类、茎菜类、叶菜类、果菜类、花菜类、食用菌类。

果蔬的主要化学成分，包含在果蔬细胞液中的有：糖、有机酸、含氮物、果胶、色素、多酚类物质、芳香物质、矿物质和水等；组成果蔬细胞壁的有：纤维素、半纤维素、原果胶等。前者决定果蔬的营养价值。作为鲜活食品的果蔬还普遍含有多种酶，这对果蔬的贮藏性能及使用品质也有着重要的影响。

果蔬的质量检验以感官鉴别为主，理化检验为辅。只在必要时测定某些项目。感官检验主要是进行果蔬的分级工作，考虑因素为果形、成熟度和病害虫、颜色、大小等项目；蔬菜的分级还应要求清洁，修整状况良好，不带泥土或黄帮叶等。进入流通领域的果蔬商品要围绕重金属、农药残留、化肥、微生物等方面进行理化、生化检验。

果蔬在储运的过程中，贮藏特性主要受呼吸作用、蒸腾作用的影响比较明显。呼吸作用的强弱与果蔬的品种与种类、成熟度、水分含量，环境的温、湿度、气体成分，作业操作中的机械损伤等因素有关。蒸腾作用与果蔬的组织结构，环境的温、湿度、风速，作业中的机械损伤等因素有一定关系。

果蔬商品易损耗，销售养护尤为重要。进货时要做好食品品质、商品价值的评价工作，做好果蔬产品市场销售的特点分析并制定相应对策。

果蔬商品的储运养护从田间开始，采摘后从包装开始，包装容器、材料、技法的选择尤为重要。运输环境条件具体包括振动、温度、湿度、气体成分、包装、堆码与装卸六个方面。果蔬的保鲜技术主要有保鲜纸箱、微波保鲜、可食用的水果保鲜剂、新型保鲜薄膜、加压保鲜、陶瓷保鲜袋、微生物保鲜法、减压保鲜法、烃类混合物保鲜法、电子技术保鲜法等。

商品课程上的肉指畜禽屠宰后除去毛或皮、血、头、尾、蹄和内脏的畜禽胴体，而头、尾、蹄、内脏等则称为副产品、下水或杂碎。肉制品中所说的肉，仅指肌肉以及其中的各种软组织，不包括骨和软骨组织。精肉则是指不带骨的肉，去掉可见脂肪、筋膜、血管、神经的骨骼肌。

生鲜肉指凌晨宰杀，清早上市的"热鲜肉"，未经任何降温处理的畜肉。

排酸肉指屠宰后的禽畜胴体迅速进行冷却处理，使胴体温度在 24 小时内降温为 0℃~4℃，并在后续的加工、流通和零售过程中始终保持在 0℃~4℃范围内的冷鲜肉。

冷冻肉是指经屠宰加工，符合冷冻条件后，在-23℃的低温下冻结后，又在-18℃的冷库中储存一段时间的肉。

家畜肉的营养成分主要有蛋白质、脂肪、糖、无机盐、维生素等，其含量因家畜的类别、性别、年龄、饲养情况、部位的不同而有差异。肉的营养成分含量不同影响着肉的食用品质，其食用品质主要包括肉的色泽、风味、保水性、嫩度等。

冷藏肉的新鲜程度可从外观、硬度与弹性、气味、脂肪、骨髓、肉汤、腱和关节等感官指标进行判断。贮藏期间冷藏肉可能会发生干耗、发黏、发霉、颜色改变、串味等质量变化，经过僵直、后熟、自溶和酸败四个阶段。其中自溶阶段始于成熟后期，是质量开始下降的阶段，特点是蛋白质和氨基酸分解、腐败微生物大量繁殖，使质量变差。肉类的贮藏应尽量推迟其进入自溶阶段。

冻肉托运温度要求-10℃以下，出库温度应该更低些，以备装车过程中肉温回升。机械保温车运输应保持在-12℃~-9℃。储运前做好质量检验工作，不符合标准不能储运。

冻肉可用白布套包装或不包装，采用紧密堆码方法，不留空隙，装车时要"头尾交错、复背相连、长短对弯、码紧码平"，底层应将内皮紧贴底格板，最上层应使肉皮朝上，以免车顶上的冷凝水珠落在精肉上。装车完毕，上层也可加盖一层草席。

水产品分为动物性水产品和植物性水产品，鲜活动物性水产品分为鱼类、虾类、蟹类、贝类和其他类。

活鱼仅限于淡水鱼。凡活泼好动，反应敏锐，体表有一层清洁透亮的黏液，不掉鳞，无伤损病害的鱼质量为好。

鲜鱼死亡后分为僵直前、僵直、软化、腐烂等阶段。处于僵直前、僵直阶段的鱼食用价值佳。鲜鱼可从鱼鳃的状态、鱼眼的状态、鱼鳞和表皮状态、鱼的组织状态等进行鲜度的感官判定，也可用细菌判断法进行鲜度判定。造成水产品鲜度变化的内因有水分含量高、脂肪成分主要是不饱和脂肪酸、体表黏液多，表皮薄，鳞片易脱落；外因有细菌、霉菌污染、受伤及加工不及时、保存方式不当等。

　　鲜活海鲜的鲜度管理要做到分类养殖、做好水温控制、水质调节。

　　冰鲜水产品的鲜度管理可采用敷冰法、冷藏保鲜法、微冻法、冷盐水处理法。冻藏水产的储运要做好温度管理。

知识测试

一、填空题

　　1. 粮谷的储运环境温度要求一般为（　　　　　　　　），相对湿度要求为（　　　　　　），做好防火工作。

　　2. 按经营习惯和果实构造不同，葡萄属于（　　　　　　），苹果属于（　　　　　）。

　　3. 瓜类果蔬具有（　　　　　　），随着时间的推移，果实果皮的厚度逐渐变薄，质量损失逐渐加大。

　　4. 果蔬产品的装运方法与货物的运输质量的高低有非常重要的关系，常见的装车法有（　　　　　）装车法，（　　　　　　）装车法，（　　　　　）装车法，（　　　　　　）等。无论采用哪种装运方法都必须注意尽量利用运输工具的容积，并利于内部空气的流通。

　　5. 果蔬中的糖、有机酸、含氮物、多酚类物质、芳香物质、矿物质和水等，包含在果蔬（　　　　　　）中；果蔬中的纤维素、半纤维素、原果胶等存在于果蔬（　　　　　）。

二、判断题

　　1. 肉经历僵直、后熟、自溶、腐败四个变化阶段，处在自溶期的肉食品品质最佳。（　　）

　　2. 活鱼仅限于淡水鱼。凡活泼好动，反应敏锐，体表有一层清洁透亮的黏液，不掉鳞，无伤损病害的鱼质量为好。（　　）

　　3. 鲜鱼可从鱼鳃的状态、鱼眼的状态、鱼鳞和表皮状态、鱼的组织状态等进行鲜度的感官判定，也可用细菌判断法进行鲜度判定。（　　）

　　4. 果蔬商品堆码采用通风垛，冻品堆码采用紧密堆码。（　　）

　　5. 新鲜鱼的眼澄清透明，周围没有因充血而发红的现象；表皮黏液增多；鱼

肉组织紧密而有弹性,肛门周围呈一圆坑形,肛腹不膨胀。(　　)

三、选择题

1. 鲜鱼死亡后经历了(　　)鲜度变化阶段。

A. 僵直前—软化—僵直—腐烂

B. 僵直前—僵直—软化—腐烂

C. 僵直—僵直前—腐烂—软化

D. 僵直前—僵直—腐烂—软化

2. 属于浆果类的水果有(　　)。

A. 南国梨　　　　B. 王林苹果　　　　C. 草莓　　　　D. 桃子

3. 具有明显后熟作用的水果是(　　)。

A. 西红柿　　　　B. 菠萝　　　　C. 葡萄　　　　D. 樱桃

4. 粮食中的糖类存在形式主要是(　　)。

A. 蔗糖　　　　B. 果糖　　　　C. 淀粉　　　　D. 乳糖

5. 肉类的销售存储要推迟(　　)的到来。

A. 僵直　　　　B. 后熟　　　　C. 腐败　　　　D. 自溶

四、多项选择题

1. 下列描述属于果蔬生理特性的是(　　)。

A. 呼吸作用　　　B. 蒸腾作用　　　C. 休眠　　　　D. 背地性

2. 冷藏肉贮藏期间发生的质量变化有(　　)。

A. 干耗　　　　B. 发黏　　　　C. 发霉　　　　D. 颜色改变

E. 串味

3. 造成水产品鲜度变化的内因有(　　)。

A. 水分含量

B. 脂肪多以不饱和脂肪酸形式存在

C. 体表黏液多,表皮薄,鳞片易脱落

D. 矿物质含量高

4. 下列陈述属于粮谷生理特性的是(　　)。

A. 散落性与下沉性　　　　　　B. 易霉变、易受虫害作用

C. 呼吸作用　　　　　　　　　D. 吸附与吸湿性

E. 僵直

5. 下列属于新鲜肉的特点的是（　　）。

A. 脂肪分布均匀，无油腻味

B. 脂肪很软，呈淡绿色

C. 脂肪呈白色，柔软而富有弹性

D. 无酸败气味和苦味

E. 脂肪呈白色，组织紧密，质硬

五、概念题

1. 排酸肉

2. 冻肉

3. 保水性

4. 散落性

5. 下沉性

六、简答题

1. 粮食的贮藏特性有哪些？

2. 粮食的营养成分有哪些？

3. 果蔬商品对人体有益的成分有哪些？

4. 鱼类商品的鲜度变化。

5. 鲜鱼的感官检验。

6. 粮谷的储运养护。

7. 果蔬的储运养护。

七、论述题

1. 试述影响果蔬储运的生理特性及其影响因素。

2. 试述消费者需求与水产品的使用价值的关系。

| 第9章 |

工业品储运养护知识

目标分解

知识目标：了解消费者对工业品最基本的需求

认识工业品储运与消费者需求的关系

掌握工业品质量劣变的影响因素与储运管理

技能目标：初步具备寻找具体工业品商品核心部分的能力

初步具备工业品商品质量劣变判断的能力

初步具备工业品商品储运养护管理的能力

素养目标：培养学生具备一定的协作意识

培养学生具备一定的法律素养

培养学生具备一定的工业品历史知识

9.1 工业品储运基础知识

电冰箱的搬运

搬家时电冰箱的搬运角度

由于很多搬家公司员工专业知识的缺乏，他们在搬电冰箱时为了图省事，都是将冰箱放倒，然后抬着出去，这样做或许是比较省力，但是这种不规范的操作会导致冰箱的制冷性能严重恶化，甚至使冰箱损坏。

电冰箱应直立搬运，箱体要倾斜时，倾斜角度一般不要超过30度。此外，搬运冰箱时还要小心谨慎，不要以冷凝器、管道、门把手等外挂部件为用力点。

搬家后电冰箱的安放

如果能科学地安放电冰箱，不仅可以延长其使用寿命，而且还能减少电能的消耗，所以，安放时应注意以下几点：

（1）冰箱应放在干燥、通风的地方，避免日光直射，不要靠近暖气片、火炉等地。因为过热会影响冷凝器散热效率，而潮湿的地方由于易受潮会使冰箱外壳生锈。

（2）冰箱的左、右两侧及后侧，与墙壁的距离均应保持在100毫米以上，以确保空气流通，正面要考虑到开门方便为好。

（3）冰箱所用电源线的容量应在六安以上，用独立的单相三孔插座，并安上三安的保险丝，而地线接地电阻不应大于八欧。

（4）搬动冰箱时勿颤动，倾斜度不能超过30度以上。

资料来源：http://www.hfwsbj.com/display.asp?id=569.

思考：你知道电冰箱搬运为什么有这么多注意事项？

所谓工业品商品是指产品生产不受季节影响，由工业部门经过大机器加工生产并用于交换的有形产品，是工业企业进行工业生产活动的直接有效成果。它既包括居民所需的消费资料，也包括产业各部门的生产资料。但工业生产资料的需求是一种派生需求，因而，从生产经营的角度看，消费资料（即消费品）是工业品商品研究的一个基本范畴。由于工业有轻工业、纺织工业和重工业之分，所以工业品商品可划分为一般日用工业品、耐用工业品和纺织工业品三大类。本教材主要介绍日用工业品中的塑料、化妆品、洗涤用品；耐用工业品中的家用电器；纺织工业中的纤维、纱线、织物、服装商品。

工业品生产、储运、销售都是围绕消费者需求与期望进行的，消费者的需求和期望得到满足和实现是储运工作的方向和目标。消费者对工业品的最核心需求体现在工业商品的质量要求上，这些质量要求是由工业品的成分、结构、外观等因素决定的，工业品的储运养护要保护工业品的这些因素不受损坏地到达消费者手中，才完成了储运工作任务。

9.1.1　工业品的成分结构

（1）工业品的成分。工业品含有以下成分：

1）有机化合物。有机化合物是指以碳元素为骨干，多数情况下与氢元素或氢氧元素结合，或再与氮、硫、磷、氯等中的一种或几种元素结合所组成的化合物。一般将分子量低于 10^3 的称为低分子有机化合物，将分子量高于 10^3 的称为高分子有机化合物。

低分子有机化合物构成的工业品商品主要有洗涤用品、化妆品。洗涤用品中的肥皂其主要成分是高级脂肪酸钠，合成洗衣粉的主要成分是烷基苯磺酸钠；化妆品中的香水其主要成分是乙醇。高级脂肪酸钠、烷基苯磺酸钠、乙醇都属于低分子有机化合物。

高分子有机化合物构成的工业品商品主要有塑料制品、橡胶制品、皮革制品、纸张及其制品、粘合剂等。这些商品中含有树脂、橡胶烃、蛋白质、纤维素等成分，是高分子有机化合物。

以有机物成分为主的商品，其性质比较复杂，在外界因素的作用下，易产生质变现象。

【引例 9-1】日化品的质量变化

肥皂的酸败就是由于在外界因素的作用下，肥皂的有机成分（不饱和脂肪酸）氧化分解，产生了低级的脂肪酸、酮类、醛类，这些物质具有刺激性和不良的气味；而类似的质变现象在护肤用品中也经常会有，如香脂的酸败等。

资料来源：根据相关资料整理。

2）无机非金属化合物。目前采用最多的无机非金属化合物的材料是硅酸盐材料，硅酸盐制品的化学性能稳定、硬度大、不易腐蚀和磨损，在搬运储存过程中只要注意轻拿轻放，勿重压碰撞，除平板玻璃不宜在露天长期存放以免风化失透等问题外，一般不会出现其他质量问题。

无机化合物构成的工业品商品主要有玻璃制品、陶瓷制品、搪瓷制品等。具有清洁卫生又精致美观，且价格低廉等特点。

3）金属化合物。金属分为有色金属和黑色金属。金属材料制成的工业品商品具有坚牢、耐用、导电性和导热性高及耐热性较好等特点，但在外界环境的影响下，容易发生腐蚀，轻者影响商品外观，重者会影响商品的使用寿命和使用安全性。

金属材料制成的工业品商品主要有金属器皿、五金商品、机械商品、家用电器及部分文化用品等。

（2）工业品的成分组成。由单一成分组成的工业品商品很少，绝大多数的工业品商品都是由多种成分组合而成的。为了研究工业品商品的性能和质量，应明确工业品商品的成分组成，能够区分商品中的有效成分和无效成分、主要成分和辅助成分、基本成分和杂质成分。

1）有效成分与无效成分。从商品的效用上分析，使商品具有使用性能的成分都是商品的有效成分，与有效成分共存的其他成分为无效成分。

商品中的有效成分的种类，决定着不同工业品商品的性质。

商品中的有效成分的含量很大程度上决定着商品质量的高低，所以某些商品的质量标准中就规定了有效成分的含量。

商品的无效成分是无用的，有的甚至是有害的，所以在某些商品的质量标准中，特别规定了各种有害成分的极限含量。无效成分的存在往往或多或少地降低了商品有效成分的含量。因此，无效成分越多的商品质量越差，甚至影响商品的使用效果。

【引例 9-2】有效成分、无效成分与商品使用价值

造纸：原材料是植物纤维，其中纤维素是有效成分，与纤维素共存的果胶

质、木质素、灰分等都属于无效成分。

玻璃：钠玻璃以二氧化硅、氧化钠、氧化钙为主要成分，其机械强度、化学稳定性和热稳定性都较差，但易生产，多用于制造平板玻璃；钾玻璃是以氯化钾取代氯化钠，其机械强度、稳定性较好，光泽度高，多用于生产质量较好的日用器具和化学仪器；铝玻璃以二氧化硅、氧化钾和氧化铝为主要成分，具有较高的折射率，光泽度较高，硬度较低，易于装饰加工，最适于制造光学仪器、雕刻艺术品和优质日用器皿。

铝制品：铝制品质量高低是由有效成分铝的含量多少来衡量的。精铝制品纯度要求在98%以上。

资料来源：根据相关资料整理。

2）商品的主要成分和辅助成分。在商品中发挥主要作用的成分称为主要成分；在商品中辅助主要成分更好地发挥作用，使商品具有更全面的使用性能的成分称为辅助成分。加入商品中的辅助成分，不仅要考虑对商品本身作用的改善，同时还要考虑成本和环保等。

【引例9-3】牙膏

牙膏中的主要成分是摩擦剂和洗涤剂。摩擦剂是组成牙膏的主体，借助摩擦作用清洁牙齿；洗涤剂具有乳化、分散、悬浮和起泡沫作用，可以清洁口腔。此外还有调合剂、胶着剂可以使牙膏制成膏体而方便使用；甜味剂和香精可以除去洗涤剂等成分的异味而使牙膏气味芬芳。

资料来源：根据相关资料整理。

3）商品的基本成分和杂质成分。对商品的化学成分进行定量分析，可以把占商品组成中绝大部分的成分称为基本成分，其他成分则称为杂质成分。对杂质成分也应具体分析。有些杂质成分对商品质量无害，甚至有益，但有些杂质成分可能给商品带来很大的危害。

【引例9-4】钢材里的杂质成分

硫和磷均是钢材里的杂质成分，对商品质量有害。硫能使钢材发生"热脆"；磷能使钢材发生"冷脆"，所以钢材中的硫和磷的含量越低越好。

资料来源：根据相关资料整理。

（3）固体工业商品结构。在通常情况下，工业品商品主要是以液态、固态、软膏体等形态存在，其中绝大多数为固态。

固体商品的形态和性质非常复杂，其决定因素之一是商品本身的结构。商品本身的结构可以划分为宏观结构、微观结构和内部构造等不同层次。

1）固体商品的宏观结构。固体商品的宏观结构，是指用肉眼或通过放大镜所能观察到的结构。可以详细划分为外形结构、组织结构和结构单元的组合。

外形结构就是指商品的外观形状和大小，也就是商品的式样、规格等，如冰箱按箱体外形可分为单门冰箱、双门冰箱、三门冰箱、四门冰箱和多门冰箱。

组织结构是指商品体各部分的构成，也就是商品构成部位及其材料，例如，皮鞋主要是由鞋帮、鞋底两部分组成。

结构单元是指可以通过放大镜看到的最小单元，如采用牛皮的真皮层上层加工的粒面革纤维素较细，质地柔软；而牛皮的真皮层下层加工的二层革纤维素较粗，交织呈网状，粗糙而欠柔软，所以，用它们制成的皮鞋在性能和质量上有明显的差别。

工业品商品的宏观结构非常复杂。工业品商品通常是由若干个零件、部件和组件组装而成的，按其功能可分为基本结构和辅助结构。使商品具有使用价值必不可少的结构称为基本结构；使商品更好地发挥使用价值的结构称为辅助结构。如保温瓶的瓶胆、瓶塞是基本结构，其外壳和装饰件是辅助结构。

商品的宏观结构使商品显示一定的物理机械性能，是衡量商品质量的一个重要因素。因此，分析商品的宏观结构是研究商品质量的前提，也为其包装、储存和使用提供依据。与此同时，商品的宏观结构也具有保护和美化商品的作用，体现了商品的造型风格，可以满足消费者使用该商品的精神需求。

要充分满足市场需求，提高商品质量和改善商品品种，一个重要的措施就是使商品宏观结构合理化。商品的基本结构合理，商品才能性能稳定，使用安全可靠；辅助结构合理，商品才能新颖美观，别具风格，使用方便。

2）固体商品的微观结构。固体商品的微观结构是指用光学或电子显微镜能观察到的结构，如金属制品及其材料的晶体结构以及天然或合成的高分子有机物的晶体和非晶体结构。商品的微观结构会影响或决定其物理和机械性能。

3）固体商品的内部结构。固体商品的内部结构是指用显微镜观察不到的原子、分子以及更大一些的结构单元的组合。

固体商品的内部结构不同，其物质在宏观上表现出明显的不同，如聚丙烯，有的在常温下呈固态，有的在常温下呈液态；同是固态，有的可制成塑料制品，有的却可以制成纤维制品，这就是内部结构的奥妙所在。

9.1.2 工业品商品的性质

工业品商品的性质是决定商品质量的主要因素，是确定工业品商品的包装、存储、运输和使用条件的重要依据。商品性质因商品而异，可概括为工业品商品的物理性质、化学性质、机械性质三个方面。

（1）工业品商品的物理性质。商品的物理性质是指商品受外界因素作用时而表现出来的物理行为。各种商品都有其特定的物理性质，与一般工业品商品使用价值关系密切的有商品的物理状态、重量、光学性质、导热性与耐温性、热稳定性与热震动性、声学性质、吸湿性、透气性、透湿性和透水性等。

1）物理状态。固态、液态和气态是物质所具有的三种不同状态，称为物质的三态。在一定的压力条件下，随着温度的变化，物质的物理状态也会发生变化。物质因温度升高由固态变为液态的过程，称为熔化；随着温度的继续升高，物质由液态变为气态的过程，称为气化；固态物质在温度升高过程中不经过液态阶段，而直接转化为气态的现象称为升华。物质由于温度下降由气态变为液态的过程，称为凝结；随着温度的继续下降由液态变为固态的过程，称为凝固。

成千上万的商品也以这三种状态存在于客观世界，也会因构成物质的三态变化而发生着三态的转变。如果商品固有的物理状态发生改变，一般意味着商品质量的降低，也可能丧失使用价值。

【引例9-5】液态商品质量变化

标准大气压、常温条件下呈液态的商品，具有流动性和挥发性，没有固定的形状，需要灌装在一定的包装容器内进行交易活动。灌装于包装容器内的液体商品容易发生渗透、泄漏等物理机械变化，造成液体商品的损失和质量的降低。液体商品具有较大的热膨胀性和很小的可压缩性，在密闭的包装容器内，当温度升高时会对容器壁产生很大的压力，甚至使包装容器破裂。

资料来源：根据物理知识整理。

2）重量。重量是指商品的轻重。重量可以反映某些商品的质量，如纸张、皮革、合成洗衣粉等。商品的重量指标，通常在商品标准中都有规定，常见的重量指标有密度、表观密度和平方米重。

密度是物体重量与其体积的比。单一紧密材料制成的商品，均有固定的密度值，一般多用单位立方厘米的重量来表示，如果密度不符，可考虑成分不纯或内部有孔洞缺陷。

一般情况下，金属材料密度最大，其次为无机材料，塑料最轻。

表观密度是指物体在自然状态下单位容积内的重量。多孔性工业品商品，其重量多用表观密度来表示，它可以表示商品多孔的程度。

平方米重是指每平方米面积商品的重量，主要用于片状材料商品的性能，如纸张。

3）光学性质。当一束光照射到某一物体时，可能产生反射、吸收、透过、折射四种现象，这使工业品商品表现出不同的颜色和光泽。颜色与光泽虽然在商品标准中没有很明确的规定，但消费者对其却有着不同的需求，并随着时代的变迁而变化。

太阳光是由波长 330~780 纳米之间的紫、蓝、青、绿、黄、橙、红光混合而成的可见光。

不透明商品表现出来的颜色是反射色光的混合色。若光全部被反射，商品呈白色；全部吸收，商品呈黑色；仅反射红光，商品则呈现红色。

日光灯灯光的光谱和太阳光相近，在此光源下可以较为正确地显示商品的颜色。

光泽是指商品被光照射后的反光现象。影响商品光泽的因素主要是商品表面的光滑程度。一般来说，商品表面光滑，对光的反射方向基本一致，就会表现出良好的光泽；商品表面粗糙，光照后会发生漫散射，商品表现为缺乏光泽。光泽好的商品，颜色显得鲜艳；无光泽的商品，其颜色深暗而显得陈旧。

4）吸湿性。商品的吸湿性是指商品在一定条件下，从空气中吸收或放出水分的能力。吸湿性强的商品在潮湿的空气中不断吸收水分而增加含水量，而在干燥空气中则会不断放出水分而减少含水量。商品吸湿性是商品与商品外界之间水分的位置移动的结果。

商品的吸湿性一般用含水率或吸湿率来表示。

含水率是在一定的温、湿度下，商品中水分含量占商品重量的百分率，即：

含水率（%）=商品含水量/商品重量×100%

吸湿率是在一定温、湿度下，商品中水分含量占商品干燥重量的百分率，即：

吸湿率（%）=商品含水量/商品重量–商品含水量×100%

安全水分是商品储运中不发生质量变化的含水率的临界值。

5）透气性、透湿性和透水性。商品吸湿性好，但散湿性不一定好。具有良好的透气性、透湿性、透水性的商品才具有良好的散湿性。在商品养护的时候要结合商品的透气性、透湿性和透水性做好除湿工作。

透气性是指商品能被空气透过的性质。透湿性是指商品能被水汽透过的性质。透水性是指商品能被液态水透过的性质。商品的透气性、透湿性和透水性的区别在于它们透过的物质及其形态和大小都不相同。

商品的透气性、透湿性和透水性受以下因素影响：①商品透气、透湿和透水性的大小主要取决于商品的组织结构。商品组织结构松弛，其透气、透湿、透水性都大。②商品透水、透湿、透气性大小还与商品的化学成分有密切关系。商品成分中含有亲水基因，或属于多孔性商品，虽然结构紧密，透水性可能较小，但透气、透湿性还是很大的。粉末结构的商品透水、透气、透湿性能都很小。③凡透水的商品都透气、透湿，但透气、透湿的商品不一定都透水。

商品的透气性、透湿性和透水性影响商品质量，不同商品对商品的透气性、透湿性和透水性有不同的要求。对服装类商品，透气、透湿性是最重要的卫生要求。衣、帽、鞋、袜等应有适当的透气、透湿性，才能使人体蒸发出来的水分和分泌出来的各种气味透过衣物散发。有些商品由于用途特殊，如雨衣、防雨布、胶鞋等，不仅要求有良好的透气性和透湿性，还要求有很好的不透水性；对包装用的防潮材料则要求具有不透水性和不透湿性。面粉等粉状结构商品的透湿、透气性差，散湿与通风困难。当环境相对湿度超过60%，面粉就会吸湿，最终返潮结块，影响商品质量。

6）导热性。导热性是指商品传递热能的性质。商品的导热性与其化学成分、组织结构、表面颜色等因素有一定的关系。①商品导热性大小与其化学成分有一定的关系。金属材质的商品导热性好，是热的良导体；无机陶瓷或其他绝缘材料导热率较低；高分子材料的导热率很低。②商品的导热性与商品的结构有关。蓬松厚实的结构，其孔隙充满着大量的、导热性很小的静止空气，导热性差；疏漏、轻薄的结构，使空气易于流通，导热性好。

7）耐温性。耐温性是指商品在所能承受的温度极限内仍能保持优良物理机械性能的性质。商品的耐温性能与商品的成分和其结构的内部均匀性有关，如聚氯乙烯塑料温度超过60℃会发软、发黏、强度下降，温度低于10℃后则变硬、发脆。

高分子材料制成的商品一般要结合商品的用途和使用温度来进行高分子材料的合理选用，如微波炉适用的保鲜盒一般采用耐高温到 160℃的聚丙烯材质，非金属无机材料中的陶瓷、玻璃、搪瓷也有一定的使用温度限制，非金属有机低分子材料（日化品）也要进行耐温性检验。

8）热稳定性与热震动性。热稳定性实质上是指商品受热其成分物质发生变化的性质，如羊毛织品温度超过 100℃，处理时间超过 48 小时后，则会分解出氨和硫化氢。

热震动性有时也称热稳定性，是指非金属无机材料商品承受温度急骤变化而不致破坏的能力。

【引例 9-6】 日用陶瓷、玻璃制品热稳定性的测定

把一定规格的试样加热到一定温度，然后立即置于室温流动水中急冷，并逐次提高温度和重复急冷，直至观测到试样发生龟裂，则以产生龟裂的前一次加热温度来表征其热稳定性。

资料来源：根据物理知识整理。

9）声学性质。工业品商品发出的声音状况与其质量的优劣有着密切的关系。视听设备和乐器等工业商品的音质优次、音量大小、音域宽窄是判断其质量情况的重要依据；通过玻璃、陶瓷、搪瓷制品的敲击声音可以判断其是否受到损坏，声音清脆悦耳，表明品质正常，声音嘶哑是有裂纹；塑料制品也可以通过声音初步判断其品种。

（2）工业品商品的机械性质。商品受拉伸、压缩、冲击、弯曲、扭转、揉折、剪切等外力作用时，抵抗发生变形或破损的能力称为机械性质。

机械性质是许多工业品的重要品质指标。工业品由于使用要求不同，对机械性能的要求也不尽相同。

1）弹性与塑性。工业品商品的弹性与塑性是商品在外力作用下发生形变的性质。

商品在外力作用下所产生的形变有弹性形变和塑性形变两种。当物体受到一定外力作用后发生了形变，移去外力后物体又能自动恢复原来的形状和尺寸，这样的形变称为弹性形变；若移去外力后，物体不能复原，这样的形变称为塑性形变。

商品的弹性与塑性是一个相对范畴。商品承受应力在荷载范围内，及时卸除荷载，商品可能恢复原状，这个阶段是弹性阶段；商品承受应力超出极限荷载或不能及时卸除荷载，当荷载卸除，商品不能恢复原状，这种形变被永久保留下来，这个阶段是塑性阶段。

商品的弹性与塑性和商品的组织结构有关，组织致密的商品，一般具有较高的弹性，组织结构松弛的商品则容易出现较大的塑性形变。

商品的弹性与塑性和商品的成分有关，金属材料、无机材料构成的商品弹性很小。

商品的弹性与塑性和商品所受机械应力有一定的关系，在弹性阶段，应力与应变之间存在一一对应关系；在塑性阶段，应力和应变之间不存在一一对应关系。固体变形很小就破坏的性质称为脆性；能够经受很大变形才破坏的性质称为韧性。通常脆性固体塑性变形能力差，而韧性固体的塑性变形能力强。

【引例 9-7】常见的脆性材料及易碎制品、韧性材料及其制品

脆性材料与易碎制品：铸铁、玻璃、陶瓷、硬质塑料。

韧性材料及其制品：橡胶、轮胎、钢、铜、铝合金。

资料来源：根据资料整理。

2）强度。商品的强度，是指商品抵抗外力破坏作用的能力，强度是表示商品是否坚固耐用的重要指标。

在外力的作用下，任何商品都会发生或大或小的形变，同时其内部就产生了抵抗形变和保持形态完整的一种抵抗力，这种抵抗力叫作应力。

工业品商品的强度在很大程度上取决于其成分和结构。不同成分的商品具有不同的强度；同一成分的商品结构不同，其强度也不同。

各种商品的用途和使用条件不同，在使用过程中所承受的外力的形式也不相同，所以各种各样强度对不同商品有着不同的意义。能普遍反映各类商品坚固耐用性的强度指标主要有抗张强度、抗弯曲强度、抗磨强度、硬度和抗疲劳强度等。

抗张强度是指商品抵抗拉伸荷重的能力，所以又称抗拉强度。抗张强度主要与商品的成分结构有关，其次是生产工艺过程。商品的抗张强度通常用其试样被拉断时，单位面积的荷重（千克/平方厘米）来表示。拉伸荷重是商品在使用过程中经常遇到的一种外力。商品在承受这种拉伸力作用时，发生长度增加和横切面积缩小的形变，同时产生相应的拉伸应力。当拉伸力超过该商品的抗张强度

时，商品就会出现断裂现象。所以，抗张强度是许多商品的重要质量指标，如在判断纸张、塑料、橡胶、钢材等商品的品质时，均需测定其抗张强度。

抗弯曲强度，又称耐折度，是指商品抵抗弯曲荷重的能力。物体弯曲时各部分发生不同形变。向内弯曲时，在弯曲点处发生弯曲形变的同时，物体外层受拉伸而内层受压缩，使物体内部结构产生不同的位移和应力。脆性物体的抗弯曲强度很低，当弯曲荷重超过其弯曲强度时，即发生脆裂。韧性物体的抗张强度常小于其抗弯曲强度和抗压强度，当弯曲到某一角度时，承受最大拉伸力的部分首先破裂，如果反复弯曲则破裂部分由内外两侧逐渐伸向中层，最后全部断裂。测定抗弯曲强度的方法，可以检查商品反复弯曲直到断裂时所需的次数；可以将物体弯曲到一定角度看表面是否发生裂纹；可以检查弯曲后是否出现各层分离现象。检查抗弯曲强度的方法应根据商品结构的特点以及商品的用途和使用条件来确定。

抗磨强度，是指商品抵抗其他物体摩擦的能力。两种物体互相摩擦时，较硬的物体不会受到明显的损伤，说明这种商品耐磨强度高。可见，抗磨强度与物体的硬度有着一致性。但是，对于具有交织结构的商品来说，硬度高，其抗磨强度反而低于较软的物体。工业材料或制品在使用过程中经常遭受摩擦，因此均应具有一定的抗磨强度，才能保证经久耐用，如轮胎、胶鞋等橡胶制品，在使用过程中，经常与其他物体发生摩擦，因而要求具有较高的抗磨强度。商品抗磨强度的表示方法，可概括为两类：一类是用在一定条件下物体被磨耗的重量或体积表示；另一类是用在一定条件下磨耗至破损为止所需要的次数表示。

硬度，工业材料抵抗坚硬物体压入或压缩而引起塑性变形的能力。硬度不仅能表明工业材料的坚实耐压性能的强度，而且与工业材料的耐磨强度和抗穿透强度有密切的关系，是金属制品、橡胶制品和塑料制品的重要质量指标。物体的硬度与其成分、结构，尤其与原子的排列和分子间的内聚力有关。不同成分的商品，其硬度差异很大，如金属制品比绝大多数塑料及橡胶制品硬度大；同是以聚氯乙烯合成树脂为主要成分制成的塑料制品，加入增塑剂和发泡剂的聚氯乙烯塑料制品柔软如海绵，加入较多增强材料的聚氯乙烯塑料制品则较坚硬。测定硬度的方法有压入法和划痕法两种。压入法是用硬度测定仪的钢球或金刚石压头，在加载的情况下，对压入的痕迹进行测量。划痕法是选用滑石、石膏、方解石、萤石、磷灰石、长石、石英、黄玉、刚玉、金刚石10种准材料（它们的硬度分别为1~10），在被测试样表面进行刻画，并对划痕鉴定，以确定被测试样的相应硬度。

抗疲劳强度，是指商品抵抗外力反复作用的能力。商品的抗疲劳强度，通常用其承受一定次数的定负荷拉伸后，抗拉张强度降低的百分率来表示。实际上，商品在使用过程中承受着多次、多种外力作用，虽然并未达到完全破坏的程度，但在某些部位也会产生微小的裂纹或损伤，如果作用力继续反复作用，这些裂纹将逐渐扩大，新旧裂纹互相汇合，强度会降低，直到完全损坏。这是商品强度的疲劳现象。抗疲劳强度与作用力的大小、性质和作用时间都有关系，作用力大、时间长、反复作用次数多都会加速商品的疲劳过程。

（3）工业品商品的化学性质。工业品商品的化学稳定性主要体现在耐水性、耐酸性、耐碱性、耐氧化、耐光及耐气候性等。

1）耐水性。耐水性是指商品在不同温度下，抵抗水的连续作用或间歇作用而不发生化学反应的能力。

2）耐酸、碱性。酸、碱度是某些商品呈酸性、碱性或中性的标志，它可以反映商品的质量情况及其适用性。

人体健康与酸碱度有密切的关系。体液中的 pH 值是维持人体正常新陈代谢的重要因素之一。体内的一切生命活动都需要酸碱度相对恒定。人体血液的酸碱度为弱碱性，pH 值保持在 7.35~7.45；人体皮肤常显弱酸性，pH 值为 4.5~6.5，强酸和碱性物质对皮肤都有刺激性和腐蚀性。

大多数金属及其织品耐酸性很差，使用过程中应避免与酸接触；毛丝织品耐酸不耐碱，棉麻织品耐碱不耐酸；肥皂在酸性溶液中可全部水解，生产中加入碱性助剂。

3）耐氧化、耐光及耐气候性。商品在储运和使用过程中，常会受到空气中的氧、阳光、气候（主要是温、湿度）等因素的作用，使商品的成分发生变化，品质降低，甚至缩短使用寿命。

棉、毛、丝织品在空气中直接接受日光曝晒，其强度会降低；高分子材料及其织品在光、氧、热等外部因素作用下，逐渐老化，降低了商品的使用寿命。

讨论时间

电冰箱储运为什么不能平放或倾斜角度过大？

_____

_____

9.2 工业品储运与环境控制

"光荣斯倍加"轮海运货损纠纷

1986 年 7 月 11 日，大连第三橡胶厂、大连国际信托投资公司从日本购进的旧轮胎分别为 68900 条和 2000 条。由日本东京昭和海运株式会社经营的"光荣斯倍加"轮装载，该轮同航次载运的还有钢管、树油脂等几种货物，并且部分旧轮胎靠近机舱，部分积载在深舱。

该轮由名古屋起航，途经门司、山崎和青岛等地，于 1986 年 11 月 6 日抵大连港。卸货时申请人发现货损，后经辽宁省进出口商品检验分局检验证实：由于承运人配载不当，造成 12093 条轮胎严重变形，损失总计人民币 70 万元。

资料来源：中国物流与采购网，http://www.chinawuliu.com.cn/xsyj/200607/04/130891.shtml.

思考：你能分析出轮胎受损的原因吗？

9.2.1 工业品商品的经营特征与质量特性

（1）工业品商品的经营特征。工业品商品的经营特征有以下几方面：

1）快消日用工业品类商品经营特征。快消日用品更新换代快，寿命周期短。尤其是日用小商品，有的一年一变，有的一年数变，翻新快，如手提包等商品。由于日用品的品种花色、规格型号繁多，与食品类商品相比，人们对这类商品需求的伸缩性较大、选择性较强。

快消日用品的流通特点是由集中到分散，商业部门对日用品中价格低、易消耗、消费者对其选择性不大而又必需的商品，如肥皂、牙膏等要保证供应，不可脱销断档。

快消日用品市场竞争性强，经营中必须重视商品的品种、规格，花色齐全，方便选购，适销对路，并要做好售前、售中和售后的服务工作。

2）耐用工业品类商品经营特征。耐用工业品类商品主要指使用周期较长、价值较高、结构复杂、技术性强的消费性商品。

耐用工业品类商品主要包括日用机械类商品、日用电器类商品、家具三大类。

耐用工业品类商品的产销、流通特点是生产技术要求高，原材料要求严格，质量管理要求科学化，产品的社会需求量随着人民生活水平的提高逐年递增。商品的流转方向一般是由集中到分散，由城市到农村。

耐用工业品类商品一般价格较高，在经营中要注意质量保证及零配件维修服务工作，此类商品竞争性强，市场容量有限，其寿命周期较长。

耐用工业品类商品的消费特点是：其消费过程与诸多社会因素有着直接或间接的联系。主要表现为：①社会配合型消费。有些耐用工业品类商品的消费需要社会其他组织的配合，其消费过程即是某种社会活动展示的过程，如电视机消费，不仅与电视信号传播水平有关，也与电视剧的创作相关联。②社会辅助型消费。几乎所有的耐用消费品的消费都需要社会提供辅助，一旦社会辅助不足或不当，消费效果就会下降。社会辅助范围十分广泛，有社会劳务、社会公用设施、住宅条件、法规等，如日用电器商品需要稳定的电压及电流强度，才能保证消费的正常进行；家具的消费受住房条件的限制等。③耐用工业品类商品由于使用周期长，价格高，消费者在购置时不仅严格要求其使用功能好，而且还要求造型新颖别致，轻巧美观，搬运方便，色彩格调配套，并与整个生活环境相协调。一般的消费心理是重视产地、重视名牌、重视质量的保证。

3）纺织品商品的经营特征。纺织品是以物美价廉、新颖实用为核心内容而展开的。因此，观察与研究世界纺织技术发展潮流，使纺织品生产经营能够适销对路，是商品学研究不能忽视的问题。据纺织工业专家称：世界上化学纤维的数量，在20世纪90年代初已超过天然纤维，目前化学纤维正向多样化和多功能化发展。因此，自古以来的"纺纱织布"概念正在发生着深刻的变化。工业发达国家已经掌握了多种化纤长丝纺纱的加工技术，化纤可以不经过纺纱而织成布或加工成针织品。

与此同时，纺织品的消费也向着三大消费领域拓展：一是用于服装；二是用于装饰；三是用于工农业生产。服装纺织品所用的化学纤维正向着仿毛、仿丝、仿麻、仿毛皮、仿皮革等方面发展。所以，衣料品种多花色、流行快、周期短的特点十分明显。为此，研究纺织品商品，一是要注重纺织品质量与品种的研究，二是要认真对待纺织品生产经营的科学化。为此更有必要抓住国外纺织品市场的变化特征，做出科学的经营决策，才有助于促进消费，扩大销售。

（2）工业品商品的质量要求。工业品商品种类繁多，用途极为广泛，不仅能满足人们使用上的需要，而且还起着美化生活环境的作用。因此，对工业品商品质量的基本要求是适用性能好、坚固耐用、卫生安全、结构合理与外观完好、舒适美观、经济实惠。

1）适用性。适用性是指满足这种商品重要用途而必须具备的性能。它是构成这种商品使用价值的基本条件和评定其质量的重要方面。

不同用途的工业品商品，对其适用性的基本要求也不同，如保温瓶必须保温，洗涤剂必须去污，钢笔必须书写流利，手表要求走时准确，雨鞋必须防水，化妆品对肌肤无刺激，服装、鞋帽要求保暖、透气、无毒等。

同一类商品，由于品种不同，用途也各不相同，如印刷用纸对油墨应有良好的吸湿性，而包装用纸则要求有一定的厚度和机械强度。

不同的消费者对工业品商品的适用性能要求也不同，如消费者对电子电器产品不同性能的要求，可以通过型号和规格的不同来满足，如电冰箱的星级标准、电视机的荧光屏尺寸。

考虑消费者的购买能力、维护能力，对电子、电器商品的性能要求还要兼顾造价和便于维修等经济方面的问题。

2）坚固耐用性。坚固耐用性是指商品在使用时抵抗各种外界因素对其破坏的能力和对其适用性的影响，它反映了工业品商品的耐用程度。耐用性是评价绝大多数工业品商品质量的主要依据。

不同用途的工业品商品，对其耐用性的具体要求也不同。对需多次反复使用的商品会有一定使用时间内性能稳定的要求。

电子、电器商品用使用寿命、可靠性、可修复性来反映其耐用性，而作为耐用消费品的电子电器类商品，最大的特征就是耐用，即质量稳定可靠和使用寿命长。因为许多大件的电子、电器商品具有沉重、怕碰撞、搬运不便等储运特性，如果可靠性不佳经常发生故障，不但维修费用大，而且搬运的费用也不容小觑。

皮革、橡胶、塑料、纺织品常用强度、耐磨性评定其坚固耐用性。

时尚商品和一次性使用的商品，对其耐用性的要求则只要达到"物尽其用"

即可，否则，越耐用就越会造成原材料的浪费。

3）卫生安全性。卫生安全性是指商品在使用时，有关人身安全和人体健康所需要的各种性质。电器商品的卫生安全性包含了防触电、防火灾、防损害的安全措施；塑料制品、橡胶制品、搪瓷制品、玻璃制品、陶瓷制品、日化商品要有无毒性、无刺激性的安全性能。

电子、电器商品必须有良好的绝缘性能，并要求其有一定的安全系数以承受各种恶劣使用环境和意外原因造成的过电流、过电压。新式的电子、电器商品多采用双重绝缘结构，绝缘材料要有足够的耐热性。一般在使用时最好采用接地保护措施，正式出售的产品应有安全合格标记。

4）结构合理与外观完好。造型结构主要是指商品的形状、大小、部件装配等。如结构造型不科学、不合理，将直接影响日用品的适用性和坚固耐用性。商品的外观疵点，有的严重破坏了商品外观，有的反映了商品质量损坏的情况。

5）舒适美观性。工业品的美观性包含了外观良好，没有表面瑕疵，还包含了外观的艺术性、装饰性、时尚性等。

商品的外观艺术是通过商品的造型、款式、装饰、色泽、花纹、图案来体现的，它是工业品商品美观性的基本要求。商品的美观性方面的指标已成为人们评价质量的一个重要组成部分。

商品的舒适性是指商品的造型、选材等满足人们运动生理学的要求，有益于人们的活动和健康。

消费者对电子、电器商品的要求还包括希望它们能起到美化环境的作用，任何购买者在明确商品性能之后，都会对商品的造型、色彩等美学因素加以选择，这是选购商品的重要方面。电子、电器类商品的美学性能直接影响到商品的适销性。

6）经济性。工业品商品的经济性体现在商品的价格与使用寿命、使用费用的匹配上。使用寿命长，意味着商品的经济质量高；维修养护费用高，意味着商品的经济质量低。

电子、电器商品的节能性是消费者选购商品经济性的考虑因素，电器商品的耗电量与民用电费水平关系到电子、电器商品的使用成本。电子、电器商品的节能性是节约国家电力资源的不可忽视的因素。我国的电力资源比较紧张，每个家庭每月用电量与使用耗电商品的数量和耗电情况成正比例关系，设计节能型的电子、电器商品于国于民都是有利的。

（3）工业品商品的质量劣变。工业品商品的质量劣变有以下几方面：

1）高分子材料的老化。常见的高分子材料制品主要有纺织品、纸张、橡胶、塑料、粘胶剂、涂料等。

橡胶制品、塑料制品及纤维制品等高分子材料商品，在存储和使用过程中性能逐渐变坏，以至于最后丧失使用价值的现象称为老化。老化是一种不可逆变化。引起高分子商品老化既有商品本身内因，也有外部因素的影响。

商品老化后，表面会出现失光、变色、粉化、起泡、剥落、痕纹、斑点、拉丝、起毛以及材料会发生发黏、变软、变硬、变脆、龟裂、变形和发霉等现象；相对密度、导热能力、溶解度、折光率、耐热耐冷性、透气透水性发生不良变化；拉伸强度、伸长率、抗冲击性、抗弯曲性、抗疲劳强度以及硬度、弹性附着力和耐腐蚀性发生不良变化。绝缘性、介电常数、介质损耗等电学性能发生不良变化。

2）金属材料的锈蚀。金属与气体（氧气、硫化氢、二氧化硫、氯气等）接触时，在金属表面生成相应的化合物而使金属材料受到破坏，称为化学腐蚀。这种腐蚀在低温情况下不明显，但在高温时就很显著。

在潮湿环境中，金属与水及溶解于水中的物质接触时，因形成原电池而发生电化学反应所受到的腐蚀，称为电化学腐蚀。这种腐蚀作用可以连续进行，以致金属由表及里受到严重损坏。电化学腐蚀是金属商品腐蚀的主要形式，生活当中随处可见，主要有析氢腐蚀、吸氧腐蚀、电偶腐蚀三种形式。

同一电解质溶液中，两种不同电位的金属相互接触而引起电位较低的金属在接触部分发生局部腐蚀。

3）外力作用下的破碎。玻璃、陶瓷、搪瓷制品、硬质塑料都具有较大的脆性，在撞击、重压、锐物擦碰、震动等外力作用下，容易发生破碎。温度的急剧变化也容易造成玻璃、陶瓷制品的破碎。

易破碎的商品有玻璃及其制品、保温瓶（胆）、电灯泡、电视机、收音（录音）机、照相和精密仪器等。

易碎流汁商品是指那些包装破损后能污染其他货物的液体流汁商品，如墨水、墨汁、打印油、生发油等。

4）操作不当的性能受损。工业品商品中的耐用工业品结构较为复杂，每种商品都是由若干甚至多达数百个、上千个零部件组装而成的，需要按照一定的规范进行操作，避免操作不当造成适用性能、可靠性与寿命的降低。如电冰箱均采用纸箱包装，箱体上用防尘、防湿塑料薄膜覆盖，底部由泡沫塑料衬垫作为减震措施，固定在木托架上，一般用集装箱运输；电冰箱的外包装纸箱上均印有储运标志，运输时不应过度倾斜和倒置；电冰箱应储存在干燥、通风、无腐蚀性气体的环境中，运输中不得被雨淋；搬运后要静止放一段时间才能通电使用，否则电冰箱的使用寿命将大大降低。

5）温度作用下的状态改变。温度作用下的状态改变有以下几种：

挥发。低沸点的液体商品或经液化的气体商品在空气中经气化而散发到空气中的现象。温度的升高、空气流速的加快、表面积大等因素会加速挥发性物质的逸散挥发，降低商品的有效成分，增加商品损耗。如果挥发性物质具有易燃、易爆、毒、腐蚀、麻醉等性质，还会给存储带来一定的危险性。常见的易挥发商品有酒精、白酒、香精、花露水、香水、化学试剂中的各种溶剂等。

沉淀。含有易挥发溶剂的液体商品在高温条件下，部分溶质逐渐析出、凝固，进而发生沉淀现象，如香水、花露水。

凝固。环境的低温达到一定值时，液态商品或商品中的液态成分结冰成为固态的一种现象。这种现象多发生在储存环境温度在0℃以下时，在0℃以上时很少见到此现象，如生鲜食品内水的凝固，有利于其储存，但温度不适宜，也会造成冻伤。常见的低温易凝固的商品还有富含胶质的商品，如墨水、染料、油漆等。

熔化。低熔点的商品受热后发生软化甚至熔融为液体的现象。商品的熔化与环境温度的高低有直接的关联，还与商品本身的熔点、所含杂质种类和杂质含量高低等内因密切相关。常见的易熔化的商品有香脂、哈喇油、发蜡、蜡烛、圆珠笔芯、松香、石蜡、油膏、胶囊、糖衣片等。

（4）工业品商品质量变化的外因与防护措施。工业品商品质量变化的外因与防护措施有以下几方面：

1）高分子材料老化的外部因素。外部因素主要有光线中的紫外线、温度及其变化、空气中的氧和臭氧、水分和湿度、微生物、昆虫排泄物、机械力作用等。

高分子化合物在光、热等因素作用下，引起大分子链断裂、高聚物分子量下降，或者引起分子链相互连接，形成网状或体型结构。前者称为降解反应，使高分子材料变软、发黏、机械强度降低；后者称为交联反应，使高分子材料变硬、发脆、丧失弹性。

光老化。日光的紫外线是引起高分子材料老化的一个很重要的因素。实验表明：光化学反应一般是在商品的表面层进行，首先引起表层材料的老化，并随着时间的推移而逐渐向内层发展。

热氧老化。许多高分子材料的老化是热氧老化，热促进了氧化反应的进行。热具有很高的活性，随着温度的升高会使分子的热运动加速，从而引起某些高聚物发生降解与交联。

高分子材料对于大气中的氧是很敏感的，微量的氧就可使某些材料的性能发生严重的变化。大气中的臭氧虽然在大气中的浓度很低，但它能使商品的使用寿命大为降低，尤其是含有双键的大分子。

生物老化。高分子材料易受到微生物、昆虫和海生物影响和破坏而发生老化。微生物在温、湿度适宜的条件下，能够生长，其分泌物能引起高分子材料的生物降解；白蚁、蟑螂等昆虫能蛀蚀高分子材料；海生物会在高分子材料中繁殖。

水加速老化。水能够渗入材料的内部，使高分子材料含有的某些水溶性物质、增塑剂和含亲水性基团的物质被水所溶解、抽提或吸收，从而逐步改变材料的组成和比例，加速材料的老化。水对高分子材料的老化起着加速作用。

防护措施主要有物理防护、添加防老化剂、实施科学的存储和养护。

2）金属生锈的外界因素。金属生锈的外界因素有：

空气相对湿度的影响。金属的锈蚀主要是由潮湿大气引起的电化学腐蚀，电化学腐蚀是在表面上形成的极薄的一层液膜下进行的。因此，空气中相对湿度是影响金属腐蚀的主要因素。只要将储存环境的相对湿度控制在金属制品锈蚀的临界湿度以下，就能有效地防止锈蚀的发生。一般金属锈蚀的临界湿度在70%。

空气温度的影响。温度对锈蚀的影响并不是孤立的，同时也受到相对湿度的影响。当相对湿度低于临界湿度或低于65%时，无论是什么温度，金属几乎不腐蚀；当相对湿度在临界湿度以上或超过65%时，温度每升高10℃，锈蚀的速度提高约两倍。但当气温升至80℃时，由于氧在水膜中溶解度的明显下降，锈蚀反而受到抑制。

气温的骤变，对金属制品锈蚀的影响也比较大。当气温骤然降低时，在绝对湿度较大的情况下就可能在金属制品的表面发生结露现象。将温度较低的金属制品移入气温较高的环境中时，如冬季运输的金属制品，其本身的温度常与库内的温度相差较大，入库后就很容易出现结露现象。结露后会严重加速金属制品的锈蚀，因此必须引起注意。有实验显示，空气温度在 5℃~50℃ 的范围内相对湿度达到 65%~75%，当气温骤然下降 6℃ 时，就可能产生结露现象。气温变化越大，可能发生结露的相对湿度也就越低。我国各地区的昼夜温差都超过 6℃，有的地区昼夜温差可达 15℃ 以上。在这种情况下，即使空气相对湿度较低，也可能出现结露现象。因此，存储环境温度的相对稳定，可避免结露现象出现，对金属制品的防锈养护具有实际意义。

腐蚀性气体的影响。空气中的二氧化碳对金属锈蚀危害很大。此外，硫化氢、氯化氢、二氧化硫、氯气等气体对金属都具有强烈的腐蚀性。

空气中杂质的影响。空气中的灰尘、煤烟、砂土等杂质，附着在金属表面易产生原电池反应，造成金属商品的腐蚀。

防护措施主要是控制存储环境的温湿度、除氧、涂油防锈、气相防锈、可剥性塑料封存、涂漆、电化学保护等方法。在储运中也要进行科学的管理，如场所的选择、密封时机的选择、合理的堆码等。

3）易碎流汁的外部因素。造成工业品的易碎与易碎流汁的主要原因首先是搬运装卸时的粗暴操作，行车、船时的震动；其次是包装选用的不合理；最后是堆码时与锐物临近，没有做好隔离防护工作，行车、船时的震动造成二者接触，造成包装破碎、液体外流。

防护措施主要是避免暴力装卸，做到轻装轻卸、合理堆码、做好隔离防护工作。

9.2.2　工业品的储运养护

（1）工业品商品的装卸搬运养护。装卸是指商品在指定地点以人力或机械载入或卸出运输工具的作业过程。

搬运是指在同一场所内对物品进行空间移动的作业过程。

装卸搬运作业不仅繁重，也是容易造成工业品商品损坏的主要环节。

装卸区域必须保证不受风雨沙尘的影响，堆码区域必须检查确认清洁干净无灰尘，无污染；装卸商品时，装卸人员必须仔细识别商品运输包装的储运标志，装卸过程中需严格按照商品运输包装上储运标志进行作业活动；装卸搬运过程中必须要轻拿轻放，商品在摆放稳当后方可离手，不得抛投货物，严禁踩踏、脚踢、拍打商品；堆码必须整齐、稳当、横直成线，批号、标签朝外。

（2）工业品商品的配载、存放养护。装载的过程中要结合商品的特性，遵循以下原则，确保商品的质量：

1）重不压轻的原则。车辆装货时，必须将重货、包装强度大的货物置于底部，轻货、包装强度差的货物置于上部，重心下移确保稳固，同时避免重货压坏轻货，以保证运输安全。

2）大小搭配的原则。货物包装的尺寸有大有小，大小搭配以减少箱内的空隙确保稳固，同时充分利用了车厢的内容积。

3）货物性质搭配原则。拼装在一个车厢内的货物，其化学性质、物理属性、灭火方法不能互相抵触，以保证运输安全。化学品、危险品单独存放运输；清洁货物与污染货物不得混存、混运；易碎流汁的商品不能与纺织商品混存、混运；易散味和易吸味的商品不能同运；怕热的商品要远离热源、电源；易散湿和易吸湿的商品不能混存、混运。

4）合理堆码的原则。根据车厢的尺寸、容积和货物外包装的尺寸来确定合理的堆码层次及方法。易霉腐的商品要码成通风垛；怕压的商品要注意堆码高度；易碎流汁的商品要码成小垛；冷冻怕热量散失的商品要紧密堆码；易滚动的卷状、桶状货物，要垂直摆放；货与货之间，货与车辆之间应留有空隙并适当衬垫；装货完毕，应在门端处采取适当的稳固措施，以防开门卸货时，货物倾倒砸伤人员或造成货损。

5）载重合理的原则。装载时不允许超过车辆所允许的最大载重量。

（3）工业品商品的堆码与苫垫。堆码是指物品整齐、规则地摆放成货垛的作业。

为了避免仓库外界温、湿度对仓库内商品的影响，商品堆码要保持一定的墙距和顶距；为了避免灯具的热量聚集，商品堆码要保持一定的灯距；为了增强堆码商品的散热、散湿，商品堆码要保持适当的墙距、柱距、顶距、灯距、垛距。

看板：商品堆码的货垛"五距"

墙距：库内货垛与隔断墙之间的墙距不得小于 0.3 米；外墙距不得小于 0.5 米。

柱距：货垛或货架与库房内支撑柱子之间应留有不小于 0.2~0.3 米的距离。

顶距：平房仓库顶距应不小于 0.3 米；多层库房顶距不得小于 0.5 米；人字形屋架库房，以屋架下檐（横梁）为货垛的可堆高度，并且垛顶不可以触梁。

灯距：货垛与照明灯之间的距离不得小于 0.5 米。

垛距：库房垛距不小于 0.5 米；货架与货场垛距间距应不小于 0.7 米。

资料来源：根据相关资料整理。

物品的苫垫是指用某种材料对货垛进行苫盖和铺垫的操作和方法。商品在储存保管中进行合理的上盖和下垫，是保护物品质量的必要措施。

物品的苫盖要采用专用的苫盖材料对货垛进行遮盖，以减少自然环境中的阳光、雨、雪、风、露、霜、尘、潮气等对商品的侵蚀和损害，并使物品由于自身理化性质所造成的自然损耗尽可能地减少，保护商品在存储期间的质量。

常用的苫盖材料有塑料布、席子、油毡布、铁皮、苫布等。在对商品进行苫盖时要选择合适的苫盖材料，确保苫盖材料不会对被苫盖商品产生不利影响。常用的苫盖方法主要有就垛苫盖法、鱼鳞式苫盖法、固定棚架苫盖法、活动棚架苫盖法、隔离苫盖法。

垫垛就是在商品堆码前，在预定的货位地面位置，根据物品保管的要求和堆放场所的条件，使用适合的衬垫材料进行铺垫。垫垛可以避免地面潮气的侵入，有利于通风，避免地面污染物对商品的污染，分散商品重物的压力，减少商品对地坪的压力。

常见的衬垫材料有枕木、废钢轨、货板、货板架、木板、水泥板、石墩、垫石、隔潮纸等。在对商品进行衬垫时，衬垫物不能对直接接触的拟存商品产生不良影响，衬垫面积应与货垛底面积相同。露天货场的衬垫物高度要达到 0.3~0.5 米；库房内有 0.2 米即可；对化工材料、棉麻等易受潮霉烂的商品应尽可能加高垫层，使货垛底部通风；危险品的衬垫物不能是金属材料、石材等易产生撞击火花的垫料。

（4）工业品商品的在库养护。工业品商品在库养护要注意以下几点：

1）分区分类合理存放。商品的成分、结构不同，其性能也不同，对保管条件的要求也不尽相同。含有金属材料的怕潮湿、易生锈；含玻璃、硬质塑料、陶瓷等材料的易碎；塑料、橡胶等高分子材料易老化，受热易软化发黏，发生形变；日化用品怕光、怕热，散发香味。应根据其特点进行分区、分类存放。

2）做好在库检查。做好商品的在库检查对商品安全的维护具有重要作用。应该对库存商品的质量情况进行定期和不定期的检查。检查时应特别注意商品的温度、水分、气味，包装物的外观及货垛状态是否异常。

3）做好卫生清洁。仓库的卫生清洁工作不到位，会引起微生物、虫类的寄生繁殖，危害商品。因此，对仓库内外环境应经常打扫，彻底铲除仓库周围的杂草和垃圾，必要时使用药剂杀灭微生物和潜伏的虫害与老鼠。

讨论时间

分析货物受损的原因。

_____

_____

_____

能力训练

实训：模拟门店的采购、仓储、运输、销售等人员的工业品商品的基础知识文案撰写

一、实训内容

项目名称	模拟门店的采购、仓储、运输、销售等人员的工业品商品的基础知识文案撰写
时间	60分钟
场景	日用品店新入职人员培训
商品	小组熟悉的日用品商品
目的与目标	结合本章知识能够明确采购人员如何进行商品品种与品质的选择；销售人员如何实现工业品商品的销售；储运人员如何实现对工业品商品的保护
要求	1. 组织结构要求 小组划分：每组5人 小组组织结构：组长1人 　　　　　　　组员4人 组长 组员1 采购人员　　组员2 仓储人员　　组员3 运输人员　　组员4 销售人员

续表

项目名称	模拟门店的采购、仓储、运输、销售等人员的工业品商品的基础知识文案撰写
要求	采购员需重点掌握的商品知识： 商品分类、商品质量、商品检验、商品标准、商品属性与顾客需求 仓储人员需重点掌握的商品知识： 商品储运特性与环境因素控制、商品检验、商品质量、商品包装 运输人员需重点掌握的商品知识： 商品储运特性与环境因素控制、商品包装 销售人员需重点掌握的商品知识： 商品属性与顾客需求；商品质量的基本要求 2. 文案撰写思路 　（1）明确商品集合、建立商品目录 　（2）商品质量高低分析。商品质量高低分析分以下几个方面： 　1）商品的构成分析。商品的构成如下： 　商品体描述：从成分、结构、外观等方面进行使用性能描述；总结消费者对商品体方面的需求 　有形附加物描述：能结合实物和理论明确此商品的有形附加物包含内容 　无形附加物描述：能结合理论和小组门店实际情况明确提供的商品无形附加物有哪些 　2）商品的使用价值与卖点分析。商品的使用价值与卖点分析如下： 　商品使用价值：能结合以上三方面的分析描述，结合对使用价值的理解，通过对市场细分知识和商品分类知识的学习，明确模拟门店商品使用价值 　卖点与养护要点：能够结合消费者需求，明确商品使用价值大小（商品属性与消费者需求的契合）即商品的卖点，也是流通过程中采购、储运养护、销售的要点 　3）商品质量基本要求满足情况分析。工业品商品质量的基本要求主要体现在适用性能好、坚固耐用、卫生安全、结构合理与外观完好、舒适美观、经济性六个方面，在采购、运输、仓储环节要保证这六个方面的不损失、不降低、不改变 　销售环节工业品商品质量的基本要求要想很好地展现给消费者，必须要加上服务，所以服务商品质量的基本要求也要体现在文案里面 　（3）商品质量检验与监督。不同商品都要经过相关的检验，符合相关标准要求后才能投放市场，作为采购人员、企业质量管理人员，要了解该类商品的相关标准、相关商品检验的法律法规，进一步明确门店经营的商品需要供应商提供哪些检验证明，门店又要进行哪些检验，门店对消费者要提供哪些标准和检验说明，运用全面质量管理积极面对监督部门的监管。在文案内要体现门店经营商品的商品标准和商品检验的相关知识 　（4）商品储运特性分析。围绕商品的成分、结构分析商品的储运特性，明确包装和储运条件要求，才能做好仓储和运输工作
准备工作	1. 小组成立——组织结构明确 2. 商品学商品基础知识复习 3. 讨论商品学商品基础知识与日用工业品商品学知识的融合
方法	1. 网络实践 2. 撰写文案 3. 学生 PPT 讲解

二、实训步骤

第一步　资料收集

（1）日用工业品商品质量的基本要求。

（2）日用工业品商品的使用价值。

（3）采购员、仓储员、运输员、销售员的工作内容、岗位职责。

第二步 资料分析

（1）按要求和所学知识分析汇总收集资料。

（2）撰写门店各岗位工作人员所需商品知识。

第三步 展示讲解

（1）采购员所需商品知识文案与 PPT。

（2）仓储员所需商品知识文案与 PPT。

（3）运输员所需商品知识文案与 PPT。

（4）销售员所需商品知识文案与 PPT。

三、操作要求

1. 纸张要求：学院作业纸或 A4 纸。

2. 格式要求：字迹要求工整、清晰可辨认；标题居中，正文首行缩两格；落款右对齐，表格形式，内容为小组成员+工作分工+日用工业品商品知识。

四、成绩评定

评价内容	分数	自我评价	小组互评	教师评价
PPT 设计	2			
文案资料分析	4			
文案格式	2			
语言表达	2			
合计	10			

本章小结

工业品商品可划分为一般日用工业品、耐用工业品和纺织工业品三大类。本章主要介绍日用工业品中的塑料、化妆品、洗涤用品；耐用工业品中的家用电器；纺织工业中的纤维、纱线、织物、服装商品。

工业品的质量要求是由工业品的成分、结构、外观等因素决定的，工业品的储运要保护这些因素不受损坏地到达消费者手中，才是储运工作任务的完成。

工业品的成分主要有有机化合物、无机化合物、金属成分。常见的以有机化合物为主要成分的商品有化妆品、洗涤用品、塑料、纺织品、橡胶等，其性质比较复杂，在外界因素的作用下，易产生质变现象。无机化合物构成的工业品商品主要有玻璃制品、陶瓷制品、搪瓷制品等，其性质比较稳定，但易碎。金属材料制成的工业品商品主要有金属器皿、五金商品、机械商品、家用电器及部分文化用品等，其商品宏观结构复杂，存在薄弱环节，此类商品易锈蚀。

绝大多数的工业品商品都是由多重成分组成的。为了研究工业品商品的性能和质量，应明确工业品商品的成分组成，区分商品中的有效成分和无效成分、主要成分和辅助成分、基本成分和杂质成分。

工业品商品主要是以液态、固态、软膏体等形态存在，其中绝大多数为固体。固体商品的形态和性质非常复杂，其决定因素之一是商品本身的结构。商品本身的结构可以划分为宏观结构、微观结构和内部构造等不同层次。固体商品的宏观结构可以划分为外形结构、组织结构和结构单元的组合。固体商品的微观结构是指用光学或电子显微镜能观察到的结构，如金属制品及其材料的晶体结构以及天然或合成的高分子有机物的晶体和非晶体结构。商品的微观结构会影响或决定其物理和机械性能。固体商品的内部结构是指用显微镜观察不到的原子、分子以及更大一些的结构单元的组合。高分子化合物构成的固体商品的内部结构复杂，主要体现在高分子化合物的个体结构、高分子化合物的聚集态、高分子化合物的物理态三个方面。

工业品商品的性质是决定商品质量的主要因素，工业品的物理性质主要包含了与一般工业品商品使用价值关系密切的商品的物理状态、重量、光学性质、吸湿性、透气性、透湿性和透水性、导热性、耐温性、热稳定性和热震动性、声学性质等。

工业品商品的机械性质是指商品受拉伸、压缩、冲击、弯曲、扭转、揉折、剪切等外力作用时，抵抗发生变形或破损的能力，主要指弹性与塑性、强度。商品的弹性和塑性与商品的组织结构、成分有关，与商品所受机械应力有一定的关系。强度是表示商品坚固耐用的重要指标，很大程度上取决于其成分和结构。能普遍反映各类商品坚固耐用性的强度指标主要有抗张强度、抗弯曲强度、抗磨强度、硬度和抗疲劳强度等。

工业品商品的化学稳定性主要体现在耐水性、耐酸性、耐碱性、耐氧化、耐光及耐气候性能等。

快消日用品更新换代快，寿命周期短，市场竞争性强。耐用工业品类商品主要指使用周期较长、价值较高、结构复杂、技术性强的消费性商品。纺织品是以物美价廉、新颖实用为核心内容而展开的商品。

工业品质量的基本要求是适用性能好、坚固耐用、卫生安全、结构合理与外观完好、舒适美观、经济实惠。在存储的过程中高分子材料商品易老化，金属材料商品易锈蚀，玻璃、陶瓷、搪瓷制品、硬质塑料等具有较大脆性的商品易碎，结构复杂的耐用性工业品易因操作不当而性能受损，还有一些工业品商品在温度的作用下，易挥发、沉淀、凝固、熔化。

工业品的储运养护要注意做好搬运装卸工作，遵循配载存放原则，做好堆码与苫垫工作，做好在库的养护管理工作。

知识测试

一、填空题

1. 消费者对工业品的最核心的需求体现在工业品商品的质量要求上，这些质量要求是由工业品商品的（　　　　）、（　　　　）、（　　　　）等因素决定的。

2. （　　　　）是指以碳元素为骨干，多数情况下与氢元素或氢氧元素结合，或再结合氮、硫、磷、氯等中的一种或几种元素所组成的化合物。一般将分子量低于 10^3 称为（　　　　），将分子量高于 10^3 的称为（　　　　），肥皂的成分属于（　　　　），塑料的成分属于（　　　　）。

3. 高分子化合物的（　　　　）、（　　　　）、（　　　　）和（　　　　）四个方面构成了高分子商品体的性能。

4. 人体血液的酸碱度为（　　　　），pH 值保持在 7.35~7.45；人体皮肤常显（　　　　），pH 值为 4.5~6.5，强酸和碱性物质对皮肤都有刺激性和腐蚀性。

5. 脆性物体的抗弯曲强度很低，当弯曲荷重超过其弯曲强度时，即发生（　　　　）。

二、判断题

1. 工业品的成分主要为有机化合物、无机非金属化合物、金属成分。一次性餐盒的成分是无机非金属化合物。（　　　　）

2. 分析商品的宏观结构是研究商品质量的前提，也为其包装、储存和使用提供依据。（　　）

3. 铝合金属于脆性材料。（　　）

4. 玻璃、陶瓷、搪瓷制品的敲击声音可以判断其是否受到损坏，声音清脆悦耳，表明品质正常，声音嘶哑是有裂纹。（　　）

5. 商品吸湿性好，散湿性一定好。（　　）

三、选择题

1. 橡胶所处的状态是（　　）。

A. 玻璃态　　　　　B. 高弹态　　　　　C. 气态　　　　　D. 黏流

2. 属于高分子化合物的是（　　）。

A. 酚醛树脂　　　　B. 聚乙烯　　　　　C. 氯化钙　　　　D. 烷基磺酸钠

3. 不透明商品表现出来的颜色是反射色光的混合色。若光全部被反射，商品呈（　　）；透明商品表现出来的颜色是透过它的色光的混合色。全部不透过，商品呈（　　）。

A. 白色　白色　　　B. 黑色　白色　　　C. 白色　黑色　　　D. 黑色　黑色

4. 商品的（　　）是指商品在一定条件下，从空气中吸收或放出水分的能力。

A. 透湿性　　　　　B. 散湿性　　　　　C. 吸湿性　　　　　D. 透水性

5. 下列商品中导热性最好的是（　　）。

A. 铁　　　　　　　B. 玻璃　　　　　　C. 木材　　　　　　D. 棉花

四、多项选择题

1. 属于高分子材料制品的有（　　）。

A. 棉质 T 恤　　　B. PP 餐盒　　　　C. 紫砂壶　　　　　D. 涂料

E. 德华白瓷茶具

2. 下列描述属于强度指标的有（　　）。

A. 弹性　　　　　　B. 抗张强度　　　　C. 抗弯曲强度　　　D. 抗磨强度

E. 硬度和抗疲劳强度

3. 工业品配载的原则有（　　）。

A. 重不压轻　　　　B. 大小搭配　　　　C. 合理堆码　　　　D. 货物性质搭配

E. 载重合理

4. 下列易发生低温凝固的商品有（　　）。

A. 墨水　　　　　B. 染料　　　　C. 聚酯纤维　　　D. 油漆

五、概念题

1. 耐温性

2. 吸湿性

3. 热稳定性

4. 热震动性

5. 弹性

6. 韧性

7. 强度

六、简答题

1. 快消品的经营特征。

2. 耐用品的经营特征。

3. 简要介绍工业品的质量劣变。

七、论述题

1. 试述工业品商品的储运养护。

2. 试述工业品商品的质量要求。

3. 试述工业品商品的质量裂变。

4. 试述工业品商品的性质。

第 10 章

日用工业品的养护

知识目标： 了解消费者对服装、塑料制品、皮鞋、化妆品、洗涤用品的需求

认识服装、塑料制品、皮鞋、化妆品、洗涤用品的质量特性

掌握服装、塑料制品、皮鞋、化妆品、洗涤用品的储运养护

技能目标： 初步具备服装、塑料制品、皮鞋、化妆品、洗涤用品等商品使用

价值分析能力

初步具备服装、塑料制品、皮鞋、化妆品、洗涤用品等商品质量

劣变判断能力

初步具备服装、塑料制品、皮鞋、化妆品、洗涤用品等商品储运

养护管理能力

素养目标： 培养学生具备一定的团结合作精神

培养学生具备一定的文化素养

培养学生具备相应的商品文化知识

10.1 塑料材料商品

塑料的困惑

美国的免费塑料袋不管是百货商场，还是超市餐馆，统统免费满足供应。

超市内，摆满蔬菜和水果的货架上都有连卷袋供你选用，在收银台结账时，收银员会将商品按生、熟、食用、日用等分类给你装到免费的大塑料袋里。他们分装商品时，对塑料袋的使用一点也不吝啬，全凭实际需要。一般逛一次超市，总要提回少则四五个、多则七八个大塑料袋。但是，在美国确实看不到塑料袋到处乱扔的现象，也没有国内农贸市场上用的五颜六色的超薄塑料袋。

资料来源：美国行：塑料袋的困惑［EB/OL］. http://www.meijialx.com/city-detail-content/info_id:33382.

思考：塑料带来的白色污染根源在哪？美国超市为什么没有五颜六色的塑料袋？

10.1.1 塑料材料基础知识

（1）塑料的组成与性能。塑料的组成与性能如下：

1）塑料的组成。塑料的组成中包含合成树脂和塑料助剂。

合成树脂是塑料的主要成分，约占40%~100%，它决定着塑料的类型和塑料的主要性能，如机械强度、硬度、弹性、化学稳定性、导电性能等，还起着粘结剂的作用，将塑料的其他组成成分结合成一个整体。

塑料助剂是一类加入合成树脂中，能改变塑料工艺性能、提高使用价值、延长使用寿命、降低制品成本的物质，主要有增塑剂、着色剂、润滑剂、填充剂、补强剂、防老化剂、抗静电剂、阻燃剂、发泡剂、固化剂等。

2）塑料的性能。塑料的性能主要有：

质量轻。塑料的密度一般在 0.9~2.3 克/立方米，质地较轻。这一特点使塑料制品广泛应用于飞机、舰艇、火箭、导弹、人造卫星的制造和其他尖端技术的应用中。

耐磨性和透明性。绝大多数塑料具有良好的耐磨性和透明性。

绝缘性能好，导热性低。塑料的绝缘性能好，是电气和电子工业不可缺少的材料。塑料对高频信号也有很好的绝缘作用，广泛应用于电视和雷达行业中。塑料可以加工成泡沫塑料，具有良好的隔热效能。

加工成本低，成型性、着色性好。塑料的加工成型比较容易，方法比较简单，具有省时、省工、省能源等特点；聚氯乙烯、脲醛塑料等具有良好的着色性能，可以加工成鲜艳的颜色。可以通过不同途径调整塑料的各种性能，以满足使用的需要。加入硼纤维或碳纤维，可调整塑料的强度，使之达到像钢一样的硬度；加入铜粉、银粉可使塑料导电。

化学稳定性好。塑料是一种优良的耐化学腐蚀材料，遇酸、碱、盐及一些气体和溶剂等都不发生反应。广泛应用于各工业部门，特别是化学工业部门。

容易变形，尺寸稳定性差。软质塑料在使用过程中容易受外界因素的影响发生变形；硬质塑料脆性大，容易破碎。

耐热性差，热膨胀率大，易燃烧。通用塑料的耐热性都不高，热量的聚集容易造成塑料制品的热膨胀、熔融直至燃烧。

耐低温性差。多数塑料耐低温性差，低温条件下，变为脆性材料。

易老化。塑料作为高分子材料制成品，在阳光、水、微生物、海生物、高温等外部环境作用下，容易发生老化，降低使用性能。

溶解性。某些塑料易溶于某些溶剂，例如油脂类，容易发生有毒、有害物质的迁移，因而它的应用也受到一定的限制。

（2）塑料的分类。塑料被分为以下几种类型：

1）按塑料组分分类。塑料按其组成可分为单组分塑料和多组分塑料。

单组分塑料以合成树脂为主体，不加填料，只可加入少量的辅助剂（润滑剂、着色剂等）制成，如聚乙烯、聚丙烯、有机玻璃等。

多组分塑料指除合成树脂外，还加入填料、增塑剂、稳定剂等辅助材料制成，如聚氯乙烯、酚醛等。

2）按塑料用途分类。按塑料用途可分为工程塑料和通用塑料。

工程塑料是指用于工程构件、机械零件、化工设备等方面的塑料。这类塑料要求有较好的机械强度和耐热性能，如聚酰胺、聚甲醛以及 ABS 等。

通用塑料是指用途广、产量大、价格便宜的塑料。这类塑料多为民用，有的也用于工业配件、农具等。其用量占塑料总量的 80% 以上，如聚乙烯、聚氯乙烯、酚醛、氨基等。

3）按塑料受热特性分类。按塑料受热特性可分为热塑性塑料和热固性塑料。

热塑性塑料是指成型后受热易变软或熔融，仍有可塑性的塑料。这类塑料可反复发生受热形变、冷却固形的可逆变化。常见的热塑性塑料主要有聚乙烯、聚氯乙烯、聚丙烯、聚苯乙烯等。优点是成型加工方便，具有较高的物理机械性能，可回收利用，但耐热性差。

热固性塑料是指成型后受热不再变软或熔融，仍能保持其形状不变的塑料。这类塑料在高温下不熔融，一经成型，不可逆变。常见的热固性塑料主要有酚醛、脲醛、密胺等。优点是耐热性好，受压不易变形，但柔韧性差，不能回收利用。

（3）塑料制品的外观质量检验。塑料制品的外观质量包括制品的形状、色泽和外观疵点等感官质量。一般都要求结构合理、造型美观、色泽协调、花纹清晰，无影响使用和美观的疵点。塑料制品的外观疵点主要有缺角、龟裂、薄厚不均、平光、肿胀、麻点、气泡、变色和色调不匀等。不同材料和用途的制品，对外观的质量要求各有其侧重点，如塑料容器、装饰用品不能有砂眼、气泡等。

1）塑料制品的外观特征。常见的热固性塑料有着不同的外观特征，如氨基塑料有浅色和各种鲜艳的颜色；酚醛塑料表面坚硬，清脆易碎，断面结构松散，多为黑色、棕色的不透明体，敲击时发出类似木板的沉闷声，俗称"电木"；脲醛塑料表面坚硬，清脆易碎，断面结构紧密，大多为浅色半透明体，并有玉石之感，俗称"电玉"；密胺塑料外观手感似瓷器，表面坚硬光滑，断面结构紧密，沸水中不软化。

常见的热塑性塑料在声音、气味、透明度等外观上表现出不同的特征，如在水中可以漂浮的有聚乙烯塑料和聚丙烯塑料，聚乙烯塑料在沸水中会变形，而聚丙烯塑料在沸水中不变形；有机玻璃和聚丙乙烯有较好的透明度，有机玻璃摩擦能产生水果香味，而聚丙乙烯敲击有金属声；赛璐珞有独特的樟脑味；人造革都是聚氯乙烯塑料；印花塑料床单和塑料凉鞋是软聚氯乙烯塑料；灰色的塑料管是硬聚氯乙烯塑料；表面光滑坚韧，色泽淡黄，敲击时无清脆声的是聚酰胺塑料。

市场上流通的薄膜塑料主要有聚乙烯和聚氯乙烯两种，聚乙烯拉伸时有细颈产生，聚氯乙烯拉伸时无细颈产生。

市场上流通的泡沫塑料的主要品种有聚苯乙烯、聚氯乙烯、微孔橡胶、聚氨酯以及聚乙烯。聚苯乙烯是白色玉米芯状泡沫，无臭无味，用作包装填充物。聚氯乙烯呈现绿色或其他颜色，弹性较小，易受温度影响。微孔橡胶的弹性较大，呈现绿色或其他颜色，受温度影响小，有橡胶味。聚氨酯呈浅黄色，弹性大，价格高，多用作沙发垫、保温隔热。聚乙烯呈白色，较软，缺乏弹性，强度较差。

2）塑料制品的检验与鉴别。对塑料制品的色泽、透明度进行视觉检验。常见的透明塑料制品有聚苯乙烯和有机玻璃；常见的半透明塑料制品有低密度聚乙烯、纤维素塑料、聚氯乙烯、聚丙烯、环氧树脂、不饱和树脂；常见的不透明塑料制品有高密度聚乙烯、聚氨酯及各种有色塑料。

用硬质物品敲击塑料制品，利用人的耳朵听声音进行听觉检验。聚苯乙烯具有金属声；有机玻璃的声音较粗；其他制品无特别的声音。

利用人们皮肤的触觉对制品进行触觉检验。聚烯烃塑料制品：用手触摸，感觉像蜡。

不同塑料燃烧时，会产生不同的化学反应，表现出不同的反应状态，有的熔融，有的冒浓烟，有的会发出强烈的气味等，根据不同塑料的燃烧特性，可以利用燃烧法进行塑料种类的鉴别。各种常见塑料的燃烧特征见表 10-1。

表 10-1　各种常见塑料的燃烧特征

塑料名称	燃烧难易程度	离火后是否自熄	火焰的特点	塑料的变化状态	气味
聚氯乙烯	难	离火即灭	黄色，下端绿色，有白烟	软化	刺激性酸味
聚乙烯	易	继续燃烧	上端黄色，下端蓝色	熔融、滴落	与蜡烛燃烧的气味相似
聚丙烯	易	继续燃烧	上端黄色，底部蓝色，有少量黑烟	熔融、滴落、膨胀	石油味
聚苯乙烯	易	继续燃烧	橙黄色，浓黑烟	软化、起泡	特殊的香味
有机玻璃	易	继续燃烧	浅蓝色，顶端白色	融化、起泡	强烈的花果臭味
ABS	易	继续燃烧	黄色，冒黑烟	软化、烧焦	特殊的香味

塑料名称	燃烧难易程度	离火后是否自熄	火焰的特点	塑料的变化状态	气味
尼龙	缓慢燃烧	慢慢熄灭	上端呈黄色，下端呈蓝色	熔融、滴落	特殊的羊毛烧焦味
硝化纤维素	极易	继续燃烧	黄色	迅速完全燃烧	无味
电木	难	熄灭	黄色	颜色变深，有裂纹	木材味和酚味
电玉	较难	熄灭	黄色，顶端蓝色	膨胀，有裂纹，燃烧处变白	特殊的甲醛刺激性气味

（4）塑料制品的物理机械性能检验。塑料制品的物理机械性能检验主要是比重、硬度、规格尺寸、摩擦强度、抗张强度、抗冲击强度、抗弯曲强度、抗压强度、断裂伸长率。

1）相对密度检验。各种塑料都有不同的相对密度，利用这一特性，可将不同种类的塑料制品直接投入具有一定相对密度值的溶液中，根据其沉浮情况进行检验。表10-2中列举了几种常见塑料的相对密度。

网络资源12：请链接网址查看几种常见塑料在溶液中的沉浮情况。

表10-2　各种常见塑料的相对密度

塑料名称	相对密度	塑料名称	相对密度
聚丙烯	0.902	有机玻璃	1.18~1.19
低密度聚乙烯	0.910	醋酸纤维	1.22
高密度聚乙烯	0.941	聚氯乙烯	1.30
聚苯乙烯	1.04	酚醛塑料	1.34~1.45
ABS	1.04	脲醛塑料	1.47~1.52
硬质聚氯乙烯	1.38~1.50	聚碳酸酯（双酚 A 型）	1.20~1.22
聚苯乙烯	1.04~1.08	聚对苯二甲酸乙二醇酯	1.38~1.41

2）强度检验。强度检验分为以下几项：

拉伸强度检验。拉伸强度是指单位横截面积的塑料在规定的时间内被拉断时所能承受的最大负荷。对经受拉伸作用的塑料制品都必须进行拉伸强度检验。

断裂伸长率。断裂伸长率是指试样在被拉断时所伸长的长度与原长度的百分率。伸长率越大，说明制品的韧性越好，弹性越大。不同的制品对断裂伸长率有不同的要求。有的制品要求断裂伸长率越大越好，有的则相反。

耐压强度。耐压强度是在试样上施加压缩载荷，使试样破裂（脆性材料）或产生屈服现象（非脆性材料）时，原单位横截面积上所能承受的载荷。

磨耗。磨耗是指塑料在摩擦过程中，微粒从摩擦表面不断分离出来，引起塑料体积不断改变的机械破坏过程。磨耗量的大小表示塑料的耐磨程度，常用一定距离的体积磨耗量来表示。

冲击强度。冲击强度是指试样受冲击破断时单位截面上所消耗的功（单位：牛顿/平方厘米）。冲击强度高，说明塑料的韧性好，抗冲击能力强，脆性小。测定冲击强度的方法很多，有自由落体冲击法、落球冲击法、摆锤冲击法等。

硬度检验。硬度是指塑料抵抗其他较硬物体压入的性能。硬塑料用布氏硬度测定；软塑料用邵氏硬度测定。布氏硬度是在规定的负荷作用下，把一定直径的钢球压入试样并保持一段时间后，根据试样上的压痕深度或压痕直径计算出来的单位面积上所承受的力（单位：牛顿/平方毫米）。邵氏硬度是在规定负荷和标准压痕器的作用下，在规定时间内，压痕器的压针压入试样的深度。邵氏硬度值的范围为 0~100 度。

（5）塑料制品的化学稳定性检验。塑料制品的化学稳定性主要是对酸、碱、盐和各种溶剂的稳定性以及对光、热、水的稳定性，其关系到塑料制品的使用条件和保管方法。

1）吸水性检验。塑料的吸水性是指规定尺寸的试样浸入一定温度（25℃±2℃）的蒸馏水中，经过一定时间（24 小时）后所吸收的水量。吸水量与试样的重量之比称为吸水率，以百分比表示。吸水性的大小与塑料制品的稳定性、电绝缘性都有密切的关系。

2）溶解性检验。不同塑料在各种有机溶剂中有不同的溶解性，根据溶解性的不同可以进行某种塑料的检验。表 10-3 列出了几种塑料在有机溶剂中的溶解性。

表 10-3 塑料的溶解性

聚合物	溶剂	非溶剂
聚乙烯	对二甲苯，三氯苯	丙酮，乙醚
无规聚丙烯	烃类，乙酸异戊酯	醋酸乙酯，丙醇
聚苯乙烯	苯，甲苯，三氯甲烷，环己酮，乙酸丁酯，二硫化碳	低级醇，乙醚（溶胀）
聚氯乙烯	四氢呋喃，环己酮，甲酮，二甲基甲酰胺	甲醇，丙酮，庚烷

聚合物	溶剂	非溶剂
聚丙烯酸酯和聚甲基丙烯酸酯	三氯四烷，丙酮，乙酸乙酯，四氢呋喃，甲苯	甲醇，乙醚，石油醚
对苯二甲酸乙二醇酯	间甲酚，邻氯苯酚，硝基苯，三氯乙酸	甲醇，丙酮，脂肪族烃类
聚酰胺	甲酸，浓硫酸，二甲胺基甲酰胺，间甲酚	甲醇，乙醚，烃类
聚丙烯腈	二甲胺基甲酰胺，二甲亚砜，浓硫酸水	醇类，乙醚，水，烃类

（6）塑料制品的安全卫生性检验。塑料制品的安全卫生性检验包括了对人体健康和安全的影响的理化指标。从目前国内外的报道来看，塑料材料的危害主要是材料内部残留的有毒、有害化学污染物的迁移与溶出，进而导致所盛装商品的污染。对于食品盛装用塑料制品、化妆品用塑料制品容器、电器零部件、儿童玩具等塑料制品，必须严格要求。常见的对人体健康和安全存在威胁的成分有增塑剂、稳定剂、抗氧化剂、油墨、树脂本身单体或低聚物。

网络资源 13：请链接网址查看对人体健康和安全有潜在危害的塑料制品成分。

（7）主要塑料制品的质量属性。主要塑料制品的质量属性有如下几方面：

1）聚对苯二甲酸乙二醇酯（分类代号 1 PET）。聚对苯二甲酸乙二醇酯为无色透明，有光泽，有较好的韧性与弹性较高的机械强度，较好的耐热性、耐寒性和耐油性，有良好的防潮性、防水性、气密性，有极好的防止异味透过性和极小的水蒸气透过率的塑料。

该类塑料产品主要用于矿泉水瓶、碳酸饮料瓶等饮料瓶的制作，该类塑料只能耐热至 70℃，且易变形。若装高温液体则容易释放出对人体有害的物质。不能用于装酒、油等物质，不宜重复使用。

2）聚乙烯塑料（分类代号 24 PE）。常见的聚乙烯有高压聚乙烯（HDPE）、低压聚乙烯（LDPE）和中压聚乙烯三种。

聚乙烯能耐日常生活中各种酸、碱及盐类水溶液的腐蚀，不溶于一般溶剂，具有无毒、无味、无臭的特点，但矿物油、某些动物脂肪和植物油能使聚乙烯的物理性能发生永久性局部变化。耐水性好，水汽透过率低；耐热性差，热变形温度为 60℃~80℃；耐光氧老化性较差。

高压聚乙烯产品（分类代号 2）。常用于清洁用品、沐浴产品的包装。高压聚乙烯比水轻，质地较软，外观呈乳白色不透明状，具有较好的柔软性、伸长率、耐冲击性。

低压聚乙烯产品（分类代号 4）。常用于保鲜膜、塑料膜等成品中。低压聚乙烯比水轻，质地刚硬，耐温性、耐寒性较好，外观呈乳白色半透明状，抗拉强度较高，有很强的耐寒性，在 -70℃时仍有柔软性。合格的 PE 膜在超过 110℃时会出现热熔现象，产生有毒、有害物质。

中压聚乙烯产品常用于制造普通日用品，如水桶、面盆、热水瓶壳等。其性能介于高压聚乙烯和低压聚乙烯之间。

3）聚氯乙烯塑料（分类代号 3 PVC）。聚氯乙烯具有良好的透明度、色泽鲜艳、结构紧密，密度较大，能沉于水。聚氯乙烯塑料的耐腐蚀性、耐老化性、电绝缘性和气密性较好，机械强度高，硬度和刚性都比聚乙烯大，而且具有较好的阻燃性，但不耐寒，低温下变硬、变脆。

聚氯乙烯有硬质和软质两种。硬质聚氯乙烯塑料质地坚硬、机械强度高、颜色鲜艳、透明度好，适合制造器皿类产品，如皂盒、梳子、文具盒等；软质聚氯乙烯塑料柔韧性、弹性、强度、透光性、气密性等性能很好，是较好的农用薄膜，常用于制造雨衣、台布、窗帘、手提袋等。

4）聚丙烯塑料（分类代号 5 PP）。聚丙烯由丙烯单体通过聚合而制得的，单一组分的热塑性塑料。

聚丙烯常用于微波炉餐盒、常见豆浆瓶、果汁饮料瓶中。呈白色半透明状，是塑料中最轻的一种。机械性能优于低压聚乙烯。电绝缘性较好，较耐热，使用温度可达 110℃，是唯一可以直接放入微波炉中的塑料制品。化学稳定性良好，除浓硝酸、浓硫酸外，对其他酸、碱都很稳定，在常温下，几乎不溶于各种有机溶剂，但脂肪和油类能使聚丙烯软化和溶胀。耐老化和耐寒性差，与日光和铜器长期接触会加速老化，在 -35℃以下会脆化。

5）聚苯乙烯塑料（分类代号 6 PS）。聚苯乙烯是一种由聚苯乙烯单体通过聚合而制得的，单一组分的热塑性塑料。

聚苯乙烯常用在日用装潢、照明指示和包装等方面以及塑料茶盘、糖罐、高脚果盘以及镜架等日用品中。聚苯乙烯泡沫材料经常出现在碗装泡面盒和快餐盒中。

聚苯乙烯呈白色、透明，敲击有金属声，具有良好的耐水性、耐光性和耐化学性，特别是有优良的电绝缘性和低吸湿性。缺点是机械强度不高，质脆、表面强度低，耐热性低并易于燃烧。

为克服聚苯乙烯脆性大，强度小，耐热性差的缺点，将聚苯乙烯与不同的单体共聚，获得多种优良性能的改性聚苯乙烯，如 ABS、AAS、ACS 等塑料。

6) 聚碳酸酯塑料（分类代号 7 PC）。聚碳酸酯塑料比较多地出现在水壶、水杯、奶瓶中。

聚碳酸酯的透明性好，力学性能十分优良，耐高、低温性好，可在 130℃ 高温下使用，但不耐 60℃ 以上热水。

7) 有机玻璃及其制品（PMMA）。有机玻璃的化学名称叫聚甲基丙烯酸甲酯，属于丙烯酸酯类塑料。

有机玻璃产品常用于牙刷柄、眼镜架、透明烟嘴、三角尺、量角器、钟表玻璃、伞柄、闹钟壳等日用品中。

有机玻璃是高级透明材料，透光率比硅玻璃还好，具有比多种玻璃都优越的性能，透光率可达到 92%，性能好的透光率高达 99%，还可以透过 75% 的紫外光（普通玻璃的透光率为 85%，紫外线透过率仅有 0.6%）。有机玻璃的比重为 1.18，比普通玻璃轻一半。机械强度和韧性比硅玻璃大 10 倍以上，不易破碎；易加工成型，还可以通过冲、刨、锯、钻、磨或在热水中转化弯曲等二次加工方法制成各种制品，俗称"不碎玻璃"、"塑料玻璃"。有机玻璃的耐气候性好，在低温（-60℃~-50℃）和高温 100℃ 的条件下，其抗冲击强度不变；在室外放 5 年，其透光率仅下降 10%。有机玻璃的表面强度低，耐热性差，容易擦伤而失去光泽。

8) 酚醛塑料及其制品。酚醛塑料又叫电木或胶木，用"PF"表示。属于热固性塑料。

酚醛树脂广泛用于制造纽扣、皂盒、粉盒等日用品；制造各种日用装饰品、陈设品和小工艺品；制造电器零件（电木开关、灯口等）、保险丝板、汽车配件、电话机、显影盘等。

酚醛塑料制品一般都具有较好的耐寒、耐热性，不易燃烧，表面硬度高，电绝缘性好，例如，耐热可达 110℃，在沸水中煮数小时也不会变形；耐腐蚀性也较好，不易老化变质，对于各种溶剂和油类的腐蚀有极强的抵抗力。酚醛塑料的缺点是：色泽比较暗，脆性较大，制品易震碎和压破，吸水性较强，应注意防潮以免发霉。

9) 脲醛塑料及其制品。脲醛塑料俗称电玉，用"UF"表示，属于氨基酸塑料的一种。脲醛塑料属热固性塑料。

脲醛塑料广泛用于纽扣、发夹、瓶盖、盒子、钟壳、烟灰盒等日用品和各种日用装饰品的制造。

脲醛塑料的色泽鲜艳，表面硬度高，不怕热，耐寒，遇热不变形，不易燃烧，无臭，无味，耐油，不受弱碱和有机溶剂的影响，但不耐酸。脲醛塑料制品表面有光泽，断面结构细，纯净的脲醛树脂呈无色半透明状，加入二氧化钛成为不透明的纯白色，加入各种颜料及染料可以制得各种色泽鲜艳的制品，其外观很像大理石，形同玉石，所以俗称"电玉"。

脲醛塑料的缺点是用纸浆做填料，亲水性很强，易吸收空气中的水分。脲醛塑料不耐在醋酸条件下或在 100℃的沸水中煮泡，会使游离甲醛析出，对人体健康极为有害，电玉制品不宜用作饮食用具和盛放食物。

10）密胺塑料及其制品。密胺塑料用"MF"表示，是氨基塑料的一种，色彩多样，外观和手感都很像陶瓷制品。属于热固性塑料。

密胺塑料可用于制造盛放油、酒、酱、醋等的容器，各种杯、碗、碟、筷、汤勺等冷食用具（不宜盛放热汤菜），还可以用于制造日用电器的绝缘零件，如灯罩、点火器、开关、电动机零件等。

密胺塑料无毒无味，耐酸耐碱，表面硬度和耐冲击强度都比较高，制品不易破裂；吸水性低，可在沸水中使用，在 20℃~100℃之间性能无变化，能长期在110℃左右的条件下使用；能避免沾染果汁、酒等饮料。其缺点是：破损后难以修补，不能受日光暴晒，暴晒后影响制品的色泽。

11）泡沫塑料。泡沫塑料是一种比海绵还要轻的多孔塑料，它以合成树脂为基础，加入一定量的发泡剂，经加热后树脂软化熔融，发泡剂受热分解生成大量气体，当冷却定型时，气泡就存在于它的内部，从而成为具有无数小孔的塑料。

泡沫塑料具有化学稳定性好、相对密度小、导热系数低（低于羊毛、棉花）、吸音、抗震性好、成型加工方便、黏合性能好等特点。

泡沫塑料可以分为："开孔型"泡沫塑料，其结构是内部小孔互相联系，互相通气；"闭孔型"泡沫塑料，其结构是内部小孔互相独立存在，互不相干。

常见的泡沫塑料有聚氨酯泡沫塑料、聚氯乙烯泡沫塑料、聚苯乙烯泡沫塑料、聚乙烯泡沫塑料，它们表现出不同的理化性质，应用于不同的领域。

聚氨酯泡沫塑料按软、硬程度分为软质型和硬质型。软质泡沫塑料用于建筑、汽车、航空等工业，能减轻产品重量，还用于农具、床垫、衣服衬里以及医疗、电子等精密仪器的包装；硬质泡沫塑料多用于管道保温、冰箱隔热、冷藏仓库的隔热层、隔风机翼增强材料等。

聚氯乙烯泡沫塑料大部分是软质微孔塑料，主要用于制造建筑上的隔音材料及装饰结构件，各种机床、无线电减震材料，也可以用于制作泡沫拖鞋。

聚苯乙烯泡沫塑料具有无臭、无毒，不受微生物侵蚀，对湿气稳定等性能，是极佳的绝缘材料，广泛用于包装材料、冷冻、冷藏低温绝缘材料、浮漂设备、浮标和救生器材等。

聚乙烯泡沫塑料具有韧性强、弹性好、化学稳定性好、介电性能、耐气候性、耐油性优异，对人体无害等特性，广泛用于包装、隔热、建筑、高级电缆绝缘等领域，也可制成安全帽、保温水壶、保温饭盒等。

【引例 10-1】 可用来盛装食品的塑料容器

聚丙烯塑料材质的容器可用来盛装食品，并可以在微波炉里使用。

聚乙烯塑料材质的容器可盛装食品，但要注意使用温度。

资料来源：根据资料整理。

10.1.2　塑料材料商品的养护

（1）包装防老化养护。做好包装工作，使塑料制品在储运中保持清洁完好并减少外界因素对塑料制品的影响。

（2）检验工作。做好验收工作，做好外观、理化性能、安全卫生等方面的检验。

正确识别塑料制品外观质量，一般要求结构合理、造型美观、色泽协调、花纹清晰，无影响使用和美观的疵点。避免出现缺角、龟裂、薄厚不匀、平光、肿胀、麻点、气泡、变色和色调不匀等现象。对于容器类和装饰用品要注意有无砂眼和气泡。

做好塑料制品物理机械性能检验，主要有比重、硬度、规格尺寸、摩擦强度、抗张强度、抗冲击强度、抗弯曲强度、抗压强度、断裂伸长率、跌落性能、静压性能、变形性能等。

做好塑料制品的化学稳定性能检验，主要是对酸、碱、盐及各种溶剂以及对光、热、水的稳定强度。

做好塑料制品的安全卫生检验，主要指对人体健康和安全的理化指标，如有害物的含量和导电系数等方面的要求。

（3）储藏养护。做好存放工作，要在存放场所选择，堆码，温、湿度调控，定期检验等方面做好存放养护工作。

1）分库存放。塑料制品勿与化学药品同库存放，尤其是挥发性有机溶剂容易对塑料制品造成侵蚀。

2）避光、防热、防冻。塑料制品应避光存放，并避免曝晒、受热和冷冻。光和过高或过低的温度，都容易加速塑料制品老化，从而逐渐失去使用价值。

3）防裂、防压。塑料制品应轻搬轻放，堆码勿过高。受到碰撞的硬质塑料制品容易破裂，长期受到重压的软质或空心塑料制品容易变形，塑料薄膜容易黏结。

4）注意卫生，保持干燥。要保持库房干燥和清洁。潮湿和尘埃都容易使塑料制品失去表面光泽。

5）按时检验。做好按时检验，发现商品有潮、热、霉、虫以及变形、变色、发黏、发硬、龟裂等老化现象，要及时采取措施进行处理。

6）做好出库管理，贯彻先进先出，易坏先出的原则。塑料制品入库后要有产品标识（生产日期、数量、质量状态），仓库必须了解此批具有标识的塑料制品的状态，并保证此批塑料制品的正确发货和使用。

讨论时间

（1）塑料带来的白色污染根源在哪里？

_____

_____

_____

（2）美国超市为什么没有五颜六色的塑料袋？

_____

_____

_____

10.2　服装商品

面料的选择

面料之间的轻薄对比，可以展现出人类内心复杂、矛盾和难以捉摸的情绪，试图诠释出真实的人性。轻质、透明或半透明、飘逸、层叠效果、蚕茧般的质感，不同的轻薄组合会呈现出不同的观感和触感，赢得众多奢侈品品牌的青睐。

飘逸之质

新颖灵动的薄款面料，如真丝、雪纺、绵绸缎等有着轻质、透明或半透明、飘逸、层叠效果、蚕茧般的质感，不同的轻薄组合会呈现出不同的观感和触感，触动消费者的审美情愫。

自然之色

从传统的黑、白色到耀眼的明黄、炙热的红色、可口的糖果色，色彩正以超越以往的高调缤纷之势席卷而来。最纯洁干净的白色在炎热的夏季，会让穿着者感到清新舒爽，同时也给他人拂去一片习习清风；最接近自然界的绿色和蓝色，使穿着者更贴近自然，也使女性展现出曼妙的线条和凸显出女性柔美、清爽、高雅的形象；宝蓝色更能打造出一个优雅自信却又不失魅力的女性形象。

资料来源：轻薄服装面料成为夏季时尚新宠［EB/OL］. http://www.31ml.com/news/detail-20140213-4259.html.

思考：分析以上两种风格的面料，夏季服装使用的优势有哪些？

10.2.1　纺织材料基础知识

（1）纤维。纤维是指直径一般为几微米到几十微米，而长度比直径大许多倍的细长物质。纺织纤维按其来源分为天然纤维和化学纤维两大类。天然纤维是由自然界中直接取得的纤维；化学纤维指用天然的或合成的高聚物以及无机物为原料，经过人工加工制成的纤维状物体。纤维的主要分类及来源见表 10-4 和表 10-5。常见纤维的成分、结构与性质见表 10-6。

表 10-4　主要天然纤维的分类及来源

分类	定义	组成物质	纤维来源
植物纤维	取自植物种子、茎、韧皮、叶或果实的纤维	主要组成物质为纤维素	种子纤维：棉、木棉 韧皮纤维：苎麻、亚麻、大麻、黄麻、红麻、罗布麻、苘麻、桑皮纤维等 叶纤维：剑麻、蕉麻、菠萝麻纤维、香蕉纤维等 果实纤维：椰子纤维 竹纤维：竹原纤维
动物纤维	取自动物毛发或分泌液的纤维	主要组成物质为蛋白质	毛纤维：绵羊毛、山羊毛、骆驼毛、驼羊毛、兔毛、牦牛毛、马海毛、羽绒、野生骆马毛、变性羊毛、细化羊毛等 丝纤维：桑蚕丝、柞蚕丝、蓖麻蚕丝、木薯蚕丝、天蚕丝、樗蚕丝、柳蚕丝、蜘蛛丝等

表 10-5　化学纤维的分类及名称

分类	定义	纤维
再生纤维	以天然高聚物为原料，经提纯制成浆液，其化学组成基本不变并经高纯净化后制成的纤维	再生纤维素纤维：用木材、棉短绒、秸秆等天然纤维素物质制成的纤维，如粘胶纤维、竹浆纤维、醋酯纤维、富强纤维等 再生蛋白质纤维：用酪素、大豆、花生、毛发类、羽毛类、丝素、丝胶等天然蛋白质制成的，绝大部分组成仍为蛋白质的纤维，如酪素纤维、豆纤维、花生纤维、再生角朊纤维、再生丝素纤维等 再生淀粉纤维：指用玉米、谷类淀粉物质制取的纤维，如聚乳酸纤维（PLA） 再生合成纤维：用废弃的合成纤维原料熔融或溶解再加工成的纤维 特种有机化合物纤维：甲壳素纤维、海藻胶纤维等
合成纤维	以煤、石油、天然气及一些农副产品为原料制成的单体，经化学合成为高聚物，纺制的纤维	涤纶：大分子链中的各链节通过酯基相连的成纤聚合物纺制的合成纤维 锦纶：其分子主链由酰胺键连接起来的一类合成纤维 腈纶：通常指含丙烯腈在 85% 以上的丙烯腈共聚物或均聚物纤维 丙纶：分子组成为聚丙烯的合成纤维 维纶：聚乙烯醇在后加工中经缩甲醛处理所得的纤维 氯纶：分子组成为聚氯乙烯的合成纤维 其他的还有乙纶、氨纶、氟纶（聚四氟乙烯）、芳纶、乙氯纶及混合高聚物纤维等 通过对合成纤维进行物理、化学改性，逐步生产出各种不同于常规的合成纤维，如异形、超细、复合、着色、高收缩、中空等差别化纤维以及应用纳米技术等生产的特种纤维，如阻燃纤维、抗紫外线纤维、抗静电纤维等

表10-6 常见纤维的成分、结构与性质

纤维种类		单基	形态结构	吸湿性	耐酸碱性	耐光性	生物性	耐热性	强度
植物纤维	棉纤维	β-葡萄糖剩基	不规则腰圆形，有中空腔，纵向天然扭曲	较好，回潮率8%~13%		强度稍有下降	易霉变	不软化，不熔融，120℃下5小时发黄，150℃分解	弹性不好，有一定的刚性
	麻纤维	β-葡萄糖剩基	苎麻腰圆形，明显中腔，扭曲，亚麻多有裂纹；亚麻呈多角形，较小的中腔	吸湿能力比棉强，回潮率7%~8%	耐碱不耐酸	强度几乎不下降		200℃分解	弹性不好，有一定的刚性
动物纤维	毛纤维	α-氨基酸剩基	天然扭曲，纵面呈鳞片状覆盖的圆柱体，截面近似圆形或椭圆形	天然纤维中最强，回潮率15%~17%		发黄，强度下降	易虫蛀	100℃开始发黄，130℃分解，300℃碳化	伸长能力天然纤维中最强，弹性恢复能力天然纤维中最强，拉伸强度最低，耐磨性一般
	丝纤维	α-氨基酸剩基	截面不规则三角形，纵向比较平直光滑	较强，回潮率9%左右	耐酸不耐碱	强度显著下降	易虫蛀	235℃分解，270℃~465℃燃烧	断裂强度恢复优于羊毛，弹性恢复能力比较一般，耐磨性一般
合成纤维	涤纶	对苯二甲酸乙二酯	截面圆形，纵向直光滑	差，回潮率0.4%左右	耐酸不耐碱	仅次于腈纶	耐霉，耐虫蛀	238℃~240℃软化，255℃~260℃熔化	强度比棉高一倍，比羊毛高三倍；耐磨性仅次于锦纶，挺括性好
	锦纶	己内酰胺	截面圆形，纵向平直光滑	在化学纤维中较好，回潮率2%左右	耐碱不耐酸	差	耐霉，耐虫蛀	180℃软化，215℃~220℃熔化	强度高，耐磨性好，不挺括
	腈纶	丙烯腈	纵向平直或1~2个沟槽，截面呈哑铃形、圆形，内部有空穴结构	在化学纤维中较好，回潮率4.5%左右	耐酸碱性较好	好，日晒1000小时，强度损失不超过20%	耐霉，耐虫蛀	软化点190℃，240℃熔点不明显热分解	强度比涤纶低，锦纶低
人造纤维	粘纤	葡萄糖剩基	截面呈锯齿形皮芯结构，纵向直有沟槽	良好，回潮率13%左右	耐碱不耐酸	好	易霉变	耐热性较好180℃~200℃热分解	强度低，容易变形，弹性差，耐磨性差
	铜氨纤维	葡萄糖剩基	截面呈圆形，无皮芯结构，纵向直光滑	良好，回潮率12%~13%左右	耐碱不耐酸	与普通粘纤相近	耐霉，耐虫蛀	容易燃烧180℃~200℃产生热粘焦	强度优于粘纤，耐磨性优于粘纤，有悬垂感
	醋酯纤维	两个纤维素单体-$C_6H_{10}O_5$-五个羟基被三个羟基乙酰基取代	截面呈多瓣形，片状，无皮芯结构	比粘纤差，回潮率6.5%左右	稀酸碱有一点抵抗，强酸碱均有破坏	优于粘纤	耐霉变性尚好，耐虫蛀	耐热性差200℃~300℃软化，260℃熔化	强度不及粘纤，不易起皱

（2）纱线。纱线是由纺织纤维构成的细而柔软并具有一定力学性质的连续长条，包括了纱、线和长丝等。纱线的结构、性能将直接影响织物的性质，如织物的轻重、牢固度、耐磨性、质地、导热性与保暖性以及织物表面的光滑粗糙程度。

纱线按组成原料可分为纯纺纱和混纺纱；长丝纱线和短纤维纱线。

纯纺纱是由单一纤维材料组成的纱；混纺纱是由两种或两种以上纤维材料组成的纱线。

长丝纱线是由天然丝或化纤长丝组成的纱线，又分为单丝和复丝；加有捻回的称为捻丝，没有捻回的称为无捻丝。长丝具有良好的强度和均匀度，可制成细度较细的纱线，表面光滑。短纤维纱线是由短纤维加捻而制成的纱线，结构疏松，具有良好的手感，短纤维织成的衣料具有较好的舒适感和外观特征，同时具有一定的强力和均匀度。

纱线按纺纱工艺可分为棉纱线、毛纱线。棉纱线分为精梳纱、普梳纱、废纺纱。毛纱线分为精梳纱与粗梳纱。

精梳纱品质好，线密度小（纱支高），是以品质优良的纤维为原料，纺制时比普通纱增加精梳工序而制成的纱。纱线强力增大，光泽得到改善，疵点少。精梳棉纱用来纺织高档织物，如高档府绸、细布、高档针织品等；精梳毛纱主要用来纺织细薄毛织物，如派力司、凡立丁、毛哔叽等。

普梳纱是使用普通纺纱系统纺出的纱。

纱线按结构组成不同可分为单纱、股线与缆线。

单纱是由单根无捻的纱或只经一次加捻的纱；股线是由两根或多根单纱合并再经一次加捻而制得的线；缆线是由两根或多根纱线合并再经一次加捻制得。

用特殊纺纱加工方法制成的还有变形纱、膨体纱、包芯纱、花式纱等，具有复杂的结构和独特的外观。

（3）织物基本概念。织物有以下几个基本概念：

1）经纬纱。在织物中与布边平行、纵向排列的一组纱线称为经纱；与布边垂直、横向排列的一组纱线称为纬纱。

2）机织物。机织物是指相互垂直的经纬纱线在织机上交织而成的各类织品。

3）针织物。针织物是指在针织机上将一定顺序的纱圈互相串套而成的各类织品。

4）非织造布。非织造布是由定向或随机排列的纤维通过摩擦、抱合、黏合或者这些方法组合而相互制成的片状物、纤网或絮垫等。

5）毯、毡。凡是两面都具有丰厚绒毛和一定保暖率的粗纺毛织物都可称为毛毯。利用羊毛纤维独特的缩绒性，在湿热状态下通过手工或机械挤压作用使纤维与纤维粘合而成的片状物可称为毛毡。

6）纯纺织物。纯纺织物指经纬纱线都是由同一种纯纺纱线织成的织物；如棉织物、毛织物、丝织物、麻织物、涤纶织物、锦纶织物、腈纶织物、粘纤织物等。

7）混纺织物。混纺织物指经纬纱线都是由同一种混纺纱线织成的织物。混纺纱线是指由两种或两种以上纤维织成的纱线。常见的有涤/棉、毛/涤、涤/麻、涤/粘、棉/氨等混纺织物。近年来，多纤维混合已成为纺织新产品开发的一个重要方向。

8）交织织物。交织织物指由不同种类的经纱和纬纱相互交织而制成的织物。如粘胶长丝与桑蚕丝交织的织锦缎、粘胶长丝与粘胶短纤纱交织的富春纺、锦纶长丝与棉纱交织的锦棉绸等。

9）色织织物。色织织物是采用染色纱线进行织造的织物，在织物的后整理工艺中，不再进行染色或印花工艺，由于织物是由经纱和纬纱构成的，所以，色织织物的花型一般为格子花型或条子花型。色织织物的加工复杂程度和工艺成本一般比平素织物高。

10）原组织织物。原组织织物又称基本组织织物，它包括平纹织物、斜纹织物和缎纹织物。

11）小花纹织物。小花纹织物由原组织织物变化或配合而成，可分为变化组织织物和联合组织织物。

12）复杂组织织物。复杂组织织物由若干系统的经纱和若干系统的纬纱构成，这类组织使织物具有特殊的外观效果。

13）大提花组织织物。大提花组织织物为单根经纱受控起花、花纹范围较大的织物。

（4）纺织材料常见的基本指标。纺织材料常见的基本指标有如下几个：

1）吸湿指标。纺织商品在空气中具有吸收或放出水蒸气的能力，称为吸湿性。表示吸湿性的指标有回潮率和含水率，回潮率包含标准回潮率和公定回潮率。纺织商品在公定回潮率时的质量称为公定质量，广泛应用于日常的贸易、计价和计划报表中。

2）线密度（细度）指标。线密度是纺织纤维和纱线的重要指标。线密度直接指标有直径、投影宽度和截面积、周长、比表面积。截面直径是纤维主要线密度直接指标，它的度量单位为微米，只有当截面接近圆形时，用直径表示线密度才合适，如羊毛。线密度的间接指标有定长制、定重制、英制支数。定长制有特克斯（tex）和纤度（Nd）两种表示方法，其数值越大，表示纤维或纱线越粗，特克斯常用于毛纱，纤度常用于化学纤维和蚕丝；定重制用公制支数（Nm）表示，数值越大，表示纤维越细；英制支数（Ne）也是数值越大，表示纤维越细。在其他条件相同的情况下，纤维越细，可纺纱的线密度也越细，成纱强度越高；细纤维制成的织物较柔软，光泽较柔和。纱线的线密度决定着织物的品种、风格、用途和物理力学性能。线密度较细的纱线，其弹力一般较低，织物厚度轻薄，单位面积重量也轻；线密度较粗的纱线，其弹力则较高，织物厚实，单位面积的重量也较重。

【引例 10–2】 棉纤维按长度和线密度分类

细绒棉：长度 23~33 毫米；线密度 1.5~2 分特；可纺 10~100 特的棉纱。

长绒棉：长度 33~45 毫米；线密度 1~1.9 分特；可纺高档棉织品。

资料来源：根据相关标准整理。

3）纱线的捻度。纱线加捻时，两个截面间的相对回转数称为捻回数，纱线单位长度内的捻回数称为捻度。捻度影响纱线的强度、延伸性、刚柔性、捻缩性、光泽、手感等指标，从而影响织物的性能。随着捻度的增加，纱线的紧密度增大，直径变小，在一定范围内强度增高，纱线及由其组成的织物手感往往变得硬挺，而捻度低的纱线及其织物的手感却比较柔软蓬松。

4）纱线的毛羽。在加捻的过程中，纤维两端因不受张力作用而被挤至纱的外层，形成了纱线表面的毛羽。毛羽不仅影响纱线和织物的外观，而且会增加后续工序的断头率，必要时可经烧毛工序除去毛羽。

5）织物的密度。密度是织物单位长度内纱线的根数（根/10 厘米或根/英寸），包括经纱密度和纬纱密度。织物的密度常用经纱密度×纬纱密度来表示。织物的密度影响织物的重量、厚度、强度、耐磨性、透气性、保暖性等功能。

6）织物的紧度。织物的紧度是织物中经、纬纱排列的紧密程度，包括经向紧度、纬向紧度和总紧度。

马克隆值（M）。马克隆值用于棉，属于无量纲，相当于单位长度（英寸）的重量（微克），是反映棉纤维细度、成熟度的综合指标。

品质支数。品质支数用于毛，是沿用下来的指标，曾表示该羊毛的可纺支数，现表示直径在某一范围的羊毛细度。

（5）织品分类。织品可分为以下几类：

1）棉织品。以棉纤维和棉型化学纤维为原料并经过纺织染整等工序加工所制成的产品，叫作棉织品，习惯上称为棉布。

纯棉织品的特点是手感柔软，吸湿性好，穿着舒适，保暖性好，耐碱性强，耐酸性较差，弹性差，易皱不挺，免烫性差，强度不如合成纤维。

用于棉织品的化学纤维有粘胶纤维、涤纶、维纶等，是由化学纤维纯纺或与棉混纺而成的织物。粘胶纤维织物表面光洁，手感柔软，色泽鲜艳，吸湿性好，穿着舒适，但强度低，尤其是湿强低，弹性差，保形性差，缩水率大，不耐日晒。涤纶织物手感挺滑，牢固耐用，保形性好，易洗快干，抗皱免烫，尺寸稳定，缩水率小，吸湿性差，舒适性差。维纶织物坚牢耐用，吸湿性好，穿着舒适，弹性较差，容易起皱，染色性差，色泽萎暗，不耐湿热。

棉织品的主要品种有平布、府绸、斜纹布、哔叽、华达呢、卡其、直贡、横贡、麻纱、绒布、平绒、灯芯绒、泡泡纱、绉布、羽绒布、青年布、水洗布、牛仔布、巴厘纱、牛津布、纱罗、线呢、条格布等。

2）毛织品。以羊毛为主要原料并经过纺织、染整等加工工序所制成的产品，叫作毛织物或毛织品。某些纯化纤织物，虽不含羊毛，但是采用毛纺设备及毛纺工艺加工制成，亦列入毛织品范围，习惯上毛织品又称呢绒。

毛织品按原料不同可分为纯毛织品、混纺织品、交织织品、纯化纤织品；毛织品按生产工艺不同划分为精梳毛纺、粗疏毛纺。

精梳毛纺是用较好的原毛经过多道机械加工，以获得粗细均匀、纤维排列平直的毛条，再经纺、织、染、整理工序而得到的织品。精纺呢绒所用羊毛长度在65毫米以上，毛纱选用线密度在 12.5 特×2~33.3 特×2 的股纱。呢绒比较轻薄，呢面平整光洁，织纹清晰，光泽柔和，手感柔软，身骨丰满，滑爽挺括，弹性较好。精纺呢绒的主要品种有哔叽、啥味呢、华达呢、花呢、凡立丁、派力司、女衣呢、贡呢、马裤呢、巧克丁、克罗丁。

粗梳毛纺是采用较短的毛纤维经粗梳毛纺织工艺而制成的织品。粗纺呢绒所用的羊毛长度多在 20~65 毫米，毛纱特数较高。粗纺呢绒比较厚重，手感柔软，蓬松丰厚，在棉麻毛丝的各类织物中，同厚度的织物以粗纺呢绒重量最轻。粗纺呢绒的主要品种有麦尔登、大衣呢、海军呢、制服呢、学生呢、女士呢、法兰绒、粗花呢、钢花呢、海力斯、粗服呢。

3）丝织品。以蚕丝和化学纤维长丝为纺织原料制成的织品，主要包括纯织和交织两类织品，统称为丝织品。

各类纯丝织物的强度均较纯毛织物高，但其抗皱性比毛织物差。桑丝织物色白细腻、光泽柔和明亮、手感爽滑柔软、高雅华贵，为高级服装衣料；柞丝织物色黄光暗，外观较粗糙，手感柔而不爽、略带涩滞、坚牢耐用、价格便宜，为中档服装及时装衣料；绢纺织物表面较为粗糙，有碎蛹屑呈现黑点，手感涩滞柔软，呈乳白本色别风格，价格比长丝织物便宜，亦为外用服装理想面料。

丝织品按商业习惯分为真丝绸类、绢丝绸类、柞丝绸类、合纤绸类、交织物类、被面类。按织物结构、使用原料、制织工艺、质地外观及丝织物主要用途可分为绡、纺、绉、缎、锦、绫、绢、纱、罗、绨、葛、绒、呢、绸十四大类。

4）麻织品。麻织品是指以麻纤维加工而成的织物，也包括麻与其他纤维混纺或交织的织物。麻织品具有干爽、利汗、自然、古朴、高强及抗皱性差等特点。

苎麻织物的主要品种有夏布、爽丽纱、麻的确良、涤麻混纺花呢；亚麻织物的主要品种有亚麻细布、亚麻帆布。

5）针织品。针织品按生产方式的不同分为经编针织品、纬编针织品。

纬编针织品是由一根或几根纱线沿针织物的纬向顺序弯曲成圈，并由线圈依次串套而成的针织物。纬编针织品质地柔软，具有较大的延伸性、弹性以及良好的透气性。

经编针织品是由一组或几组平行排列的纱线分别垫在平行排列的织针上，同时沿纵向编织而成。经编针织品的脱散性和延伸性比纬编织物小，其结构和外形的稳定性好。

针织品的主要品种有汗布、棉毛布、起绒针织物、丝盖棉针织物、毛圈针织物、天鹅绒针织物、人造毛皮针织物、袜子、针织手套、蚊帐、羊绒衫。

（6）织物的质量。织物的质量是指织物按照用途满足人们穿着、使用或进一步加工需要的各种特性的总和。评价织物的质量主要是依据织物的质量标准，主要内容包括了技术条件、分等规定、测试方法、包装标志、验收规则等。内在质量、外在质量各项性能的测试是织物质量标准的主要指标依据。具体见表 10–7。

表 10–7 织物的内在质量、外在质量性能

| 织物内在质量性能与指标 | | 织物的外在质量指标 |
织物结构性能指标	织物力学性能与染色性能	
长度	拉伸断裂性能	外观疵点
幅度	撕裂性能	条干均匀程度
厚度	耐磨性能	表面平滑
面密度	刚柔性	色泽
密度	透气性和透湿性	
紧度	抗起球性	
组织	尺寸稳定性	
	染色牢度	
	保温性	

10.2.2 服装商品基础知识

（1）服装商品的质量要求。人的身体皮肤与服装纺织品是近邻，人需要在服装商品的陪伴下从事各种社交活动，由此对其质量的要求也概括为舒适性、耐用性、安全性、方便性、美观性和经济性等。如何能满足服装商品的这些质量要求，需要从纤维的性质、结构，纱线与织物的结构、加工制作工艺入手去分析利用和工艺改进。

1）舒适性。服装商品的穿用舒适性包括微气候舒适性、触感舒适性和合体舒适性。

服装商品的微舒适性与织物吸湿性、透湿性、透汽性、透气性、保暖性有关，织物的这些性质又取决于纱线吸湿性、透湿性、透汽性、透气性、纤维的回潮率以及织物的机构。

微气候是指衣服内层与人体皮肤之间空气层的温、湿度状态。微气候舒适性要求衣服在任何气候环境中，其微气候都能使人体保持生理热平衡，从而有舒适的感觉。舒适状态下，衣服内层与皮肤之间空气的温度为 32±1℃，相对湿度在50%±10%左右。

在微气候调节中，服装材料的保温性、透气性、透湿性、吸水性以及服装商品的式样与组合都起着重要的作用。

保温性就是阻止人体热量通过服装材料向外界流失的性质。服装材料的保温

性主要取决于其内部所含静止空气的量。

【引例 10-3】服装保暖性

一般纤维的卷曲多，弹性好，织物厚且膨松，则含气量大，保温性好。

纱线的结构决定了纤维之间能否形成静止空气层，纱的蓬松性有助于服装用来保持体温。纱线结构紧密能防止空气在纱中通过，会让人产生暖和的感觉，纱线结构疏松有利于空气在纱中通过，让人有凉爽的感觉。

捻度大的低特纱有利于空气通过，其隔热性比蓬松的高特纱差。

起绒、起毛织物和毛皮含气量大，保温性好，但使用中毛绒被逐渐磨断，保温性会逐渐下降。服装材料的保温性还与辐射热有关，材料表面越不平滑，光泽越弱，染色越深，吸收辐射热就越多。

资料来源：根据相关资料整理。

透气性是指气体通过织物的性能，是织物透通性中最基本的性能。透气不仅可以排出人体皮肤表面的二氧化碳和汗气，还可以向外界散热。夏季服装应具有良好的透气性，冬季服装则应具有较小的透气性，使衣服中储存较多的静止空气，以提高保暖性。

【引例 10-4】服装透气性

纺织材料的透气性与织物内纱线间、纤维间的空隙大小、多少及织物厚度有关，即与织物的经纬密度、纱线线密度、纱线捻度等有关。

纤维的几何形状关系到纤维合成纱时，纱内空隙的大小和多少。异形截面纤维制成的织物透气性比圆形截面纤维的织物好。吸湿性强的纤维，吸湿后纤维直径明显膨胀，织物紧度增加，透气性下降。

纱线捻系数增大时，在一定范围内使纱线线密度增大，纱线直径变小，织物紧度降低，因此织物透气性有提高的趋势。在经纬密度相同的织物中，纱线线密度减小，织物透气性增加。

织物的几何结构中，增加织物厚度，透气性下降。织物组织中平纹织物交织点最多，浮长最短，纤维束缚较紧密，故透气性最小；斜纹织物透气性较大；缎纹织物更大。纱线线密度相同的织物中，随着经、纬密度的增加，织物透气性下降。织物经缩绒、起毛、树脂整理、涂胶等后整理后，透气性有所下降。

资料来源：根据相关资料整理。

透湿性是指织物透过水汽的性能。服装所用织物的透湿性是一项重要的舒适、卫生性能，它直接关系到织物排放汗气的能力。

人体皮肤表面的湿度常常比外界空气高，水分通过材料向外扩散若不充分，就会产生不舒服的感觉。天然纤维制品的透湿性和吸水性较好，宜用来制作内衣。合成纤维制品透湿性和吸水性较差，穿用时有闷的感觉，多用来制作外衣。

蒸汽分子透过织物有两条通道：一是织物内纤维与纤维间的空隙；二是凭借纤维的吸湿能力，吸收气态水，向织物内部传递，直到织物的另一面，向外散失。

影响织物的透湿性主要是织物结构、纤维性质。结构松散时，透汽量大。亲水性纤维织物与疏水性纤维织物的吸湿性、透湿性具体关系见表10-8。

表10-8　吸湿性、透湿性与纤维、纺织品结构的关系

纤维性质＼织物结构	松散	密实
疏水性	吸湿性差 透湿性好	吸湿性差 透湿性差
亲水性	吸湿性好 透湿性好	吸湿性好 透湿性差

透水性是指液态水从织物的一面渗透到另一面的性能。水分子通过织物有三种通道：一是纤维吸收水分，传递到另一面；二是通过纤维与纤维、纱线与纱线间的毛细管作用，从织物的一面达到另一面；三是通过水压作用，使水分子通过织物空隙到达另一面。

织物的结构，纤维的吸湿性，纤维表面蜡纸、油脂都与织物的透水性有关。织物结构中，紧度大，水不易透过。

服装商品的触感舒适性是人体皮肤与服装材料接触时的综合感觉，如压感、温冷感、黏感、刺痒感等。触感是决定服装舒适性的一个重要因素。

压感是指人体皮肤因服装压迫力所产生的感觉。实验表明，当压迫力超过30克／平方厘米时，人体就会感到不舒适；压迫力再大，还会产生胃下垂、消化不良、呼吸加快等病态反应。压迫力的产生在于服装商品重量过重或宽裕量、弹性不足，因此只要压迫力适当就可以减轻或避免压迫导致的不舒适感。

温冷感是皮肤接触服装时，由于接触部位的材料从皮肤吸收热量的快或慢，使接触部位的皮肤传送温度与其他部分皮肤温度不同，从而产生冷或暖的感觉。

黏感是指由于服装玷污而使人体产生的不舒适感觉。及时洗去污物（皮屑、皮脂、汗液、尘垢等），不但能消除黏感，而且有利于阻止细菌、霉菌的生长繁殖，避免皮肤病，并且改善服装商品的透气性、透湿性和吸水性。

质量较差的羊毛纤维制品、毛皮制品和经过化学整理的某些织品（含有柔软剂、增白剂、防缩和防皱整理剂或杀菌剂等化学物质），还会刺激皮肤，引起不舒适感。新内衣或其他服装穿用前用清水浸泡，洗去残留化学物质，可以增加柔软、舒适感。

服装商品的合体舒适性要求服装商品能适应人体的大小和形状，有适度的伸缩性和宽裕度，并且重量较轻，尽可能不压迫人体，尤其是不压迫人体的软组织部分，避免使人体呼吸运动和血液循环受阻，或内脏器官变形、移位，让人体能够自由活动而不感到拘束。

据研究，人体动作时，皮肤伸长范围大致增长 20%~50%。一般伴随动作，服装的伸长较皮肤的伸长少，其减少的程度取决于服装的宽裕度和皮肤与织物间的滑动。伸长率大的织物，若在穿着中反复伸长，容易起拱变形。

从服装的负荷重量、对人体的压力看，服装重量主要落在两肩和腰部，负荷重量以不影响血液循环和呼吸运动为基础上限。一般来说，在满足服装对人体温、湿度调节功能的前提下，服装越轻越好。

【引例 10-5】服装的伸长率与负荷

各类服装要求的伸长率因用途而异，衬衣应为 10%~15%，男女成套服装为 10%~25%，男运动衣为 25%，游泳衣为 50%。

实验表明，女子服装舒适压力冬季为 18 克/平方厘米；春季和秋季为 13 克/平方厘米；夏季为 4 克/平方厘米。男子服装舒适压力要比女子高 20%左右。

资料来源：根据相关资料整理。

2）耐用性。服装商品的耐用性是指它在穿用和洗涤过程中抵抗外界各种破坏因素作用的能力。耐用性决定着服装商品的使用期限、寿命，它的内容主要有抗张强度、撕裂强度、顶破强度、抗疲劳强度、耐磨牢度、耐日光性、耐热性、染色牢度、耐霉性和耐蛀性等。

抗张强度是拉断规定尺寸的服装材料试样所需的最大外力。

撕裂和顶破强度分别表示规定尺寸的织物试样被撕裂和顶破时所需的最大外力。

顶破强度反映衣服的肘部、膝部、手套、袜子和鞋子头部的坚牢程度。

上述三种强度指标的大小都取决于织物中纤维的种类及其强度、纱线结构和纱线密度，它们反映了服装商品在大于破坏力的外力一次性作用下的牢固性。

但在实际穿用和洗涤过程中，服装商品往往是经受远小于破坏力的外力多次重复作用，其最终被破坏是多次重复作用累积的结果，这就是强度的疲劳现象。

商品抵抗疲劳的能力称为抗疲劳强度，它对耐用性更具有普遍意义。

磨损是服装商品在使用过程中损坏的一个重要原因，如衣物之间、同一衣服的各位之间以及洗涤时发生的磨损等，商品抵抗因外物反复摩擦而损坏的能力，称为耐磨牢度，将天然纤维与棉纶、涤纶等混纺，可大大提高其耐磨牢度。

耐日光性是指服装商品对日光中紫外线的抵抗能力，通常用一定日晒时数后强度的下降百分率来表示。耐日光性以腈纶制品为最好，锦纶、丙纶、真丝制品较差。

纺织材料在高温下，保持自己的物理力学性能的能力称为耐热性。服装商品在洗涤和熨烫时要达到理想的效果，从理论上说温度高一些较好，但实际上往往受到材料耐热性的限制。

染色牢度是指染料与纤维结合的坚固程度以及染料对外界因素的抵抗程度。在穿用、洗涤、熨烫过程中，染料数量会减少或起化学变化，产生褪色或变色。由于作用因素很多，染色牢度通常用多项指标表示，如内衣对汗渍牢度和皂洗牢度要求较高；外衣对日晒牢度、摩擦牢度、熨烫牢度和刷洗牢度等要求较高。各项染色牢度的好坏，除日晒牢度按 1~8 级评定外，其余都按 1~5 级评定，1 级最差，8 级或 5 级最好。

耐霉、耐蛀性是服装商品抵抗生霉变质和虫蛀的能力。纤维素纤维（棉、麻、粘纤）制品易吸湿霉变，丝绸及其服装耐霉性强于纤维素纤维制品，但不如呢绒及其服装。纯合成纤维制品耐霉性好，但其混纺制品可能生霉。羊毛及其混纺制品易被害虫蛀食，真丝棉、麻、粘纤特制品虽非害虫喜爱的食料，但常常遭到外包装上害虫蛀咬。在染整加工中加入防霉剂，或者在保管中注意通风防潮和放置纸包卫生球，可获得防霉、防蛀效果。

3）卫生安全性。服装商品的安全性直接关系着人体的健康和安全，它包括耐燃性、抗静电性和染整使用有害物质的残留量等内容。

近些年来，无论国内或国外，服装商品引起火灾伤亡的事件有所增加。很多工业发达国家都对服装商品制定了严格的防火性能标准，有的还结合法律强制执行。我国现已着手研究这方面的标准。一般服装商品所用的纺织纤维都属于易燃或可燃纤维。棉、麻、粘纤、丙纶、腈纶等容易点燃且燃烧速度快，属于易燃纤维；而羊毛、蚕丝、锦纶、涤纶等易点燃但燃烧速度慢，属于可燃纤维。

服装商品抵抗燃烧的能力称为耐燃性，通常用极限氧指数 LOI 值表征，它是指样品在氧气和氮气的混合气体中，维持完全燃烧状态所需的最低氧气体积浓度的百分数。极限氧指数越大，维持燃烧所需的氧气浓度越高，即越难燃烧。一般耐燃制品的 LOI 值应超过 26%。提高耐燃性的方法，一是制造阻燃纤维；二是对易燃纤维制品进行阻燃整理，使纤维制品在火焰中能降低可燃性，减缓蔓延的速度，而离开火焰后能很快自熄。

看板：非生态纺织产品对人类健康带来的危害

pH 值：属中性（pH＝7）的纺织产品均对皮肤无损害。

甲醛含量：纺织产品所含甲醛成分以任何形态存在于物质内均会释放甲醛，危害健康。

可萃取的重金属：存在于土壤和空气中的重金属会被植物吸收，蕴藏于天然纤维内或在染色和后整理过程中深入纺织产品内。当人体吸入重金属，就会严重损害健康。特别是儿童对它的吸收能力较强，伤害尤为严重。

有机锡化物：主要用于抗菌加工整理。纺织企业利用三丁基锡（TBT）是为防止汗水导致纺织产品降解和去除汗臭。但是如果浓度高就会产生毒性，主要是通过汗水透过皮肤被吸收到人体中，会使神经系统受损。

杀虫剂（包括除草剂）：根据对人体的毒害程度，它们被分为弱毒剂到强毒剂若干等级。多种情况下这些残余物很容易透过皮肤而被吸入人体中。因为它们的化学稳定性相当高，不容易分解，所以对人类和环境都有害。

致癌、致敏的含氨染料：含氨染料主要用于纺织产品的染色，其部分在若干情况下会分离产生致癌及致敏的芳香胺。如果这些染料长时间接触皮肤，被人体吸收，就会给人们的健康造成很大的伤害。

色牢度：加强染色纺织产品的色牢度，减轻其可能造成的对人体的危害，确实是可以肯定的。但易褪色的产品，当其染料或颜料可能渗入汗水里时，通过皮肤吸收也会造成伤害。

资料来源：中国质量新闻网，http://www.cqn.com.cn.

合成纤维的服装商品在穿用中易产生静电，有很强的吸尘作用。当静电压高到一定程度时，还能产生火花，若工作场所或室内有易燃、易爆气体还会引起火灾和爆炸事故。近年来医学界的研究还表明，静电量太高的衣服，能影响人体健康。此外，计算机和精密电子仪器的工作准确性，也会受到操作人员服装静电的干扰。目前对防火、防尘、防爆工作服的要求中，各国均很重视抗静电要求。表示服装材料抗静电性的指标通常有表面比电阻、静电半衰期、摩擦带电荷密度、摩擦带静电压、粘附性等。抗静电整理方法有抗静电树脂整理、纤维化学改性和嵌织导电纤维三类。

服装材料在染整加工中，要使用染料及其助剂、荧光增白剂、防缩和防皱整理剂、柔软剂，防霉剂、防蛀剂、杀菌剂等各类化学物质，它们在衣用商品上残留量过大，也会危害人体。例如，染色中使用的重铬酸盐、膨润剂等，漂白布上的荧光增白剂，柔软剂中硫酸酯、多元醇脂肪酸脂等，若超过一定浓度，都会刺激皮肤，引起皮炎。尤其是防缩、防皱整理剂中的甲醛树脂会缓慢释放甲醛，引起皮肤的接触性反应，产生丘疹和红斑。

4）方便性。方便性要求服装商品在缝制加工和穿用过程中，具有易缝纫（如缝纫针贯穿阻力小、压脚和织物间的动摩擦系数小、织物间动摩擦系数大、织物中纱线移动容易等）、易整烫、易洗涤、易干燥、易保管、易修补等特性。

5）美观性。决定服装商品美观性的基本因素是服装材料、色彩和式样。

美观性要求服装材料首先没有外观疵点；其次要有良好的刚柔性，悬垂性，抗起毛、起球性，质地好以及较小的缩水率。

外观疵点包括织疵、杂质、破损、斑渍、染色不匀、条花、错花、纬纱或花型歪斜等缺陷，它们可能是原材料质量不良或织造、染整中处理不当所造成的，往往严重破坏美观甚至影响耐用性。

刚柔性主要是指材料抵抗弯曲形变的能力，也称抗弯刚度。抗弯刚度越大，材料越刚硬；反之，材料越柔软。抗弯刚度适中则材料挺括。通常外衣材料要求一定的挺括性，内衣材料则要求一定的柔软性。

悬垂性是指服装材料因自身重量及刚柔性影响在自然悬垂时表现的特性。衣料的刚柔性越小，各个部位的柔软程度和垂褶越均匀，越容易形成平滑和曲率均匀的曲面，其外观轮廓越优美，悬垂性越好。

衣料在穿用和洗涤过程中不断摩擦，使表面的纤维端露出，呈现许多毛茸，称为"起毛"。若这些毛茸在继续穿用中不及时脱落，就会相互纠缠，揉成球状，称为"起球"。它们严重影响织物的美观，大大降低了使用价值。一般通过改进纤维的纱线性能，增大织物紧密度，染整中采用烧毛、热定型和树脂整理等措施，可以提高衣料的抗起球性。

质地是衣料中纤维、纱线和组织结构显露在表面的视觉和触觉特性，又称风格，如光泽、布面平整度、纹路清晰度、光洁度、匀染度、滑涩感、糙细感、松紧感、爽暖感、硬软感、厚薄感、轻重感等。

色彩在服装商品上的运用，既有其普遍性，又有其特殊性。所谓普遍性是指其色彩配合要遵循一般的对比、调和与规律，并且其色彩的感觉功能和情感功能也没有特殊性。所谓特殊性是指服装商品的色彩有其特殊的运用方法。由于服装商品既是生活用品，又是装饰、美化人体的工艺品，因此服装商品的色彩美，不但要求色彩与所处的环境（季节转换、城乡差异、工作环境、运动场所、旅游胜地、风俗习惯以及特定的社交活动等）相协调，而且要求色彩与人的体型、容貌、肤色、发色、年龄、民族、社会地位及个人性格与气质等特征相统一。

服装商品的式样美是由点、线、面、体等式样构成要素，按形式美的法则以及人体体型和活动特征组合而表现出来的美学特性。服装商品经常变化的只是其外观特征，如组合的表现手法、线条、饰物、色彩等，这些习惯上称为动机构件。而固定构件如材料组织结构、商品总的形态、各部分的比例关系等都比较稳定，不会有急剧的变化。与色彩相同，服装商品的式样还必须与人的体型、脸型、年龄、民族、社会地位、气质、性格以及时代潮流、生活环境相协调，才能使人产生美的享受。总之，服装商品的美观性就是其材料美、色彩美和式样美的有机统一，是人—服装—环境的高度和谐。

6）经济性。服装商品的经济性（是指其使用价值与价值的比值）要高，即成本和价格在满足用途需要的基础上要尽可能低。这就要求尽量避免烦琐的设计和生产工艺，应该节省的材料与能耗一定要压缩下来，同时又要注意美观、大方，适应市场需要，还要避免盲目生产与经营而造成的积压浪费。

（2）服装商品的分类。服装商品的分类如下：

1）按服装面料分类。按服装面料一般可分为棉类服装、麻类服装、呢绒服装、丝绸服装、化纤服装、毛皮和皮革服装等。

2）按服装行业的专业。按服装行业的专业不同分为纺织服装、针织服装、裘革服装。

人们生活环境复杂多变，着装形式也千变万化，如各类场合穿着的具有标志性的服装，这类服装主要有社交服、职业服、运动服、生活服、舞台服等。社交服即各种社交场合穿着的服装，如西服正装、礼服、晚礼服、女士套裙等。职业服即具有职业特征标志性的服装，如军服、国家机关制服以及应用于行业或企业的职业时装、职业制服、职业工装、职业防护服等。运动服包括职业运动服和休闲运动服，职业运动服是运动员和裁判员在训练和比赛时穿着的服装；休闲运动服是适合于大众休闲运动时穿着的服装。运动服的特点是简练、舒适、美观，既能适合不同的运动特点，又能起到保护作用。生活服即人们日常生活穿着的服装。如在家庭环境中穿着的各类舒适、方便的简便服装，户外活动穿着的各类休闲服装等。生活服能够体现个人的生活情趣、爱好及性格特征。舞台服是为影、视、戏剧等舞台演出及表演所设计制作的服装。

3) 按服装的穿用季节分类。服装按穿用季节不同，可分为春秋装、夏装、冬装。

商业服装经营的分类标志较多，而且不统一，主要的分类方法有按性别、按年龄和按制作工艺等分类。如按性别分类有男装、女装；按年龄分类有婴儿服、儿童服、成人服；按制作工艺分类有针织服装、刺绣服装等。除此之外，还可按服装的款式、按服装的衬垫材料以及按穿着的组合方式等多种标志分类。

(3) 服装质量标识与标志。服装质量标识与标志有如下几类：

1) 商标及纸吊牌。商标又称布标、织唛，主要用于领标或其他装饰。是商品表面或包装上一种特殊的标志。品牌或品牌的一部分经注册即为商标。商标拥有法律效力，是标明商品身份的法定标志。商标可以表明商品的出处，向消费者传递有关服装质量保证方面的信息。

吊牌是拴挂在服装上，对服装进一步说明的标志，可以帮助消费者了解许多有关质量特征的信息。按照国家标准 GB5296.4，服装吊牌应反映以下信息：制造者的名称、地址（进口产品应标明原产地及代理商、进口商的中国注册名称和地址）；产品名称（名称真实，符合国家标准）；产品型号和规格（其标志必须符合国家标准）；产品所采用的原材料的成分和含量；标签须标注洗涤方法，有符号和简单明了的文字说明；产品的使用期限以及使用和储藏的注意事项；产品所执行的国家标准编号；产品的质量等级和产品质量检查合格证；必须有耐久性标签，牢固地缝制在商品上。

2）纤维成分标志。纤维成分标志表示使用了何种纤维及其用量的多少，以便于消费者购买商品时判断该商品价格是否合适，有哪些优缺点。遵照标准为纺织行业推荐性标准 FZ/T01053，采用原料一般按规定使用统一名称，含量多少按从大到小顺序排列，不足 5% 时，可统一使用"其他纤维"或"其他"来表述。

3）规格标志。每个国家和地区对服装规格都有相应的标准，我国称之为服装号型。

服装号型标准中，分别对"号"、"型"、"体型"做了说明。"号"表示人体的身高，以厘米为单位表示，是设计和选购服装长短的依据；"型"表示人体的上体胸围或下体腰围，以厘米为单位表示，是设计和选购服装肥瘦的依据；"体型"以人体的胸围与腰围的差数为依据来划分的，体型划分为四类，分类代号分别为 Y、A、B、C。四种体型划分的依据如表 10-9 所示。

表 10-9　体型分类代号

单位：厘米

体型分类代号	Y	A	B	C
男子胸围与腰围落差	22~17	16~12	11~7	6~2
女子胸围与腰围落差	24~19	18~14	13~9	8~4

Y 型服装的胸围与腰围落差最大，称为宽肩细腰型；A 型为一般体型或正常体型；B 型为微胖型；C 型为胖体型。

【引例 10-6】服装号型的表示与应用

服装号型的表示方法是："号"放在前面，"型"放在后面，中间用斜线隔开。具体表示示例：上衣 170/84A，适合高 170 厘米左右、胸围 84 厘米左右的人穿用。

儿童服装号型没有体型分类，具体表示示例：裤子 120/56，适合身高 120 厘米左右，腰围 56 厘米左右的儿童穿用。

在选购号型服装前，先要测量身体的高度、胸围、腰围。测量的方法是：总体高，从头顶垂直量至脚跟；胸围，在腋下最丰满处紧贴衬衣用皮尺水平围量；腰围，隔单裤在腰间最细处水平围量。按量后的尺寸向近似的号和型靠档，例如，目前女上装常采用的号型系列为：155/80、160/84、165/88 等，若你的实际号型为 163/85，就必须向 160/84 或 165/88 靠档，从而挑选到合体的服装。

资料来源：根据相关标准整理。

4) 洗涤熨烫标志。为了让消费者掌握所穿的服装面料、各种辅料织物原料的性能，在使用、洗涤、整理和保养中不受损伤，一般会在后领中、后腰中主唛下面或旁边，或者侧缝位置，缝上洗涤熨烫标志。

洗涤熨烫标志的标注遵照标准为国家推荐性标准 GB/T8685。内容包括说明能否水洗、水洗的方法（手洗或机洗）和水温；洗涤剂（碱性、中性、酸性）的选择及脱水的方法（甩干或拧干），说明能否氯漂；熨烫，说明能否熨烫，熨烫方法和温度；干洗，说明是否要干洗和干洗剂的选择；水洗后的干燥方法；洗涤和熨烫时的注意事项，穿用或使用时的注意事项；产品的特殊使用性能，如阻燃性、防蛀、防水、防缩等；贮藏条件及注意事项以及其他与使用有关的事项（见图 10-1）。

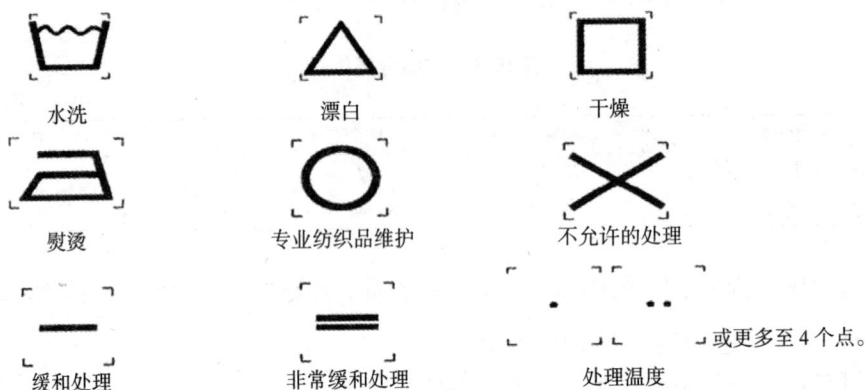

| 水洗 | 漂白 | 干燥 |

| 熨烫 | 专业纺织品维护 | 不允许的处理 |

| 缓和处理 | 非常缓和处理 | 处理温度 |

或更多至 4 个点。

图 10-1 服装洗涤标志

5) 安全卫生标志。安全卫生标准的标识遵照标准为国家强制性标准 GB18401-2010、GB20400。主要从甲醛、pH 值、色牢度、异味、可分解芳香胺染料几个方面进行检测。服装等级分为 A 类、B 类、C 类，A 类为婴幼儿用品，B 类为直接接触皮肤的产品，C 类为非直接接触皮肤产品。具体指标见表 10-10。

6) 质量认证标志。质量认证标志是推荐性质量标志。服装的常见质量认证标志有全棉标志、纯羊毛标志、欧洲绿色标签、欧洲生态标签等质量标志。

表 10-10　服装安全卫生标准

项　目		A 类 (36 个月以下婴幼儿)	B 类 (直接接触皮肤产品)	C 类 (非直接接触皮肤产品)
甲醛含量（毫克/千克）≤		20	75	300
pH 值		4.0~7.5	4.0~8.5	4.0~9.0
色牢度/级	耐水（变色、沾色）	3~4	3	3
	耐酸汗渍（变色、沾色）	3~4	3	3
	耐碱汗渍（变色、沾色）	3~4	3	3
	耐干摩擦	4	3	3
	耐唾液（变色、沾色）	4	—	—
异味		无		
可分解致癌芳香胺染料		禁用		

10.2.3　服装商品的养护

（1）服装商品的消费选购与保养。消费者选购服装，除了对服装的材质、款式风格以及服装色彩进行选择外，还应从以下几个方面对服装进行检查。

1）查看服装商品的相关标志。服装上的吊牌和缝在服装产品上的洗水唛等标志至少要明确表述生产者或销售者的单位及地址、产品名称、服装材质、质量等级、规格、洗涤熨烫保养方法等，以便全面了解产品的质量状况和辨别产品的真伪。

2）外观质量检查。从外观上看，产品面料应无明显织疵和色差；外观整洁、平服，无加工痕迹残留；各部位熨烫平整，无漏烫和死褶；规格尺寸与产品说明相一致，误差在标准允许的公差范围内。

上衣检查应外观挺括，各处衬垫平服；衣领平整，领尖对称；肩缝对接平服，肩窿圆顺；两袖吃势均匀，不扭不吊，长短一致，袖口大小一致；门襟左右对称，长短一致；扣眼位置准确，系扣后平服不起吊；后背不翘起，拼接处平服；口袋平服，大小一致，高低适中，左右对称；衣里平整，松紧适度；女装应胸部丰满挺括；布料带有明显条格的，应对条对格。

裤子检查应各拼接缝平服，档缝圆顺，侧缝平直；裤腿长短、宽窄一致；裤扣、拉链吻合服贴平顺，对条对格工整。

3）服装洗涤。为保持和延长服装商品的使用价值，保持服装处于良好的状态，平时就要做好服装的保养工作，因此我们应该了解一些有关服装正确洗涤保养的知识。

干洗即无水的洗涤，是指利用有机溶剂去除污物的洗涤方法。常用的有机溶剂有四氯乙烯、三氯乙烷等。由于不用水，洗涤物不湿，故干洗后服装不变形，整理容易而快干，对怕碱、色泽不耐洗的织物尤为适用。

水洗是指利用水及洗涤剂清洁纺织品的方法，是家庭中常用的去污方法，可分为手洗和机洗。机械洗涤水和被洗物之间摩擦力大，洗涤效果较好，但织物损伤大。手洗劳动强度大，但操作灵活，尤其是对一些易损的纺织品仍以手洗为宜。服装水洗要注意以下要点。

浸泡。一般而言，待洗衣物可以先用清水浸泡，让附着在衣物表面的尘垢和汗液脱离衣物先进入清水中。通过预浸泡，织物被水浸湿、膨胀，使纤维间的污垢受到挤压而浮于纤维外层，容易去除。浸泡的时间根据衣物的品种、材料、新旧程度和脏污状况而定，一般丝绸和粘胶纤维织物可以浸泡 5 分钟，棉麻织物浸泡时间可在 30 分钟左右，合成纤维 15 分钟就可以了。

洗涤。无论是批量洗涤还是单件洗涤，都要做到"三先三后"，即先浅色后深色；先小件后大件，先轻垢后重垢的顺序洗涤。洗涤剂选择合适，用量适当。

投洗。经洗涤剂洗后的衣物都需要用清水投洗。如果投洗不净会留有洗涤剂味，甚至出现白霜一样的皂花，收藏后易于吸湿生霉，熨烫时易引起黄光、黄渍。所以，衣物投洗一定要干净，以 3~4 次为宜。

脱水。投洗净以后，需要进行脱水。除棉、麻织品的衣物可以拧绞外，其他织品的衣物均忌拧绞。可用挤压方法脱水，也可用清洁干毛巾卷起湿的衣物压吸水分，或在适当的地方任其自然沥水，待半干时再予拉挺。

水温。水温对洗涤效果有一定的影响，水温可增强去污力，但各种纤维耐热性能和色泽牢度不相同，多数织品经受不了高的水温，此外洗衣机械也不容许温度过高。

干燥。纺织纤维在日光的照射下，易发生光氧脆损，褪色老化，特别是洗后处于湿状，衣物含有水分能加剧纤维裂解，使其强度降低，色织品更易于褪色变色。因此，除白色棉麻衣物可以在阳光下稍晒外，其他织品的衣物最好晾干或放在阳光不太强的地方晒干（反面朝外）。在晾晒后将衣物拉平整，尽量减少褶皱。高档外衣要用衣架晾晒，裤子要长挂晾晒。

处理。洗涤后，有些衣物需要经过一些特殊处理，以获得良好的效果。常见的有：过酸处理，主要是为了中和残留在真丝和毛织品衣物内的皂碱，并使织品颜色鲜艳，富有光泽；上浆处理，即用稀薄淀粉浆或米汤对洗后衣物上浆，使其硬挺，不易揉皱；增白处理，即用荧光增白剂对白浅衣物进行增白处理，以增加白度和亮度。

4）服装熨烫。衣服在穿着和洗涤后会出现不同程度的形变或褶皱，为使穿着的服装平整、挺括而富有立体感，需要在穿着前和洗涤后进行熨烫。熨烫是指在不损伤服装的使用性能及风格特征的前提下，对服装在一定的时间内施以适当的温度、湿度和压力，使纤维结构发生热塑变形。熨烫简单地讲就是给服装热定型。熨烫的基本工艺条件是温度、湿度和压力。

构成服装衣料的各类纤维都具有热塑性，不同的服装面料须在一定的温度条件下才能实现热塑变形。温度过低，达不到熨烫效果，温度过高，则会损伤衣料，特别是化纤衣料，熨烫温度超过一定值，纤维表面会发生分解而熔化或起亮光，从而影响服装的外观甚至损坏衣料。所以服装的熨烫首先要控制好熨烫的温度。各种面料的熨烫温度如表 10–11 所示。

表 10–11　各种面料的熨烫温度

纤维类别	熨烫温度（℃）	危险温度（℃）	纤维类别	熨烫温度（℃）	危险温度（℃）
棉	150~180	240	涤纶	140~160	210
麻	155~185	240	锦纶	120~140	170
毛	120~150	210	腈纶	115~130	180
丝	100~120	150	维纶	120~140	170
粘胶	120~150	220	丙纶	85~100	130
醋酯	120~140	160	氯纶	不宜熨烫	90

衣料在湿润状态下纤维会膨胀、伸展，此时服装较易变形和定型，但不同的纤维品种吸湿后的熨烫效果是不同的，因此，对不同纤维和衣料的熨烫应分别掌握其熨烫湿度。

熨烫的方式分干热熨烫和湿热熨烫两种。干烫是用熨斗直接熨烫，主要用于遇湿易出水印的柞丝绸或遇湿热会发生高收缩的维纶布的服装的熨烫以及棉布、化纤、丝绸、麻布等薄型衣料的熨烫。较厚重的大衣呢料和羊毛衫等服装，先用湿烫，然后再干熨可使服装长久保持平挺。化纤衣料的熨烫可采用干热熨烫，也可采用湿热熨烫。

压力是使衣料在湿热状态下发生变形的外力条件。熨烫时施加合适的压力，有助于使衣料按照人们的要求变形或定型。但压力过大，会使织物纱线被压扁，面料的厚度变薄，甚至会造成服装的积光。服装的整烫压力应随服装的材料、造型、折裥等要求而定。熨烫裤线、折裥裙的折痕和上浆衣料压力应大些。灯芯绒等起绒衣料，压力要小或熨反面。对长毛绒衣料则应用蒸汽而不宜熨烫，以免使绒毛倒伏或产生积光而影响质量。

（2）服装的储运养护。服装的储运养护要注意以下几点：

1）服装商品的贮藏特性。服装商品的贮藏特性有：

怕酸碱。服装商品所用纺织面料有的怕酸有的怕碱。

易玷污。服装商品容易被粉尘、果汁等外界污染物玷污，降低质量。

易吸潮霉变。天然纤维容易吸潮，滋生霉菌，发生霉变，最终使服装变色、发脆。

易虫蛀。服装商品中的毛丝面料易遭受虫蛀。

易老化。在日光、水、虫、霉菌、热等环境因素的作用下，服装容易变色、发脆。

易燃。多数服装商品属于易燃物品。仓库内应避免明火。

2）养护要点。养护要点有：

储存室内的温、湿度应适当，温度、湿度宜低不宜高，但过低的环境条件也不允许，温度最好控制在20℃，相对湿度以55%~65%为宜。在没有温控和湿控的条件下，尽量要保持通风和干燥。

为使纺织品与地面隔离，防止地面潮气上升，损害物资，可使垛底架空，这样也有利于通风、散热、散湿。高度一般为15~50厘米，因地区、气候、库房条件而异。

库房要防火，防止化学药品和附近的气体侵害，同时要防风吹、日晒、雨淋等自然条件的侵害。

库房内要有合理的通道，既有利通风，也有利进出货物。

运输要确保安全。运输装载时要将包装件平面堆码整齐，不准侧码和立码。运输时，必须有防雨雪、防日晒设备。装货时要有防止叉车叉破包装的措施。防止野蛮装卸。

3) 具体面料服装的养护。具体面料服装的养护按类别不同其养护方法也不同。

棉麻是由纤维素大分子构成的，吸湿性很好，在储存时棉麻服装主要注意防止其霉烂，也就是防止霉菌微生物的繁殖。主要方法是保持服装的洁净和干燥，特别在夏季多雨的季节要注意检查和晾晒。

丝绸服装的保养主要是防潮防霉。丝绸服装比棉麻织品"娇气"，洗涤时注意轻搓、轻揉、少挤、不拧；不宜日光曝晒，宜晾干。织锦缎、古香缎、软缎、丝绒服装一般不水洗，收藏时应折叠好，用布包好，置于干爽、清洁箱柜中，不宜挂藏，以免因自重导致变形。白色或浅色丝绸服装收藏时不宜放置樟脑丸，也不能放入樟木箱，以免泛黄。

毛织物服装易潮湿生霉。因羊毛中含有油脂和蛋白质，还易被虫蛀、鼠咬。在保管中应注意以下几点：

第一，最好不要折叠，应挂在衣架上存放在箱柜里，以免出现褶皱。

第二，存放服装的箱柜要保持清洁、干燥，温度最好保持在 25℃以下，相对湿度在 60%以下为宜。同时要放入樟脑球，以免受潮、生霉或生虫。存放的服装要遮光，避免阳光直射，以防褪色。

第三，应经常拿出晾晒（不要暴晒），拍打灰尘，去除潮湿。晾晒过后要等凉透再放入箱柜中。

裘皮服装，尤其是细毛类和名贵毛皮服装应尽量避免沾污和雨淋受潮。受潮会导致脱鞣变性而脱毛。裘皮服装收藏不当，会出现虫蛀、脱毛、绒毛纠结或皮板硬化等现象。存放时，最好用"美人肩"之类宽衣架挂起来，并在大衣袋内放上用纸包好的樟脑球。如放在箱内，折叠时应将毛朝里平放，宜放在箱子最上层，以免重压。在伏天，可取出晒晾、通风，以防虫蛀及霉变。

皮革服装收藏时以挂藏为宜，并放置用纸包好的樟脑球。为增加皮革柔润度，可用布在表面轻敷一层甘油，或保养皮革衣物专用制剂，穿用前晾晒一下即可。收藏期间要注意防潮防霉。

10.3　皮鞋商品

民间有"养树需护根，养人需护脚"的说法，保护好双脚，对于中老年人来说至关重要。鞋子是脚的"天然屏障"，穿一双适合自己双脚的鞋子能有效缓解走路、跑步等运动带来的疲劳感。

资料来源：http://www.cnxz.cn/fashion/201509/17/340890.html.

思考：中老年人该如何选鞋子呢？

皮鞋是采用皮革和人造材料等作为帮面制作的鞋类，由鞋帮和鞋底两部分组成（见图 10-2）。

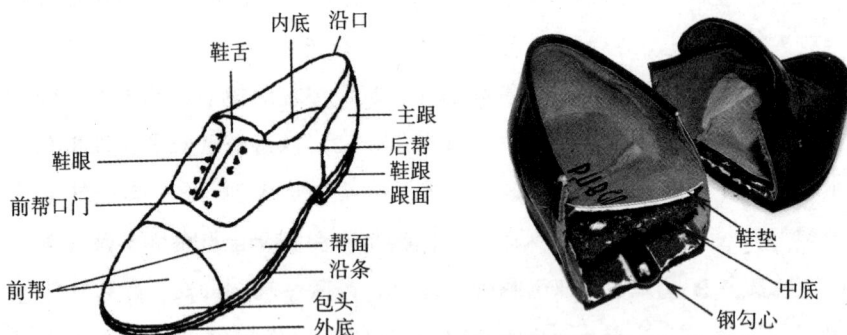

图 10-2　皮鞋结构

10.3.1　皮鞋商品基础知识

（1）鞋帮。鞋帮，是鞋类外表面覆盖脚面的部分，需要与外底结合，对于靴类产品，还包括包裹腿的外面部分。

1）鞋帮结构及各部分作用。鞋帮一般可分为包头、中帮、后帮，其中包头和中帮合成前帮。各式各样的皮鞋的区别就在于鞋帮的式样、结构的不同。

鞋帮各部分在鞋的外形保持和对人体脚部的保护中发挥着作用：①包头，也称为鞋头，是鞋尖部位，即覆盖脚趾部位的帮面，作用是保护脚趾不受外物碰撞。②中帮，是皮鞋的主要部分，承受体重的撑压和反复的伸曲作用，是鞋帮承受外力最大的部分。③后帮，由内外侧两块皮革缝合而成，作用是端正托住脚后跟，并不负荷过大的压力，穿用时也不显露。

因为鞋帮各部分的保护作用不同，其用革选择时也要遵守相应的原则。用革的材质，鞋面和鞋里是不同的。一般来说，鞋面革要求有一定的延伸性和可塑性，革身柔软、丰满、有弹性；穿用时鞋面要受反复的拉伸、曲折作用，要求有耐拉伸、耐曲折、耐碰擦的性能；穿用舒适就要有良好的耐水性、透气性、透汽性。鞋里革要求平整细致，质地薄而柔软，略有光亮；不能喷染溶于水的色料。包头要求选择表面平整、无伤残、色泽光亮、厚薄均匀、结构紧密挺括的面革，保持鞋帮前头部位曲线造型的加固物称为内包头。中帮要求所用革柔软密致、机械强度高、延伸性好，不应有伤残和裂痕。后帮要求选用面革质量较次的部位，厚度可薄于前帮。位于鞋跟上部的帮面区域，在衬里和帮面之间插入的部件称为主跟，是用来增加强度的。

2）常见鞋面革的原料。常见鞋面革的原料有以下几种：

牛皮。牛皮特点为毛孔细圆均匀、表面细致，手感硬而有弹性、皮身柔软适当，面积较大，利用率较高，不易变形。

▲ 黄牛革粒面上毛孔细小而呈圆形，并较直地伸入革内，毛孔紧密而均匀地分布在革面上，革质丰满，粒面较光滑、细致。

▲ 水牛革粒面毛孔圆而粗大，毛孔数较黄牛革稀少，较均匀地分布在革面上，粒面上凹凸不平，较粗糙。耐磨性较差，但成革机械强度大。

▲ 牛皮革根据皮面的状况及反面在制革加工处理方法上分粒面皮、修面皮、压花皮。粒面皮表面没有经过修磨，保留天然皮革纹路，修面皮是原皮表面由于伤残过多，经过修磨，通过制成的皮纹花版压上花纹，会丧失一部分皮感，但出材率较高，压花皮是一般皮面上不好的原皮才做压花的，有的压天然皮革花纹，也有压装饰纹样的，可以掩盖皮胚的缺点，通过加工工艺弥补原皮的不足。

羊皮。羊皮革皮身薄、强度低，没有牛皮结实。

▲ 山羊皮革毛孔清晰呈扁平圆形、较粗大，皮面较薄，皮身容易偏干，保

型性不好，一般都要加衬来保持鞋型。与绵羊革相比革质更有弹性，强度大。

▲ 绵羊革粒面毛孔细小呈扁圆形，较斜地伸入革内，毛孔几根一组，排列得像鳞片或锯齿形状。

猪皮。猪皮光面鞋外观效应不好，粒面粗糙，耐水性能差，吸水后易膨胀变形。猪革粒面毛孔圆而粗大，毛孔倾斜地伸入革内，毛孔在粒面上三根一组排列，构成三角形的图案，粒面凹凸不平，有特殊花纹。猪革有优良的耐磨性能。一般会进行猪皮粒面的美化工作改变外观效应，成品鞋质量大大提高。

麂皮绒面。麂皮绒面是各种绒面革中质量最好的一种，麂皮皮面粗糙，斑痕较多，不宜制成正面革，多用于制作绒面革。纤维组织细密而柔软，弹性、强度、韧性、耐磨等性质都比羊皮革好，外观效果好，绒面细腻有光泽。

PVC。PVC 是在布底基上涂饰聚氯乙烯（PVC）树脂制成的革，塑料感较强，可压成仿天然皮的花纹。耐热、耐低温均较差，容易变硬、变脆。价格较便宜，主要制作低档皮鞋。

PU。PU 就是在布底基上涂饰聚氨酯（PU）微孔弹性体生成的复合材料，是较好的人造皮。该革的特征是没有毛孔，用手指按一下靠近鞋面边缘部分，不会出现细小的褶皱，各部位纹理规则一致。但其皮身组织理论与天然皮革相同，柔软度与手感较好，底布多制成与天然皮革底面一样的效果，可以乱真，利用率较高，但可塑性（定型）较差，延伸率低。

布料与弹力橡筋。布料有帆布或尼龙布，与制衣所用材料相似，只是有些在制作时加强了布料的强度或在背面贴上了衬布。

用于鞋面的天然皮革有牛皮、羊皮、猪皮、鹿皮、马皮、鱼皮、鳄鱼皮、蛇皮等，其中牛皮、羊皮、猪皮最为常用。天然皮革是鞋面用革的优选原料，其优点主要体现在：①具有天然的粒面和光泽。②其主要成分为胶原纤维，与人体皮肤具有完全一致的天然特性，带来穿着的舒适性。③胶原纤维的立体网状结构使皮革具有特殊的透气性和吸湿、排湿性，带来了穿着的舒适性和卫生性。④天然皮革具有一定的弹性，变曲后恢复性好，不易变形，穿着寿命长。⑤经科学测试每平方米的真皮可承受 2.5 公斤（2.5 千克/平方米）的重量，具有一定的强度，带来穿着的耐用性。⑥天然皮革具有优良的热稳定性，有些皮可承受 120℃~160℃的高温，耐寒能力则达零下 50℃~60℃，耐穿且舒适。

3）常见鞋里革的用料。用于鞋的内里材料，与鞋面内侧相连接，之间夹有定型材料（如港宝、衬布增加鞋面的挺拔性和强度），常用的内里料有羊皮、猪皮、PVC、PU等。

羊皮。由于羊皮柔软度与延伸率较佳，为制作高档鞋内里的理想材料，与用于面皮的羊皮相比皮身强度略差或伤残较多，一般价格在里料中为较高的。

猪皮。猪皮一般用于中档鞋内里，外观没有羊皮漂亮，但具有同样的柔软度与延伸性，分为头层与二层皮。二层皮做内里由于其较薄，所以不很结实。

PU。PU用于一般档次鞋内里，比真皮内里外观效果好，透水性差，也有高档次的透水性内里，并可除菌，但价格偏高，为一般PU价格的四倍。

（2）鞋底。鞋底由大底（外底）、膛底（内底）、沿条、鞋跟、垫心以及勾心组成。可以为单一材料，也可以为复合鞋底，即鞋底由两种或多种材料复合而成。从鞋底的加工形式上分可分为组合底（片底）和成型底两大类。组合底是将底片与鞋跟、天皮、沿条贴合而成的鞋底，大底重量较轻适合表现纤细的鞋子，档次较高；成型底是将外底与鞋跟作为整体一起进行压注，称为成型外底。

1）大底。大底也叫外底，是鞋直接与地面接触的部位，穿用时需反复承受重压、弯曲及摩擦作用。大底用料要求选用结构紧密、质地坚实、耐摩擦的革作为原料。真皮底片为高档鞋材，穿着舒适有韧性，渗水性强，不耐磨。橡胶片偏硬，表面较光滑，耐折。TPR片较为柔软，但重量偏重，有些底上有浇注出的花纹。近年来橡塑鞋底以轻便、耐磨、弹性好深受人们的青睐。常见鞋底用料特征与优点见表10-12。

表 10-12　鞋底材质的特征与优点

底　类	特　征	优　点
TPR 底	富有弹性	耐磨性好，适用于休闲鞋成型底
生胶底	富有弹性	耐磨性好，适用于休闲鞋成型底
橡胶底	手感较重，若是再生胶，味道会刺鼻，易断裂	耐磨性好，适用于休闲鞋
PVC 成型底	比橡胶成型底轻便	耐磨性好，适用于运动鞋
PU 成型底	轻，弹性好，耐磨性稍差	轻便，极富弹性，适用与休闲，运动鞋
EVA 成型底	更轻便，较柔软，耐磨性差，多配橡胶片作外底	富有弹性，轻便，适用于运动鞋，拖鞋，便鞋
胶片组合底	轻便	耐磨性好，适用于男女行政鞋
皮底	高档、轻便、透气性好，耐磨性稍差	轻便，舒适，透气性好，适用于男女高级行政鞋

2）腔底。腔底也叫内底，是与脚掌直接接触的部位。作用是保持皮鞋内部固定的底型，使脚掌接触在平整舒适的底面上。腔底用料要求选用坚实紧密且有一定透气性的原料。

3）沿条。沿条是在鞋底上部边缘的可弯曲的部件材料，是连接鞋帮、腔底和大底的革条，围在鞋帮的外沿，作用是承上启下，负荷上下两层的作用力。要求选用坚实的底革或沿条革。皮凉鞋的沿条是为了加固缝口和装饰边缘，可采用较次的 PVC、天然皮革等革料。

4）鞋跟。鞋跟是承受人体压力最大的部位。它是跟座下的支撑物，在脚跟部位与鞋底结合或形成鞋底的后部分，目的是给予鞋子相应的平衡。

跟座是指鞋跟与帮脚和内底的接触区域。鞋跟与地面接触的部分称为跟面，固定在跟面底部的金属、橡胶或塑料的加固物，称为跟面偏掌，用来提高行走中的耐磨性能。用材料包裹起来的鞋跟称为包跟。平跟或半高跟均由多层皮组成，跟里皮用零碎皮革拼成，跟面要与大底料相同。高跟鞋鞋跟采用木制或塑料制，表面用皮革包裹，下面钉有跟皮。其中 ABS（高压聚乙烯）跟材质最为结实耐磨，可做出奇特形状。木跟易磨损，不能做出奇特形状。跟皮常采用塑料材质，其中"PU+ABS"混合而成的皮较结实，耐磨，价格高；PVC 不耐磨，价格低。

5）垫心。腔底与大底之间存在空隙，垫心是填充在空隙之间的材料，作用是增加弹性。要求选用的材料柔软有弹性，耐弯曲并有吸湿性，主要用纸板、乳胶或棉花碎料。

勾心。勾心是用来支撑鞋底弓形部位的材料，也就是位于腰窝部位（即足弓处）的条形支撑物，用于加固或防止腰窝处弯曲变形。勾心要求选用有较高硬性和弹性的材料，通常为钢制、木制、纤维板或塑料材质，如钢勾心、铁勾心、木勾心。

（3）皮鞋的分类与号型。皮鞋的分类与号型如下：

1）皮鞋的分类。皮鞋有以下几种分类：

皮鞋按穿用对象可分为：男鞋、女鞋和童鞋。男鞋大多为 $23^{1/2}$~30 号，女鞋通常为 $21^{1/2}$~25。童鞋又分为小童鞋（13~16 号）、中童鞋（$16^{1/2}$~$19^{1/2}$ 号）、大童鞋（20~23 号）。

皮鞋按用途可分为：皮单鞋、皮凉鞋、皮棉鞋、皮单靴、皮棉靴、皮马靴、运动鞋、劳动保护鞋。

皮鞋按式样可分为：高帮鞋、低帮鞋、坡跟鞋、厚底鞋。

皮鞋按制造工艺可分为：胶粘鞋、缝制鞋、模压鞋、硫化鞋、注塑鞋、灌注鞋等。

皮鞋按帮面原料可分为：牛皮鞋、羊皮鞋、猪皮鞋、麂皮绒面鞋、合成革鞋、人造革鞋。

2）皮鞋的号型。鞋号是表示鞋子大小和围度的标志。世界上有中国鞋号、法码、美国鞋号、英国鞋号、日本鞋号、世界鞋号等。

鞋号以脚型作为制定鞋的基础，测量脚长和脚宽两项数值。

脚长是指最长脚趾的端点所接触的垂直线与后跟突点所接触的垂直线之间的水平距离。

脚宽是第一和第五跖趾关节接触的两条垂直线之间的水平距离。

鞋号标识应包括脚长示值和脚宽示值，均用毫米整数表示（不注明单位），彼此间以短线或斜线隔开，脚长在前，脚宽在后，如 260/94 或 260-94。所用字体的高度至少应三毫米，为避免混淆，应与其他可能的标记明显地分开（例如，用连续封闭线，像长方形或椭圆形等）。鞋号的标识需要在鞋上和包装上清晰可见又便于读数，标识的形式和采用的方法（冲压、打印、贴标签等）由生产厂家安排。

现有的不同于世界鞋号的任何一种鞋号制，均应编制对应的世界鞋号，方法是将现有的每个鞋号换算为适合一般正常脚所对应的长度（用毫米数表示）。每个鞋号也可以包括用毫米数表示的宽度代号。不同鞋号对应关系见表 10-13。

表 10-13　鞋号对应关系

男鞋			女鞋		
美制	欧制	国标	美制	欧制	国标
5	36	230	4	34	220
5-	37	235	4-	34.5	220-
6	38	240	5	35	225
6-	39	245	5-	35.5	225-
7	40	250	6	36	230
7-	41	255	6-	36.5	230-
8	42	260	7	37	235
8-	43	265	7-	37.5	235-
9	44	270	8	38	240

续表

男鞋			女鞋		
美制	欧制	国标	美制	欧制	国标
9-	45	275	8-	38.5	240-
10	46	280	9	39	245
			9-	39.5	245-
			10	40	250

中国鞋号一般用号与型来表示，号表示鞋的长度，单位为厘米，1 厘米为 1 号，半厘米为半号，如 23、23$^{1/2}$、24 等。型表示鞋的肥瘦，肥瘦是以踝围的大小为标准，分 1~5 型，表示为（一）、（二）、（三）、（四）、（五），其中（一）型为最瘦，（五）型为最肥。型间距为 7 毫米，例如，22 号（一）型鞋比 22 号（二）型鞋的踝围小 7 毫米。我国成年男女皮鞋系列为：女 21$^{1/2}$~25 号，男 23$^{1/2}$~27$^{1/2}$号，28~30 号为特号鞋。童鞋设（一）~（三）型，成人鞋设（一）~（五）型。

10.3.2　皮鞋商品的养护

（1）皮鞋的质量要求。根据 QB/T1002-2005《皮鞋》的标准，由各种工艺制造的皮鞋质量要求主要有一般要求和物理机械性能的要求。一般要求除感官质量要求外，还包括鞋号、鞋楦尺寸、鞋面材料以及标志的要求。

1）标志的要求。每双鞋或内包装里应有检验合格标识及生产日期。每双鞋都应有制造厂名或商标，要有中国鞋号、型，制造厂名和厂址应有汉字。内包装可附有售后服务规定或附有穿用须知等说明。内包装（鞋盒）上应标注以下内容：制造厂名、厂址、邮编、商标，进口鞋应有国内经销商名称和国内地址。地址应按国家确定的确实可找到的地点标识；进口鞋应标注原产地；产品名称（应注明主要鞋帮材料，如牛皮、猪皮、羊皮、二层革、合成（人造）革、织物或革与非革混合帮面等）；中国鞋号、货号、产品等级；鞋的颜色；采用的产品标准。

外包装上应标注以下内容：制造厂名及商标；产品名称、鞋号、货号、产品等级；鞋的颜色、数量；箱号、毛重、体积、装箱日期；贮运要求标志等。

2）皮鞋的感官质量要求。皮鞋的感官质量要求主要从 10 个项目进行感官检验，其中主要项目有：整体外观、帮面、主跟和包头、鞋跟、子口；次要项目有：缝线、折边沿口、外底、配件、尺寸。

3）物理机械性能的要求。皮鞋的物理机械性能的要求主要包括：帮底剥离强度、外底与外中底黏合强度、成鞋耐折性能、鞋跟结合力、鞋帮拉出强度、勾心抗弯刚度和硬度、成型底鞋跟硬度、内底纤维板屈挠指数、帮面材料低温屈挠指数。

4）售后质量判定。售后服务期限内正常穿用情况下出现以下问题可判定为质量问题：不符合产品标准中合格品质量要求；帮面裂，帮脚断、裂，严重白霜，脱色，前帮明显松面，涂饰层脱落或龟裂，帮面接触地面磨损；开线、开胶；主跟或包头变形；鞋跟变形、裂、断或掉，跟面脱落；勾心软、断或松动；鞋里明显脱色污染袜子，鞋里磨破；外底或内底裂、断或凹凸不平影响穿用；围条开胶、断裂；鞋内突出钉尖（头），鞋内不平服影响穿用。

此外，不应出现影响穿用的缺陷。

（2）皮鞋的选购。皮鞋的选购需从以下几方面进行：

1）造型优美。皮鞋的跟型和皮鞋的整体造型要好看。随着国内外流行样式的变化，皮鞋样式不断推陈出新，选购时应挑选线条舒展、造型具有立体感、样式新颖、色彩雅致的鞋。皮鞋色泽多样，挑选时要注意与自己的服饰整体协调，例如，粗花呢服装应同印花皮鞋搭配，条绒服装应和绒面革皮鞋搭配，毛料服装和牛皮鞋搭配等。

2）要适合脚型。合脚是鞋类商品舒适性的重要指标，要做到合脚就要考虑脚型与皮鞋相匹配、尺寸宜宽不宜紧、鞋底厚度和鞋跟高度要适宜。

常见的脚型有平脚、外翻脚、内翻脚、跟内、外旋脚、高弓脚、弓趾脚，要根据脚型的特点做出皮鞋的正确选购与导购。具体情况参见表 10-14。

表 10-14　脚型与皮鞋选购

脚　型	特　点	选　鞋
平　脚	足弓下塌，脚掌全面着地，脚的长度和宽度增加，站立行走常感疼痛且易疲劳	适宜选购平跟、中跟鞋。鞋应比较肥大，鞋头为大圆或大方形。宜穿满帮鞋，以免中帮外翻
外翻脚	第一趾关节部明显外凸，大拇指外翻超过 20 度以上。鞋易变形和磨损	适宜选购斜头、尖头的高跟鞋。各种深度都可以，凭个人喜好
内翻脚	拇指极度向内侧偏移，五指散开呈扇形。脚前部宽大，穿鞋时拇指内侧和小趾外侧易受挤压而导致疼痛	适宜选购平跟或高跟的大圆和大方鞋，各种深度都可以
跟内、外旋脚	后跟极度向内或外偏移，穿鞋时易磨后跟两侧	适宜选购中跟皮鞋，注意矫正行走姿态，深口鞋为宜，以免中帮外翻

脚 型	特 点	选 鞋
高弓脚	脚的纵弓高。脚背高，前后掌印断开，穿鞋时脚面受压	适宜选购高跟、线条优美的鞋，不宜穿深口的无系带的鞋，适合浅口裸露脚背的鞋
弓趾脚	脚趾经常性弓起，不能伸直或重叠，易使鞋变形顶穿	适宜选购平跟大头、不挤压脚趾的鞋，中口、深口为宜

选择尺码时宜宽不宜紧，如脚长 25 厘米，则宜选择 26 厘米的鞋（特别是尖头皮鞋），否则脚趾会轧痛，走路也不方便。

鞋底太薄不能很好起到缓冲和缓解分散压力的作用，鞋底太厚影响人体对路面的感觉，容易造成意外脚伤。有研究显示，大底厚度在 3~3.5 毫米是最适合的厚度，膛底厚度在 3 毫米是最合适的厚度。

鞋跟的高度在 20~40 毫米时，人体足部感觉比较舒适；鞋跟越粗，压力在足跟骨周围越分散，足跟骨处的压强就越小，感觉越舒适。

3) 规格质量。皮鞋上一般有五种标记。一是尺码，是标明皮鞋长度的。二是编号，同双编号一致，防止错对。三是型号，是标明鞋楦肥瘦的。四是产品等级和检验工号，一般用同一个戳号。产品等级有一级、二级，也有标正品、副品的，说明产品质量的不同和价格的区别。检验工号是检验员的代号。五是商标，是商品的标记和信誉的象征，也是质量的承诺。这五种标记各有其重要的作用。

（3）皮鞋商品的储运养护。皮鞋商品的储运养护要注意以下几点：

1) 防潮湿。皮鞋皮革含水量为 16%~18%，在正常温度条件下能保持平衡。当湿度增高时，皮革将吸收水分，水分过大就容易发霉，不仅表面产生难以消除的霉斑，革质强度也会降低。因此，保管皮革制品首先注重防潮，存放和陈列的地方要干燥通风，远离地面和砖墙。

2) 防热。皮鞋皮革除含有一定量的水分外，还含有一定量的油脂，以保持其柔软和光泽。若保管环境温度过高，皮革水分蒸发，革面纤维干枯发脆，可能出现裂面和变形的现象。若积热不散，又将引起油脂的分解变质，降低皮革的强度和韧性，同时也易引起橡胶和塑料配件的老化。所以，保管和陈列的皮革制品，不应受日光照射，也不应靠近炉火、暖气管、电热器具等。

3) 防酸碱。皮鞋皮革接触到带有酸碱性的物质，会由于腐蚀作用而使皮面裂纹、折断，降低韧性和弹性。因此，不能和肥皂、碱面等化工原料以及一些副食品等放在一起。

4）防虫蛀和鼠咬。皮鞋皮革本身含有动物蛋白质纤维和油脂成分，很容易被虫蛀或鼠咬，保管皮革制品必须注意防虫防鼠。

5）防尘。尘埃落附在鞋面能吸去表面层油脂，使革面变得粗糙和僵硬。当油脂含量降低后，皮革表面更易吸潮发霉，保管时必须注意保持皮鞋的洁净。

6）防挤压。皮鞋皮革制品不可挤压，以免变形走样；不能受硬物摩擦；堆码时也不能过高，防止重压变形。

总之，皮鞋应妥善存放，对库房的要求是阴凉、干燥和密封。库内温度以不超过 30℃为宜，相对湿度宜保持为 50%~80%。为了防止发霉，可在皮鞋表面喷刷防霉剂，为防止生虫应加放樟脑球等。

讨论时间

（1）中老年人该如何选鞋子呢？

_____

_____

（2）鞋底厚度、鞋跟高度是多少对人体是健康的？

_____

_____

_____

10.4　化妆品商品

商品故事

消协：化妆品"纯天然美白"是噱头　天然成分不到 1%

央视网，2011 年 12 月报道：如今，"100%纯天然美白"、"无化学成分添加"等类似的宣传语经常出现在化妆品广告中，很多消费者也认为"纯天然"就是完

301

全无害，其实这是一个认识误区。

中国消费者协会 2011 年 11 月初发布的《美白类美容护肤品消费指引》明确指出，凡是宣称纯天然植物成分的美白产品，均不符合基本的化妆品科学常识。很多打着"纯天然速效美白"招牌的产品和服务，往往是商家的宣传噱头，消费者应谨慎选择。

近年来，我国化妆品消费市场急剧升温。国家统计局网站的数据显示，在限额以上企业（在零售业中，年商品销售总额 500 万元以上，从业人员 60 人以上的企业——编者注）中，2011 年前 11 个月的化妆品零售额已达 992 亿元，同比增长 18.9%。

中华全国工商业联合会美容化妆品业商会会长马娅，在 2010 年接受媒体采访时指出，中国化妆品产值已成亚洲第一位，世界第三位。我国已有化妆品生产企业 4000 余家，形成了超过 3600 亿元的化妆品产值。

然而，化妆品市场在蓬勃发展中，也产生了一系列问题。据《中国经济周刊》2011 年 4 月 19 日报道，中国消费者协会副秘书长董祝礼表示，2010 年全国消协组织受理涉及化妆品的投诉近万件，其中质量低劣成为化妆品投诉的主要问题，占投诉总量的六成。

董祝礼还在不久前的一次新闻发布会上表示，一些不负责任的化妆品企业和商家在销售时"玩概念"，甚至夸大宣传。普通化妆品往往被夸大成具有某种特效的产品。很多消费者因缺乏鉴别力而蒙受损失。

北京服装学院材料学院副教授龚研成认为，"纯天然"并不是没有化学品，也不代表无毒无害。宣称"纯天然"是广告宣传的一种策略。有些乳、膏状的护肤品可以是纯天然的，但彩妆不可避免要含有化学矿物质成分，比如，一些金属氧化物。这些金属氧化物可能对皮肤有刺激，人长时间使用这类彩妆可能产生过敏等不良反应。实际上，很多化妆品中，"纯天然"的成分占比不到 1%，当然，这也不代表化妆品不好。

龚研成建议，我们应由国家权威认证的第三方机构来对化妆品美白、祛斑等功效进行检测与认证，只有通过认证的产品才能宣传相应功能。

据上海《青年报》2011 年 11 月 11 日报道，2005~2007 年卫生部组织的全国13 个化妆品不良反应监测点监测数据显示，全国每年确认的化妆品皮肤不良反应数均超过 1000 例，且呈现逐年递增趋势。

监测还发现，在各类不良反应中，最突出的是接触性皮炎，占到 91.88%。抗皱、防晒、染发等产品引起不良反应的风险都比较高，主要是产品原料有问题、卫生质量不过关、美容院自制产品使用不当、消费者未按说明书使用、非法添加违禁物质等。

尽管国家相关部门先后出台了《化妆品卫生监督条例》、《化妆品检验规定》等法规，但我们对化妆品的监管仍有待完善。

龚研成认为，我国缺少专门从事化妆品研究的科学家，关键原因是我们对假冒伪劣化妆品的惩罚力度不够，极度缺乏对化妆品专利的保护和尊重。"一个科学家做出新产品，往往还没推向市场，假冒伪劣产品就在市面上出现了。只有严惩假冒伪劣，从事研发的科学家才有创新动力。"

资料来源：http://jingji.cntv.cn/20111222/106589.shtml.

思考：作为未来的化妆品营销者，要了解化妆品的哪些知识？

知识储备

10.4.1　化妆品商品基础知识

中国《化妆品卫生监督条例》中给化妆品下的科学定义是："化妆品指以涂擦、喷洒或其他类似的方法，散布于人体表面任何部位（皮肤、毛发、指甲、口唇等），以达到清洁、消除不良气味、护肤、美容和修饰目的的日用化学工业产品。"

化妆品的使用对象为人体的表面皮肤及其衍生的附属器官，其作用主要表现如下：

清洁作用。化妆品能温和地清除皮肤及毛发上的污垢，使之保持健康状态。

呵护作用。化妆品能温柔地保护皮肤，使之光滑、柔润、防燥、防裂；保护毛发使之光泽柔顺，防枯、防断。

营养作用。化妆品维系皮肤及毛发的水分平衡，补充易被皮肤和毛发吸收的营养物质及清除致衰老因子，以延缓衰老。

美容作用。化妆品经涂抹后，可美化面部皮肤（包括口唇、眼周）及毛发（包括眉毛、睫毛）和指甲（趾甲），使之色彩耀人，富有立体感和青春魅力。

其他作用。除上述作用之外，一些具有特殊用途的化妆品还具有增白、亮肤、育发、染发、烫发、脱毛、丰乳、健美减肥、除臭、祛斑、去痤疮、防晒等作用。

（1）化妆品的原料。化妆品是由各种原料经过合理调配加工而成的复配混合物，所采用的原材料种类繁多、性能各异。根据原材料的性能和用途，可以将用料分为基质原料和辅助原料。

基质原料是化妆品的主体原料，主要包含了油性原料、固体粉末、溶剂类。辅助原料主要包括了胶质原料、香精、乳化剂、色素、抗氧剂、防腐剂等。

1）油性原料。油性原料包含了油脂类、蜡类、烃类。

油脂的主要作用是抑制皮肤表层水分的蒸发，防止皮肤干燥或皲裂；柔软皮肤，增加皮肤的吸水能力；保护皮肤，减轻机械或药物对皮肤的伤害；抑制皮炎的发生。在美发用品中起到定型、美发的作用。常用的油脂类原料有椰子油、杏仁油、橄榄油、蓖麻油、棕榈油等。

网络资源 14：请链接网址查看常用油脂的种类、作用、适用范围。

蜡类是高碳脂肪酸和高碳脂肪醇构成的酯，这类酯在化妆品中起到稳定、调节黏稠度、减少油腻感等作用。主要应用于化妆品的蜡类有棕榈蜡、小烛树蜡、霍霍巴蜡、木蜡、蜂蜡、羊毛脂等。

网络资源 15：请链接网址查看常用蜡类的种类、作用、适用范围。

高碳烃是指来源于天然的矿物经加工而得到的一类碳水化合物。这类碳水化合物在化妆品中，主要是起溶剂作用，用来防止皮肤表面水分的蒸发，提高化妆品的保湿效果，通常用于化妆品的烃类有液体石蜡、固体石蜡、微晶石蜡、地蜡、凡士林等。

网络资源 16：请链接网址查看常用高碳烃的种类、作用、适用范围。

合成油脂原料是指由各种油脂或原料经过加工合成的改性油脂和蜡，其组成和原料油脂相似，保持其优点，而且在纯度、物理性状、化学稳定性、微生物稳定性以及对皮肤的刺激性和皮肤吸收性等方面都有明显的改善和提高。常用的合成油脂原料有角鲨烷、羊毛脂衍生物、聚硅氧烷、脂肪酸、脂肪醇、脂肪酸酯等。

网络资源 17：请链接网址查看常用油脂的种类、作用、适用范围。

2）固体粉末。粉质原料主要用于粉末状化妆品，如爽身粉、香粉、粉饼、胭脂以及眼影等的原料。在化妆品中主要起到遮盖、滑爽、附着、吸收、延展作用。常用在化妆品中的原料有无机粉质原料、有机粉质原料以及其他粉质原料。

这些原料一般均含有对皮肤有毒性作用的重金属，应用时，重金属含量不得超过国家化妆品卫生规范规定的含量。

化妆品中使用的无机粉质原料有滑石粉、高岭土、膨润土、钛白粉、碳酸钙、碳酸镁、辛白粉、硅藻土等。

网络资源 18：请链接网址查看常用无机粉质的种类、作用、适用范围。

有机粉质原料有硬脂酸锌、硬脂酸镁、聚乙烯粉、纤维素微珠、聚苯乙烯粉等，主要用于爽身粉、香粉、粉饼、胭脂等各种粉末状化妆品中作吸附剂。其他粉质原料主要有尿素甲醛泡沫、微结晶纤维素、混合细粉、丝粉以及表面处理细粉等。

3) 溶剂类。溶剂原料是液状、浆状、膏霜状化妆品配方中不可缺少的一类主要组成成分，这类化妆品包括：香水、古龙水、花露水、护发素、洗发膏、睫毛膏、剃须膏、香波等。在这些化妆品中，溶剂起到溶解作用，使得制品具有一定的性能和剂型。溶剂原料包括：水、醇类（乙醇、异丙醇、正丁醇）、酮类（丙酮、丁酮）、醚类酯类、芳香族溶剂（甲苯、二甲苯）。在化妆品中，水是化妆品不可缺少的原料，通常使用的化妆品用水为经过处理的去离子水。

【引例 10–7】香水的溶剂

香水是香精的乙醇溶液。古龙水香精用量 2%~5%，乙醇浓度 75%~80%。花露水香精用量 3%左右，乙醇浓度 70%~75%。

资料来源：根据相关资料整理。

4) 胶质原料。胶质原料是水溶性的高分子化合物，它在水中能膨胀成胶体，应用于化妆品中会产生多种功能，可使固体粉质原料黏合成型，作为胶合剂，对乳状液或悬状剂起到乳化作用，此外还具有增稠或凝胶化作用。

化妆品中所用的水溶性高分子化合物主要分为天然的水溶性高分子化合物和合成的水溶性高分子化合物两大类。

网络资源 19：请链接网址查看常用胶质原料的种类、作用、适用范围。

5) 香精。香精是由人工合成的模仿水果和天然香料气味的浓缩芳香油，多用于制造食品、化妆品等。香精至少由数种香料，甚至几十种天然香料和合成香料组成，或是有机化合物的复合体。香精能在加香产品中发挥良好作用的关键是挥发度的调控，如何做到头香、体香和底香之间的平衡与协调。头香的挥发度是决定香精的重要因素，体香赋予香精特征香气，挥发度适中，亦是香精的主体香型，底香挥发度小，相应的分子结构比较大而复杂，使香精留香悠久。

6）乳化剂。能使互不相溶的液体形成稳定乳状液的有机化合物是乳化剂，它们都是具有表面活性的物质，能降低液体间的界面张力，使互不相溶的液体易于乳化。化妆品中乳化剂的作用主要表现为乳化作用、分散湿润作用、起泡作用。

网络资源20：请链接网址查看化妆品种乳化剂的作用。

7）色素。色素用来调合化妆品的颜色，实现对人和化妆品本身的美化作用。目前使用的食用色素有天然食用色素和合成食用色素两类。合成食用色素价格低廉，色泽鲜艳，着色力强，对光、热、氧气和pH值稳定，但它具有毒性（包括毒性、致泻性和致癌性）。这些毒性源于合成色素中的砷、铅、铜、苯酚、苯胺、乙醚、氯化物和硫酸盐，它们对人体均可造成不同程度的危害。

8）防腐剂。防腐剂是指可以阻止微生物生长或阻止产品反应的物质。

化妆品中含有的油脂、胶质、多元醇、蛋白质以及水分为微生物的生长创造了良好的条件，在制造过程、包装过程、包装物本身以及消费者使用化妆品时，都有可能使化妆品受到微生物污染。所以在化妆品中使用防腐剂的目的是保护产品，使之免受微生物污染，延长产品的货架寿命和使用寿命，确保产品的安全性，防止消费者因使用受微生物污染的产品而引起可能的感染。

（2）化妆品的种类。化妆品的种类繁多，国内外对化妆品没有统一的分类方法，一般常用的分类方法有以下几种：

1）按功能分。按化妆品的功能可分为清洁类、护理类、营养类、美容类、芳香类、特殊用途类。

清洁类。清洁类是用以除去皮肤、毛发上污染物的化妆品，如洗面奶、清洁霜、浴液香波、清洁面膜、磨砂膏、去死皮膏等。

护理类。护理类是用以保护皮肤及毛发的化妆品，它能在其表面形成薄膜（或脂膜），防止皮肤粗糙干裂，使毛发光泽、易梳理。如各种化妆品水（露）、乳（蜜）、霜、脂、护发素、发油、发乳等。

营养类。营养类是用以营养皮肤及毛发的化妆品，可保护皮肤角质层含水量，增进血液循环，清除过剩的氧自由基，延缓皮肤衰老的各类化妆品。如添加了维生素、水解蛋白、中草药、透明脂酸等生物活性成分的霜、乳、露等。

美容类。美容类是用于美化皮肤及毛发的化妆品。如粉底、遮盖霜、唇膏、胭脂、眼影、眉笔、发胶、摩丝、彩色焗油等。

芳香类。芳香类是用于身体及毛发，能散发芳香气味的化妆品。如香水、花露水、古龙水等。

特殊用途类。介于化妆品和药物之间，用于助毛发生长，减少脱发、断发，改变毛发颜色，改变毛发弯曲程度，减少、消除体毛，消除腋臭，减轻皮肤表面色素沉着，可吸收紫外线，减轻因日晒引起的皮肤损伤的功能性化妆品。如各种生发灵、染发剂、冷烫精、脱毛露、丰乳霜、减肥霜、腋下香露等。此类化妆品在包装标识上要标注批准文号。

按使用的部位可分为皮肤用化妆品、黏膜用化妆品、头发用化妆品、指甲用化妆品、口腔用化妆品等。

2）按产品形态分。

按产品形态可分为液态化妆品和固体化妆品。

液态化妆品。常见的液态化妆品有化妆水、各种乳剂和油剂，它们是由水、油或酒精配入其他物质制成的，为了促进加入物质的溶解，还常常加入助溶剂。

固体化妆品。固体化妆品最基本的类型是膏类、霜类、粉类、胶冻状、硬膏状（如唇膏）、块状（如粉饼、胭脂、香皂）、锭状、笔状、胶囊状和纸状等。

10.4.2 化妆品的养护

（1）化妆品销售与消费养护。化妆品销售与消费养护需注意以下几点：

1）皮肤情况。健康皮肤的 pH 值应在 5.0~5.6，属弱酸性。皮肤只有在正常的 pH 值范围内才能处于吸收营养的最佳状态，此时皮肤抵御外界侵蚀的能力以及弹性、光泽、水分等，都为最佳状态。化妆品对人体的影响是通过皮肤吸收以后进入人体的，所以首先表现对皮肤的影响。皮肤专家经实践验证得出结论，皮肤的好与坏，其主要体现为皮肤的碱中和能力。

由于遗传、心理、生理、环境、饮食、劳逸作息及自然节律等诸多因素影响，不同的人在不同时期皮肤的 pH 值在 4.5~6.6 之间变化，也有一些超出这个范围。如果皮肤 pH 值长期在 5.0~5.6 之外，皮肤的碱中和能力就会减弱，肤质就会改变，最终导致皮肤的衰老和损害。所以相对应的护肤品，使皮肤 pH 值保持在 5.0~5.6，皮肤才会呈现最佳状态，真正达到更美、更健康的效果。

2）化妆品的危害防控。进入流通领域的化妆品，消费者可以通过正确的选择和使用来降低和减少化妆品带来的健康危害。

使用上可以做到：①不要使用变质、劣质的化妆品。化妆品中含有脂肪、蛋白质等物质，时间长了容易变质或被细菌感染。化妆品应选用新鲜的，一般在3~6个月内用完，并贮存在阴凉干燥处。为防止化妆品中的有毒物质如汞及致癌物的危害，应选用经卫生部批准的优质产品。②要防止过敏反应。在使用一种新的产品前，要先做皮肤测试，无发红、发痒等反应时再用。一旦发现自己皮肤对化妆品有不良反应的，应立即停用。③避免化妆品误食。化妆品只供外用，不可误食。为慎重起见，最好在饮食前擦去口红，以免随食物进入体内。④睡眠前要卸妆。睡眠时应将皮肤上涂的化妆品洗去，不要涂着化妆品入睡。

选用化妆品时要注意：①应根据气候使用不同类型的化妆品，寒冷干燥的冬天宜用含油性大的化妆品，春夏秋宜用水分大的化妆品。②选用适当化妆品，如油性皮肤应选用水包油型的霜剂，干性皮肤应选择油包水型的脂剂，皮肤娇嫩应选用刺激性小的化妆品。少女要选用专用化妆品，一般不要使用香水、香粉、口红等美容化妆品。少儿最好不使用化妆品。

天然化妆品是一种新型化妆品，是来自动植物或矿物的有效元素的提取物。天然化妆品具有无刺激性、含多种维生素等人体所需的成分以及取材新鲜等优点，常温下能保存1~3年。应用天然化妆品，能给皮肤提供养料，使容颜红润，无副作用，香味清新爽人。

（2）化妆品的储运养护。化妆品的储运养护需注意以下几点：

1）化妆品卫生标准。化妆品所用的原料必须保证不对人体造成伤害，对不同类型的化妆品所禁止使用的原料及限定使用的着色剂，《中国化妆品卫生管理条例》都做了详细规定。如一般化妆品禁止使用二氯酚、汞及其化合物、硫双二氯酚、毛果芸香碱，含激素类化妆品对激素种类和用量都加以限定。

在《中国化妆品卫生管理条例》中对化妆品中有害成分限定为汞不得大于70毫克/千克；铅不得大于40毫克/千克（染发剂除外）；砷不得大于10毫克/千克；甲醇不得大于0.2%。

对微生物的限定如下：所有的化妆品中不得检出致病菌（金黄色葡萄球菌、绿脓杆菌、大肠杆菌）；口唇、眼部、婴儿用品含杂菌数不得大于500个/毫升或500个/克；其他化妆品含杂菌数应不大于1000个/毫升或1000个/克。《中国化妆品卫生管理条例》中对化妆品经营的卫生监督做了明确规定，指出化妆品经营单位和个人不得销售下列化妆品：未取得《化妆品生产企业卫生许可证》的企业所生产的化妆品；无质量合格标记的化妆品；标签、小包装或者说明书不符合规定的化妆品；未取得文号的特殊用途化妆品；超过使用期限的化妆品。

2）化妆品的感官质量要求。对化妆品的感官质量要求主要是对其色泽、组织形态、气味和包装的具体要求。利用人体的感觉器官加以检验，这也是化妆品经营者以及指导消费者挑选时普遍采用的检验方法。

色泽。无色固状、粉状、膏状、乳状化妆品应洁白有光泽，液体应清澈透明；有色化妆品应色泽均匀无杂色。如发现变色或红、黑、绿等颜色的霉斑或颜色黯淡，说明是过期货或制造时添加色素有误，不能出售或使用。

组织形态。固状化妆品应软硬度适宜；粉状化妆品应粉质细腻，无粗粒或硬块；膏状、乳状化妆品应稠度适当，质地细腻，不得有发稀、结块、龟裂干缩和分离出水等现象；液状化妆品应清澈均匀，无颗粒等杂质。在检验或挑选时如发现外观混浊，油水分层或出现絮状物，膏体干缩、裂纹，则不能出售或使用。

气味。化妆品必须具有幽静芬芳的香气，香味可根据不同的化妆品呈现不同的香型，但必须幽香持久，没有强烈的刺激性。如嗅之有变味、异味或刺鼻的怪味，则不能出售或使用。

包装装潢。化妆品的包装应整洁、美观、封口严密。商标、装饰图案、文字说明应清晰，色泽鲜艳，配色协调。

仓库选择。避免阳光直射、曝晒、远离热源、专库储存，小批量应专垛、专柜储藏，不得与食品、有异味商品，含水量高的商品及酸碱度和氧化剂等性质不同的化学危险物品同仓混存。香水、发胶、指甲油等仓库内应无火源、电源，电气安装符合等级要求。保证库房地面、门窗、货垛、货架的卫生清洁，做到杂物的及时清理。

3）化妆品的储运养护。化妆品的储运养护需注意以下几点：

入库检验。外包装应标识商品名称、生产厂名及厂址，生产许可证号、装箱数量、货号、毛重，生产日期和批号，包装箱规格，防潮、小心轻放、防止倒置、易燃液体等，包装应完整牢固，不得变形破损，无水湿或其他污渍。中包装应采用瓦楞纸包装及夹档，盒装应夹档和用衬纸将商品隔开，放有使用说明书及产品合格证。内包装商标粘贴要端正、图案清晰、不褪色，无霉斑，具有产品名称、生产厂名、牌号、厂址、批号（或生产日期）、执行标准号、许可证号、容量、保质期等标志、标记。瓶装化妆品要求瓶身光滑完整，瓶内外清洁、干燥，瓶口与瓶盖配合严密，不得渗漏，香水指甲油、发胶类容器必须是封闭容器。粉类盒装化妆品要求盒盖开关灵活，粉质不外漏，粉饼安放平正，镜面清晰照人不变形，镜边无崩缺与粉盒配合稳固，粉扑与标样一致。检验不合格者不得入库，发胶、香水、指甲油不得在库房内加工整理。

堆垛。要求码垛整齐，堆垛牢固，数量准确、标志清晰，禁止倒置和侧置。玻璃瓶装、罐装堆码高度不超过 2.5 米，塑料瓶装、盒装、袋装堆码高度不超过两米，有规定高度的以规定高度为准。主通道不小于 150 厘米，支通道不小于 80 厘米，垛距不小于 10 厘米，墙距不小于 30 厘米，柱距不小于 10 厘米，灯距不小于 50 厘米，顶距不小于 50 厘米。

装卸搬运。轻搬轻放，严格按包装标志要求进行操作，严禁乱抛、乱滚、重放、重摔。香水、指甲油、发胶类化妆品搬运装卸时防止摩擦和撞击，使用不产生火花的机具。

温、湿度管理。化妆品库房的适宜温度为 5℃~30℃，相对湿度以不超过 80% 为宜。

定期检验。经常检查商品有无虫、霉、鼠及污染，检查货垛是否牢固、包装是否完整、有无潮软、破损、霉变，商标图案有无变色等。遇大风、降雨、冰雪等天气应及时检查库房门、窗、墙、顶、天沟等处有无雨雪渗入，商品有无水湿受损。高温多雨季节每月检查一次，其他季节每季度检查一次，遇到天气变化或商品出现异状，随时进行检查。

消防。香水、指甲油、发胶类化妆品存储仓库宜配备干粉、二氧化碳、抗溶泡沫灭火器。

总之，化妆品属于易变质、易损耗商品，储存期一般不宜超过一年。库房宜阴凉通风，远离热源、电源；经常检查有无破损、变质现象，及时采取补救措施。

讨论时间

作为未来化妆品营销者要了解化妆品哪些知识？

_____

_____

_____

10.5　洗涤用品

商品故事

肥皂的故事

古时候，人们在河边青石板上，将衣服折叠好，反复用木棒捶打，靠清水的力量洗去衣服上的污垢。这样洗衣服，既费力，效果又不好。后来有人发现有一种天然碱矿石，溶化在水里滑腻腻的，去油污还挺有效。皂荚树结的皂荚果，泡在水里，也可以用来洗衣服。同样也能洗掉油污。

肥皂是最古老的洗涤用品，传说最早起源于埃及。一名厨师不小心弄洒了油，为了不被人发现自己的过错，忙用草木灰进行覆盖，他用手将沾有油脂的草木灰拿到外边去扔掉，回来用清水洗手，发现洗得特别干净，于是大家纷纷尝试用炭灰搓手清洗，同样收到了良好的效果。这个厨师也因为发明了好的洗手方法而免却了处罚并得到了奖励。

肥皂的使用迄今约有 4000 年的历史，而真正普遍使用肥皂是在 18 世纪和 19 世纪。1850 年制皂油脂由单一的油脂开始变为添加松香。19 世纪末开始使用氢化油。20 世纪中期合成化学与石油化工的发展，为洗涤剂提供了廉价的化工原料，促使了洗涤剂的兴起，肥皂工业的发展发生变化，产量明显下降。进入 21 世纪后，洗涤剂对环境的污染问题凸显，而肥皂的各种组成成分却极易生物降解且易被污水处理过程中的微生物分解，制皂所用的油脂也属于天然的可再生的资源，生产工艺对环境的污染甚微。

资料来源：http://gamerod100.myweb.hinet.net/about-me.htm.

思考： 具有去污能力的物质是什么？

10.5.1　洗涤用品基础知识

人们从远古时代就开始了对洗涤剂的研究，人类把皂角、菩提子等天然植物用于洗涤，草木灰更是从古代到近代都被用来洗衣物。中国早期用的洗涤产品只有肥皂一种，自 1960 年后才开始工业化生产合成洗涤剂，目前除保持供应肥皂的需求外，合成洗涤剂得到了高速发展。

肥皂采用天然油脂加碱皂化，使用后排放到环境当中，具有生物降解性；肥皂呈碱性对人体皮肤有一定的损伤，但可以通过选用富脂皂或油脂类护肤品进行皮肤改善；肥皂洗涤的衣服容易发硬、泛黄；肥皂对洗涤用水有一定的要求，适合在软水中使用，在硬水中使用肥皂会出现越洗越脏的现象。

合成洗涤剂以表面活性剂为主要成分，去污力强，适合各种水质，但生物降解性低，不易漂洗；合成洗涤剂洗涤的衣服柔软，富有光彩；合成洗涤剂的成分具有一定的低毒性，如果用量过大、漂洗不净，或皮肤存在伤口，会对人体造成一定的伤害。

（1）污垢。污垢是指吸附于基质表面和内部，不受欢迎，可改变表面外观及质感特性的物质。

污垢可分为液体污垢与固体污垢两类。液体污垢主要是植物油脂、脂肪酸、脂肪、烃类矿物油以及化妆品的液体残留物、人体排泄的皮脂、食品色素等。固体污垢主要是尘土、烟灰微粒与有机质、铁锈类的金属氧化物以及人体排泄的上皮细胞碎片及盐类等。日常生活中常见的污垢往往是上述两类的混合物。

污垢与基质的结合主要表现为机械力结合、静电力结合、化学力结合和油性结合四种。

1）机械力结合。机械力结合主要表现为固体尘埃的黏附现象。衣料纺织的粗细程度，纹路及纤维特性不同，结合力有所不同。在洗涤时根据搅动和振动等不同的机械力作用，污垢的脱落程度不同。机械力是较弱的结合力，以此种力结合的污垢比较容易祛除。但当污垢小于 0.1 微米时很难祛除。

2）静电结合力。纤维素纤维和蛋白质纤维在中性或碱性溶液中带负电（静电），有些固体粒子在一定的条件下带正电，如碳黑、氧化铁之类的污垢，带负电的纤维对这些带正电粒子污垢表现出很强的静电引力，另外，水中的 Ca^{2+}、Mg^{2+}、Fe^{3+}、Al^{3+} 等多价金属粒子在带负电的纤维和带正电的污垢之间，可以形成所谓多价的阳离子桥，有时，多价阳离子桥可能成为纤维上附着污垢的主要原因。静电结合力比机械结合力强，一般洗涤很难祛除此类污垢。

3）化学结合力。极性固体污垢（黏土）、脂肪、蛋白质等与纤维素的羟基之间通过形成氢键和粒子键而附着在织物上，需要特殊的化学处理使之分解、祛除。洗涤剂新配方研究及新型洗衣机设计的目的是减弱织物和污垢的结合力，从而达到更好的清洁效果。

4）油性结合。塑料制品上的油性污垢具有把固体污垢和塑料本身黏附在一起的作用，这种黏附作用可以认为是油性结合，是一种重要的黏附形式。

（2）表面活性剂。表面活性剂是分子结构中含有亲水基和亲油基两部分的有机化合物。根据表面活性剂在水溶液中能否分解为离子，可将其分为离子表面活性剂和非离子表面活性剂两大类。

1）离子表面活性剂。离子表面活性剂分为阴离子表面活性剂、阳离子表面活性剂和两性离子表面活性剂三种。

阴离子表面活性剂。阴离子表面活性剂溶于水后生成离子，其亲水基团为带负电的原子团。

阳离子表面活性剂。阳离子表面活性剂在水溶液中电离时生成的表面活性离子带正电荷，其疏水基与阴离子表面活性剂相似，不能直接与阴离子表面活性剂配伍应用。一般阳离子表面活性剂去污力较差，通常不用阳离子表面活性剂作洗涤剂，但在特殊的清洗剂（如杀菌、消毒、洗涤剂）中，也会加入阳离子特别是季铵盐阳离子表面活性剂。阳离子表面活性剂的亲水基离子中含有氮原子，根据氮原子在分子中的位置不同分为胺盐阳离子表面活性剂、季铵盐阳离子表面活性剂和杂环类阳离子表面活性剂三类。

两性离子表面活性剂。两性离子表面活性剂是由阴、阳两种离子所组成的表面活性剂，在酸性溶液中呈阳离子表面活性，在碱性溶液中呈阴离子表面活性，在中性溶液中呈非离子表面活性。

2）非离子表面活性剂。非离子表面活性剂在水中并不离解出离子，而是以分子状态存在，比如一些山梨醇的脂肪衍生物大多制成液态洗涤剂或洗洁精；一些酰胺（主要有烷醇酰胺）制成液体合成洗涤剂，去污力强，多作泡沫稳定剂；

还有一些聚醚类，如丙二醇与环氧乙烷加成聚合而得的低泡沫洗涤剂等。

10.5.2　洗涤用品的养护

（1）合成洗涤剂。合成洗涤剂是按专门配方配制的具有去污性能的产品，其种类繁多、用途各异。合成洗涤剂主要由表面活性剂和洗涤助剂两部分构成。表面活性剂能降低水的表面张力，起到润湿、增溶、乳化、分散等作用，使污垢从被洗物表面脱离分散到水中，然后再用清水把被洗物漂洗干净。洗涤助剂是能使表面活性剂充分发挥活性作用，从而提高洗涤效果的物质。

洗涤助剂的选择、配比必须与表面活性剂的性能相适应，但助剂的变化往往能赋予洗涤剂产品特殊的性能。

三聚磷酸盐是很好的硬水软化剂，还能提高污垢悬浮的能力和洗净作用，能保持洗衣粉的干爽流动性而不易吸潮和结块。但对水质的污染已引起国际广泛重视。"无磷化"将是洗涤业的发展趋势。

硅酸钠能有效地抑制洗衣粉中磷酸盐对洗衣机金属表面的腐蚀，使溶液保持一定的 pH 值，有一定去污能力，并使粉粒保持干爽不结块。

纯碱即碳酸钠，可提高棉麻织物洗涤剂对油性污垢的去污能力。

硫酸钠主要用作填料，降低成本。

抗再沉积剂多为水溶性高分子胶体，使污垢质点不再沉积在织物上。

过氧酸盐起漂白、化学法祛除污斑作用。

荧光增白剂种类很多，起增白或增鲜艳作用。

酶制剂能使洗涤剂去污能力提高 30%~60%。

此外，还有植物柔软剂、皮肤保护剂、香料、色素等助洗剂和辅助剂。

1）合成洗涤剂的主要品种。目前，市场上销售的合成洗涤剂有合成洗衣粉、液体合成洗衣剂、浆状洗衣剂、块状洗衣剂、发用洗涤剂、餐具洗涤剂、住宅用洗涤剂等品种。

合成洗衣粉是合成洗涤剂中的主要大类，花色较多。特点是空心粉粒状，易溶解，干爽，流动性好，耐保存，不易结块。

液体合成洗涤剂是合成洗涤剂中的第二大类。其洗涤表面活性剂是阴离子和非离子型，用量在 5%~40%。棉麻类液体洗涤剂的 pH 值约为 10；通用类液体洗涤剂的 pH 值为 7~9，毛织物洗后有柔软感，合成纤维织物洗后有短期抗静电效果。

浆状洗衣粉是一种均匀而黏稠的胶体。洗涤效果与同类洗衣粉相同，由于组分中减少填充剂用量，提高含水量，因此价格便宜。

块状洗涤剂是添加了一定量松香、石蜡、滑石粉等黏合剂的块状制品，外观平滑光亮，色泽洁白或微黄，去污力强，携带方便。

发用洗涤剂主要是指洗发香波。是以能够祛除头发污垢为目的的专用洗涤剂，性质较柔和，不会过多除去发表皮脂，不刺激头皮。

餐具洗涤剂指专门用于洗涤碗碟和水果蔬菜的合成洗涤剂，属轻役型。其一般为液体洗涤剂，碱性小，泡沫多，使用方便，各种成分的无毒安全性均符合国家食品卫生法及有关卫生法规的规定。

住宅用洗涤剂指专门用来清洁门窗、瓷砖、浴盆、家具等硬表面污垢的洗涤剂，如厨房浴室清洁剂等。这种洗涤剂的表面活性剂含量不高，一般加入相当量的有机溶剂，属于碱性洗涤剂。有液状和粉粒状。

2) 合成洗涤剂的质量要求。合成洗涤剂内在质量决定其综合性能好坏，衡量的指标主要有：活性物含量和不皂化物含量、沉淀杂质含量、pH 值、磷酸盐含量、泡沫力、去污力、生物降解率、抗再沉淀性能等。

活性物是合成洗涤剂的主要成分，是确定洗涤剂使用类型的一种尺度。不皂化物含量亦即中性油含量，它的含量高低直接影响洗衣粉的洗涤效能。活性物含量应与要求一致，误差不大于 1%，不皂化物含量不大于活性物的 2%~3%，总体含量则因不同品种而有所不同。

沉淀杂质含量指洗衣粉中不溶于水的杂质含量。通常含量不大于 0.1%。用水洗、过滤、烘干、称重进行测定。

pH 值表示溶液的酸、碱度。pH 值的大小直接影响其用途。一般轻役型洗涤剂的 pH 值应接近中性。重役型洗涤剂的 pH 值可达 9~10.5。

磷酸盐是洗涤剂的重要助洗剂，它的含量用五氧化二磷的百分含量表示。可用光电比色计进行快速比色测定。

泡沫力的多少虽然与洗涤剂的去污力没有直接关系，但习惯上仍作为洗衣粉的一项性能指标。泡沫性用生成泡沫的体积表示发泡性能，用五秒后泡沫消失的程度表示泡沫的稳定性。

去污力的大小是衡量洗涤剂实际性能的一项重要指标。

生物降解率指洗涤剂活性物在一定条件下，被微生物分解的程度。生物降解率以活性物在 7~8 天后被微生物分解的百分率表示。分解率在 90% 以上者为较软洗涤剂，以下为硬性洗涤剂。

抗再沉淀性能是洗涤剂防止污垢重新沉淀在织物上的一项特性。这与洗涤剂活性物分散力及悬浮性有关。抗再沉淀性较差的洗涤剂，白布洗涤后的白度就差。

（2）肥皂。肥皂是高级脂肪酸的钠、钾盐，具有良好的去污力，是人们日用生活的必需品。

肥皂是由动植物油脂、合成脂肪酸、氢氧化钠和其他辅助材料配制而成的。主要成分是脂肪酸和碱。油脂间发生皂化反应，油脂先水解生成脂肪酸，碱立即与酸作用，生成脂肪酸盐，即肥皂。

肥皂分子由两个不同的部分即憎水基和亲水基组成。这种结构决定了肥皂分子本身具有两性（亲水性和憎水性），它使肥皂具有如下的性质：

起泡性。由于分子对空气的吸附作用，混入皂液的空气被肥皂分子包围，使皂液产生大量的泡沫，液体表面迅速扩大，污垢被吸附在泡沫表面而脱离织物被带走。因此，起泡性对肥皂的去污性能起到一定的帮助作用。

吸附性。肥皂液能吸附于固体物质表面并浸润入固体物孔隙之间，破坏固体物质如灰尘等分子的吸附力，使之变为能悬浮于水的细小微粒，通过肥皂分子憎水基的作用，经振荡搓洗，污垢就会脱离织物。吸附性是肥皂能洗去憎水性灰尘的主要原因。

乳化性。肥皂分子对憎水液体微珠（如油污）吸附的结果，能使水与不溶于水的液体混合成乳浊液，这种性质称为"乳化性"。乳化性是肥皂洗去油污的主要原因。

表面活性。由于肥皂分子吸附的作用，使皂液的表面张力比纯水降低约一半，增加了皂液的浸润性，这种性质称为"皂液的表面活性"，它使得皂液能很容易浸润并渗透到污垢内部，破坏污垢与织物的结合力，从而达到洗涤的目的。

皂液表面张力低、浸润性好，因此，它很容易浸润到污垢与织物之间以及污垢的缝隙中，使污垢软化、松动，在揉搓等机械力作用下，被粉碎成小颗粒。由于肥皂具有两性结构，使这些憎水性的小颗粒被乳化和吸附在水中，通过清水漂洗，就能达到去垢的目的。

1）肥皂的分类及主要品种。肥皂的种类很多，用途各不相同，按其成分和性质不同，可分为碱金属皂和金属皂两大类。这两类肥皂的性质完全不同。碱金属皂能溶于水，一般是做洗衣用皂和卫生用皂，分钠皂和钾皂两种；金属皂不溶于水，没有洗涤作用，只能做工业用皂。

肥皂常见的品种有洗衣皂、香皂、药皂、过脂皂、浴皂、儿童香皂等。

洗衣皂（统称肥皂）是指用于洗涤衣物的块状肥皂。洗衣皂的形状一般为长方形，淡黄色，无油腥臭味，重量一般为 200~333 克，其中，300 克最为普遍。洗衣皂的规格按总脂物含量不同，通常分为 42 型、47 型、53 型、60 型四个型号。

香皂成分比洗衣皂纯净，总脂物含量高，一律为 80 型。其特点是组织细腻、紧密、泡沫丰富，去污力强，游离碱少。按加工时加入的香料不同，还有高、中、低档之分。香皂按香型不同，划分为檀香型、茉莉型、玫瑰型、桂花型、百合型、兰花型、葛兰型、水果香型和力士型等。

药皂是在香皂中加入药物经过碾压制作成型的，主要有苯酸药皂、硫磺药皂等。

过脂皂也叫润肤皂、护肤皂，除含有一般香皂成分外，还含有羊毛脂等过脂剂。

浴皂同香皂一样，成分较洗衣皂纯净，专供洗浴之用，有保护皮肤的作用。

儿童香皂的主要成分是皂片，不加入任何填充材料，含游离碱较少，还含有少量羊毛脂以及儿童喜爱的香料。其特点是性能温和，对皮肤无刺激，适合儿童使用。

2）洗衣皂的组分。洗衣皂的主要成分是脂肪酸钠，根据洗衣皂的国家标准（GB811-87），洗衣皂归纳为 A 型和 B 型两种。

A 型干皂脂肪酸含量大于 43%；B 型干皂脂肪酸含量大于 54%，高级洗衣皂中脂肪酸含量也可达到 70% 以上。除脂肪酸盐外，为了改进肥皂的性能，提高去污能力，调整肥皂中脂肪酸的含量，降低肥皂的成本，使织物留香，在肥皂配制时还需要加入一定的填料和香精等组分。

水玻璃又称为泡花碱，是洗衣皂中添加的填料之一，其组成为 Na_2O 和 SiO_2，二者之比为 1∶2.44。它既可以在洗涤过程中对污垢起到分散和乳化作用，又能使肥皂光滑细腻，硬度适中。但是水玻璃添加过多会使肥皂收缩变形、冒霜。据国外资料介绍，如果将碱性的水玻璃先用等当量的脂肪酸中和，形成肥皂与硅酸的胶体，经研磨分散后再加入到肥皂中，可制成 SiO_2 含量高，质地坚硬、泡沫丰富的肥皂。

钛白粉即二氧化钛，可以增加肥皂的白度，改善真空压条皂发暗的现象，为肥皂增加光泽。同时还能降低肥皂的成本，一般添加量为0.1%~0.2%。

碳酸钠的加入可以提高肥皂的硬度，而它本身是碱性盐，也可以中和部分未皂化完的游离酸，一般添加量为0.5%~3.0%，应将它与泡花碱溶液混匀后一起加入。

荧光增白剂也是肥皂增白的染料之一，加入量很少，一般为0.03%~0.2%；色素的加入主要是掩盖原料的不洁感。色素以黄色为主，有酸性金黄G（酸性皂黄），也有加蓝色群青的肥皂。

钙皂分散剂。为了防止肥皂在硬水中与Ca^{2+}、Mg^{2+}生成不溶于水的皂垢，降低表面活性，也为了减少皂垢凝聚使织物泛黄发硬，失去光泽和美感，在肥皂中需添加钙皂分散剂。钙皂分散剂也是一种表面活性剂，这些表面活性剂分子中都有较大的极性基团，并能与肥皂形成混合胶束，从而防止了肥皂遇Ca^{2+}、Mg^{2+}后，形成疏水性的脂肪酸钙胶束，形成皂垢。常用的钙皂分散剂有：椰子油酰单乙醇胺、烷基酰胺、聚氧乙烯醚硫酸盐、牛油甲酯磺酸钠等表面活性剂，对钙皂都有分散作用。

香精。普通的洗衣皂加香只是为了遮掩原料不受欢迎的气味，一般可加入低档的芳香油及香料厂的副产品，如紫罗兰酮脚子等；高级洗衣皂则要求洗后有一定的留香时间，因此需加入质量较好的、气味浓郁的香精，如香茅油之类的香精，用量一般为0.3%~0.5%。

3）香皂的组分。人们对香皂性能、外观等要求随着生活水平的提高不断增高，香皂中除了含有脂肪酸盐外，还添加了诸如填料、香料、多脂剂等添加剂，以改善香皂的性能，满足消费者需要。

填料。填料是为了改善香皂的透明度、掩盖原料的颜色所加入的添加剂，对香皂产品的质量影响较大。常有的填料有：①钛白粉与荧光增白剂。与肥皂一样，钛白粉的主要作用是增加香皂白色，降低透明度，特别是使用在白色香皂中，也有的配方中以氧化锌代替钛白粉，但氧化锌的效果略差一些，一般加入量为0.025%~0.20%。荧光增白剂可吸收日光中紫外光，与黄光互补，使香皂皂体具有增白效果，通常加入量不超过0.20%。②染料与颜料。香皂赏心悦目的色彩是受到人们喜爱的主要原因之一。着色剂的加入可以调整香皂的色彩。通常用染料为香皂整体着色，用颜料为皂体局部着色。常用的有：皂黄、曙色红、锡利翠蓝等染料、酞菁系颜料和它们的配色色料。对这些着色剂的要求是：不与碱反应、耐光、水溶性好，色泽艳丽。

多脂剂。香皂中皂基的碱含量较高，对皮肤有脱脂性，刺激性较大，为了减少这些副作用，加入多脂剂可以中和香皂的碱性，洗后留在皮肤表层，使皮肤滋润光滑。常用的多脂剂有：硬脂酸、椰子油酸、磷脂、羊毛脂、石蜡等，可单独使用，也可混合使用，加入量一般为 1.0%~5.0%。

杀菌剂。为了杀死在皮肤表面聚集的细菌，消毒表皮，需在香皂中加入杀菌剂。常用的有：秋兰姆、过碳酸钠，加入量为 0.5%~1.0%。目前也可选择杀菌祛臭的中草药代替杀菌剂。

香精。香精既可以掩盖皂基原料的气味，又可以使香皂散发清新怡人的香味，受到人们的欢迎。香皂根据不同的使用对象采用不同类型的香精，常用的香型有：花香型、果香型、清香型、檀香型、力士型等，加入量为 1.0%~2.5%。但需注意香皂配方中应选择留香时间长，耐碱、遇光不变色、与香皂颜色一致的香精。

抗氧剂。为了阻止香皂原料中含有的不饱和脂肪酸被氧、光、微生物等氧化，产生酸败等现象，需加入一定量的抗氧化剂。一般要求抗氧剂应溶解性较好，对皮肤无刺激，不夹杂其他气味等。常用的抗氧剂有：泡花碱，用量为 1.0%~1.5%；2，6-二叔丁基对甲基酚，用量为 0.05%~0.1%。

螯合剂。为了阻止香皂皂基中带入的微量金属，如铜、铁等对皂体的自动催化氧化作用，常加入金属螯合剂、EDTA（乙二胺四乙酸二钠），一般添加量为 0.1%~0.2%。

4）肥皂的质量劣变。检验合格的肥皂，储运中如果养护不当，也会出现一些质量劣变。

冒霜。肥皂表面形成白色霜状物质的现象，称为冒霜。检验合格、无质量问题的肥皂在储运中会因为存储环境湿度过高而引起"无机霜"。

干裂。肥皂放置过程中出现表面龟裂的现象称为干裂。检验合格、无质量问题的肥皂会因为储运中环境过于干燥引起开裂。

糊烂。肥皂遇水后易膨胀、松散、使肥皂耐用性降低的现象称为糊烂。检验合格、无质量问题的肥皂会因储运和使用中长期浸泡于水中或环境湿度过大而引起糊烂。

变形。堆码高度不合理，容易造成肥皂的变形。

如果储运过程中环境温、湿度，分类堆码，苫垫控制合理，仍出现了冒霜、糊烂、开裂、酸败、斑点、粗糙等质量变化，可认为是厂家商品不合格。

5）肥皂的质量指标。肥皂的质量指标包含了感官要求和理化指标。

感官要求主要有外观、形状、色泽、气味四个方面。外观要求形状端正，表面字迹清楚。皂类商品应硬度适中、不发黏、不分离、不开裂；香皂应干硬、细腻均匀、无裂纹、无气泡、无斑点、无剥离。色泽上洗衣皂应颜色均匀洁净，香皂色泽均匀而相对稳定。无显著斑点和冒霜现象。形状上洗衣皂形状端正、收缩均匀，不得有歪斜、变形、缺边、缺角等现象；香皂可以压成各种形状，同样不得有歪斜、缺裂或字迹模糊等现象。气味上洗衣皂无不良气味，而香皂应具有各种天然或合成香料配成的一定类型的持久香味，不能有脂酸味及其他恶臭味。

根据 QB/T2486-2008，洗衣皂的理化指标以包装上标明的净含量计，应符合表 10-15 的规定。

表 10-15　洗衣皂的理化性能指标

项目名称		指标	
		Ⅰ 型	Ⅱ 型
干钠皂	/%	≥54	43~54
氯化物含量（以 NaCl 计）	/% ≤	1.0	
游离苛性碱含量（以 NaOH 计）	/% ≤	0.3	
乙醇不溶物	/% ≤	15	—
发泡力（5 分钟）	/毫升 ≥	400	300
总五氧化二磷①	/% ≤	1.1	
透明度②（6.50±0.15 毫米）切片	/% ≥	25	

①仅对标注无磷产品要求。
②仅对 QB/T2486 标准规定的透明型产品。

根据 QB/T2485-2008，香皂的理化指标以包装上标明的净含量计，应符合表 10-16 的规定。

（3）洗涤用品的储运养护。肥皂是一种难以保管的商品，它的成分很不稳定，容易受气候及环境的影响而引起质量的变化：①肥皂是容易吸潮的产品，受潮后会出现冒汗现象、部分糊烂，甚至引起酸败。②肥皂在高温和阳光的照射作用下，会产生皂体变软和酸败现象。③肥皂在-5℃下，易冻结并使皂体出现裂纹

表 10–16　香皂的理化性能指标

项目名称		指标	
		皂基型 I	复合型 II
干钠皂	/% ≥	83	—
总有效物含量	/% ≥	—	53
水分或挥发物（103±2℃）	/% ≤	15	30
总游离碱（以 NaOH 计）	/% ≤	0.1	0.3
游离苛性碱（以 NaOH 计）	/% ≤	0.1	
总五氧化二磷①	/% ≤	1.1	
透明度②（6.50±0.15 毫米）切片	/% ≥	25	
氯化钠（以 NaCl 计）	/毫升 ≤	1.0	

①仅对标注无磷产品要求。
②仅对 QB/T2485 标准规定的透明型产品。

或破裂，使用时会掉渣。肥皂受压过大，容易变形，甚至成为废品而不能销售。④肥皂容易重压变形，为防止压坏底层纸箱，严格控制堆码高度。⑤香皂香气容易挥发。

综上所述，肥皂在储运养护中要做到以下几点：

1）包装。洗衣皂一般仅用外包装。常用木箱或纸箱以防肥皂受压，通常用木箱运销外地，用纸箱运销本地。

香皂的包装分为内包装和外包装。为防止受潮、香气挥发及外形受损，内包装一般用蜡纸和外包纸两层包装，较高级的香皂常用蜡纸、白报纸和外包纸三层包装。为了便于销售，还采用中包装，每 10~20 块包成一包或装入一纸盒中，然后装入外包装。香皂外包装多用纸箱。

2）防护要点。肥皂应储存于干燥通风的仓库内，避免受冻、受热、曝晒，堆放应垫离地面 20 厘米以上，以免受潮，纸箱堆垛最高不超过 15 箱，防止压坏底层纸箱，每垛间隔 20 厘米左右。肥皂运输时，必须轻装轻卸，有遮盖物，并防止受潮、受冻、曝晒。

讨论时间

具有去污能力的物质是什么？

_____

_____

_____

能力训练

实训：服装的采购、仓储、运输、销售管理

一、实训内容

项目名称	服装的采购、仓储、运输、销售所需商品基础知识文案与 PPT 展示
时间	60 分钟
场景	某高档小区服装专卖店夏季服装选择、储运、销售
商品	服装商品
目的与目标	1. 能够分析出服装商品的商品体，能够认识到商品体是商品使用价值的自然属性；能够结合消费者需求提出为此商品提供有形附加物和无形附加物，赋予商品使用价值更多的社会属性；明确卖点是商品使用价值与消费者的契合点，养护的要点是卖点的保护 2. 学会商品资料搜集的方向、方法，学会资料整合的方法与思路 3. 能够结合全面质量管理内容，做好服装商品质量检验与认证、服装商品储运养护等相关资料的收集、分析与整理
要求	1. 组织结构要求 小组划分：每组 5 人 小组组织结构：组长 1 人 　　　　　　　组员 4 人 采购员需重点掌握的商品知识： 商品分类、商品质量、商品检验、商品标准、商品属性与顾客需求 仓储人员需重点掌握的商品知识： 商品储运特性与环境因素控制、商品检验、商品质量、商品包装 运输人员需重点掌握的商品知识： 商品储运特性与环境因素控制、商品包装 销售人员需重点掌握的商品知识： 商品属性与顾客需求；商品质量的基本要求 2. 文案撰写思路 　（1）明确商品集合、建立商品目录 　（2）商品质量高低分析。商品质量高低分析的内容： 　1）商品的构成分析。商品的构成分析如下： 　商品体描述：从服装的款式、颜色、纤维成分含量等方面围绕服装商品质量的基本要求进行描述；总结消费者对商品体方面的需求 　有形附加物描述：能结合实物和理论明确此商品的有形附加物包含的内容 　无形附加物描述：能结合理论和小组门店实际情况明确提供的商品无形附加物有哪些

项目名称	服装的采购、仓储、运输、销售所需商品基础知识文案与 PPT 展示
要求	2) 商品的使用价值与卖点分析。商品的使用价值与卖点分析如下： 　　商品的使用价值：能结合以上三方面的分析描述，结合对使用价值的理解，通过对市场细分知识和商品分类知识的学习，明确模拟门店商品使用价值 　　卖点与养护要点：能够结合消费者需求，明确商品使用价值大小（商品属性与消费者需求的契合）即商品的卖点，也是流通过程中采购、储运养护、销售的要点 　　3) 商品质量基本要求满足情况分析。服装商品质量的基本要求主要体现在舒适性、安全卫生性、耐用性、方便性、经济性、美观性六个方面，在采购、运输、仓储环节要保证这六个方面不损失、不降低、不改变 　　销售环节服装商品质量的基本要求要想很好地展现给消费者，必须要加上服务，所以服务商品质量的基本要求也要体现在文案里面 　　(3) 商品质量检验与监督。商品都要经过相关的检验，符合相关标准要求后才能投放市场，作为采购人员，企业质量管理人员，要了解该类商品的相关标准、相关商品检验的法律法规，进一步明确门店经营的商品需要供应商提供哪些检验证明，门店又要进行哪些检验，门店对消费者要提供哪些标准和检验说明，运用全面质量管理积极面对监督部门的监管。在文案内要体现门店经营商品的商品标准和商品检验的相关知识 　　(4) 商品储运特性分析。围绕商品的成分、结构分析商品的储运特性，明确包装和储运条件要求，才能做好仓储和运输工作
准备工作	1. 小组成立—组织结构明确 2. 图片、视频分享
方法	1. 网络实践 2. 撰写文案 3. 学生 PPT 讲解

二、实训步骤

第一步　资料收集

(1) 服装商品质量的基本要求。

(2) 服装商品的款式、颜色等流行元素搜集。

(3) 采购员、仓储员、运输员、销售员的工作内容、岗位职责。

第二步　资料分析

(1) 按要求和所学知识分析汇总收集资料。

(2) 撰写门店各岗位工作人员所需商品知识。

第三步　展示讲解

(1) 服装采购员采购知识文案与 PPT 展示讲解。

(2) 服装仓储员储存知识文案与 PPT 展示讲解。

(3) 服装运输员运输知识文案与 PPT 展示讲解。

(4) 服装销售员销售知识文案与 PPT 展示讲解。

三、操作要求

1. 纸张要求：学院作业纸或 A4 纸。

2. 格式要求：字迹要求工整、清晰可辨认；标题居中，正文首行缩两格；落款右对齐，表格形式，内容为小组成员+工作分工+服装商品知识

四、成绩评定

评价内容	分数	自我评价	小组互评	教师评价
PPT 设计	2			
文案资料分析	4			
文案格式	2			
语言表达	2			
合计	10			

本章小结

高分子材料构成的常见商品主要有塑料制品、橡胶制品、纸张及其制品、皮革制品、粘合剂、纺织品等。

塑料制品是以合成树脂为主要原料制成的日用工业品。按塑料的用途分为通用塑料、工程塑料、特种塑料；按塑料的受热特性分为热塑性塑料、热固性塑料。常见的热塑性塑料主要有聚对苯二甲酸乙二醇酯、聚乙烯、聚氯乙烯塑料、聚丙烯塑料、聚苯乙烯塑料、聚碳酸酯塑料、有机玻璃及其制品；常见的热固性塑料主要有酚醛塑料、脲醛塑料、密胺塑料。常见的泡沫塑料主要有聚氨酯泡沫塑料、聚氯乙烯泡沫塑料、聚乙烯泡沫塑料、聚苯乙烯泡沫塑料。

塑料制品的主要成分是合成树脂和各种助剂，具有质量轻、耐磨耗性和透明性良好、绝缘性能好、导热性低、加工成本低、成型性和着色性好、化学稳定性好、性能可调节等优点，但其耐温性不好、易老化、易碎、易变形。

纺织纤维主要分为天然纤维和化学纤维。天然纤维常见的有羊毛纤维、蚕丝纤维、棉纤维、麻纤维。化学纤维常见的有锦纶、涤纶、腈纶等合成纤维和黏胶、铜氨、醋酯等人造纤维。纤维的成分、结构决定了纤维的吸湿性、染色性、耐热性、耐光性、耐生物性、挺括性、耐磨性等性质。

纱线包括了纱、线和长丝等。纱线的结构、性能将直接影响织物的轻重、牢

固度、耐磨性、质地、导热性与保暖性以及织物表面的光滑粗糙程度。纱线按组成原料可分为纯纺纱和混纺纱；长丝纱线和短纤维纱线。纱线按纺纱工艺可分为棉纱线、毛纱线。纱线按结构组成不同分为单纱、股线与缆线。

常见的织品有棉织品、毛织品、丝织品、麻织品、针织品。描述织物基本性能的指标主要有拉伸断裂性能、撕裂性能、耐磨性能、刚柔性、透气性和透湿性、抗起球性、尺寸稳定性、染色牢度、保温性。织物的量度指标有长度、宽度、厚度、重量、体积。

纺织材料常见的基本指标有吸湿指标、线密度指标、纱线的捻度、纱线的毛羽、织物的密度、织物的紧度等。

服装商品的质量要求主要有舒适性、耐用性、卫生安全性、方便性、美观性、经济性。

服装标志主要有商标及纸吊牌、纤维成分标志、规格标志、洗涤熨烫标志、安全卫生标志、质量认证标志。

消费者选购服装，除了对服装的材质、款式风格以及服装色彩进行选择外，还应查看服装商品的相关标志，从外观上看，产品面料应无明显织疵和色差；外观整洁、平服，无加工痕迹残留；各部位熨烫平整，无漏烫和死褶；规格尺寸与产品说明相一致，误差在标准允许的公差范围内。

要从服装的洗涤、熨烫和存放储运三个方面做好服装商品的保养工作。储运养护要做到：①储存室内的温、湿度应适当，温度、湿度宜低不宜高，但过低环境条件也不允许，温度最好控制在20℃，相对湿度以55%~65%为宜。没有温控和湿控的条件下，尽量要保持通风和干燥。②为使纺织品与地面隔离，防止地面潮气上升，损害物资，可使垛底架空，这样也有利于通风、散热、散湿。高度一般为15~50厘米。因地区、气候、库房条件而异。③库房要防火，防止化学药品和附近的气体侵害，同时要防风吹、日晒、雨淋等自然条件的侵害。④库房内要有合理的通道，既有利通风，也有利进出货物。⑤运输要确保安全。运输装载时要将包装件平面堆码整齐，不准侧码和立码。运输时，必须有防雨雪、防日晒设备。装货时要有防止叉车叉破包装的措施。防止野蛮装卸。

皮鞋是采用皮革和人造材料等作为帮面制作的鞋类，由鞋帮和鞋底两部分组成。

天然皮革是鞋面用革的优选原料：牛皮特点为毛孔细圆均匀、表面细致，手感硬而有弹性、易变形。羊皮革皮身薄、强度低、没有牛皮结实，山羊皮革毛孔清晰呈扁平圆形，绵羊革粒面毛孔细小呈扁圆形，排列得像鳞片或锯齿形状。猪皮光面鞋外观效应不好，毛孔在粒面上三根一组排列，构成三角形的图案。

非天然皮革的代用料主要有 PU、PVC、布料、弹力橡胶等，其穿着舒适性不及天然皮革。

常用的内里料有羊皮、猪皮、PVC、PU 等，其中羊皮在里料中价格较高。

鞋底由大底（外底）、膛底（内底）、沿条、鞋跟、垫心以及勾心组成。

皮鞋应妥善存放，对库房的要求是阴凉、干燥和密封。库内温度以不超过30℃为宜，相对湿度宜保持为 50%~80%。为了防止发霉，可在皮鞋表面喷刷防霉剂，为防止生虫应加放樟脑球等。

洗涤用品主要是用来去除附着在基质表面的污垢。污垢与基质的结合力主要有机械结合力、静电结合力、化学结合力、油性结合力。化学结合力最强、机械结合力最弱。

合成洗涤剂是以表面活性剂为主要成分并添加多种助洗剂的多成分混合物。目前，市场上销售的合成洗涤剂有合成洗衣粉、液体合成洗衣剂、浆状洗衣剂、块状洗衣剂、发用洗涤剂、餐具洗涤剂、住宅用洗涤剂等品种。

合成洗涤剂以表面活性剂为主要成分，去污力强，适合各种水质，但生物降解性低，不易漂洗；合成洗涤剂洗涤的衣服柔软，富有光泽；合成洗涤剂的成分具有一定的低毒性，如果用量过大、漂洗不净，或皮肤存在伤口，会对人体造成一定的伤害。

肥皂是高级脂肪酸的钠盐或钾盐，是由动植物油脂、合成脂肪酸、氢氧化钠和其他辅助材料配制而成的。目前市场上销售的肥皂主要有洗衣皂（肥皂）和香皂、药皂、儿童香皂、浴皂、过脂皂等品种。

肥皂采用天然油脂加碱皂化，使用后排放到环境当中，具有生物降解性；肥皂呈碱性对人体皮肤有一定的损伤，但可以通过选用富脂皂或油脂类护肤品进行皮肤改善；肥皂洗涤的衣服容易发硬、泛黄；肥皂对洗涤用水有一定的要求，适合在软水中使用，在硬水中使用肥皂会出现越洗越脏的现象。

肥皂是一种难以保管的商品，它的成分很不稳定，容易受气候及环境的影响而引起质量的变化：①肥皂是容易吸潮的产品，受潮后会出现冒汗现象、部分糊烂，甚至引起酸败。②肥皂在高温和阳光的照射作用下，会产生皂体变软和酸败现象。③肥皂在-5℃下，易冻结并使皂体出现裂纹或破裂，使用时会掉渣。肥皂受压过大，容易变形，甚至成为废品而不能销售。④肥皂容易重压变形，为防止压坏底层纸箱，要严格控制堆码高度。⑤香皂香气容易挥发。

化妆品是一种修饰人们的外貌、增加容貌美观或具有芳香气味的日用品。化妆品能清洁、呵护、营养、美化皮肤。根据化妆品原材料的性能和用途，可以将用料分为基质原料和辅助原料。基质原料主要有油性原料（油脂、蜡类、高碳烃、合成油脂）、固体粉末（滑石粉、高岭土、膨润土、钛白粉、碳酸钙、碳酸镁、辛白粉、硅藻土、硬脂酸锌、硬脂酸镁、聚乙烯粉、纤维素微珠、聚苯乙烯粉）、溶剂（水、醇类、酮类、醚类酯类、芳香族溶剂）；辅助原料主要有香料、色素、乳化剂、胶质原料、抗氧化剂、防腐剂等。

化妆品质量要符合卫生标准要求和感官要求，方能进入流通领域。化妆品选用要考虑人体皮肤，使用时要做好危害防控。化妆品属于易变质、易损耗商品，储存期一般不宜超过一年。库房宜阴凉通风，相对湿度以不超过80%为宜，适宜温度为 5℃~30℃。搬运中必须轻装轻卸，堆码不宜过高，切勿倒置，远离热源、电源；经常检查有无破损、变质现象，及时采取补救措施。

知识测试

一、填空题

1. 化妆品库房宜阴凉通风，相对湿度以不超过 (   ) 为宜，适宜温度为 (   )。

2. 皮鞋是采用皮革和人造材料等作为帮面制作的鞋类，由 (   ) 和 (   ) 两部分组成。

3. 塑料制品是以 (   ) 为主要原料制成的日用工业品。

4. 纺织纤维主要分为 (   ) 和 (   )。

5. 按穿用对象可分为 (   )、(   ) 和童鞋。童鞋又分为 (   )、中童、(   )。

二、判断题

1. 正常成熟的棉纤维纵向具有天然转曲，呈扁平带状，截面腰圆形，无中腔。(   )

2. 粘胶、涤纶、腈纶和锦纶都是合成纤维。（　　）

3. 通用塑料主要品种有：聚乙烯、聚氯乙烯、聚丙烯、聚苯乙烯、酚醛和聚碳酸酯等。（　　）

4. 棉织品的纤维成分为100%棉。（　　）

5. 皮鞋鞋底越厚，对人体的保护能力越好。（　　）

6. 合成洗涤剂是以合成表面活性剂为主要成分，并添加其他助洗剂和辅助材料制成的洗涤用品。（　　）

7. 防晒品与雪花膏都是特殊用途化妆品，需有批准文号。（　　）

8. 描述织物基本性能的指标主要有拉伸断裂性能、撕裂性能、耐磨性能、刚柔性、透气性和透湿性、抗起球性、尺寸稳定性、染色牢度、保温性。（　　）

9. 非天然皮革的代用料主要有PU、PVC、布料、弹力橡胶等，其中PVC的穿着舒适性优于天然皮革。（　　）

10. 香水类化妆品含有乙醇。（　　）

三、选择题

1. 被誉为"纤维皇后"的是下列哪一种纤维？（　　）

A. 棉纤维　　　　B. 丝纤维　　　　C. 羊绒　　　　D. 涤纶

2. （　　）是指污垢与衣物产生化学反应造成化学键的结合。

A. 化学结合力　　B. 物理结合力　　C. 生物结合力　　D. 其他

3. （　　）是指肥皂表面冒出白霜般颗粒的现象。

A. 软烂　　　　B. 出汗　　　　C. 冒霜　　　　D. 开裂

4. 补充皮肤及毛发营养，增加组织活力，保持皮肤角质层的含水量，减少皮肤皱纹，减缓皮肤衰老以及促进毛发生理机能，防止脱发，属于化妆品的（　　）。

A. 清洁作用　　B. 呵护作用　　C. 营养作用　　D. 美化作用

5. （　　）皮革的毛孔特征呈三角形状。

A. 猪皮　　　　B. 山羊皮　　　　C. 牛皮　　　　D. 蛇皮

6. 成型后受热易变软或熔融，仍有可塑性的塑料是（　　）。

A. 热固性塑料　　B. 热塑性塑料　　C. 通用塑料　　D. 工程塑料

7. 空气中的尘埃附着在衣着，此时污垢与基质的结合力为（　　）。

A. 机械结合力　　B. 化学结合力　　C. 静电结合力　　D. 油性结合力

8. 皮鞋皮革水分过大就容易发霉，因此，存放和陈列的地方要干燥通风，远离地面和砖墙。这说明皮鞋储运要注意（　　　）。

A. 防潮　　　　　B. 防压　　　　　C. 防热　　　　　D. 防虫

9. 下列塑料属于热塑性塑料的是（　　　）。

A. 脲醛塑料　　　B. 酚醛塑料　　　C. 聚丙烯塑料　　D. 密胺塑料

10. 合成洗涤剂的主要成分是（　　　）。

A. 羟甲基纤维素钠　　　　　　　B. 水玻璃

C. 表面活性剂　　　　　　　　　D. 4A 分子筛

四、多项选择题

1. 塑料制品中主要的助剂有以下中的（　　　）。

A. 增塑剂　　　　B. 稳定剂　　　　C. 着色剂　　　　D. 润滑剂

E. 抗静电剂

2. 塑料按受热后的性能表现划分为（　　　）。

A. 热固性塑料　　B. 工程塑料　　　C. 易燃性塑料　　D. 热塑性塑料

E. 通用塑料

3. 表面活性剂的作用有（　　　）。

A. 泡沫作用　　　B. 增溶作用　　　C. 润湿渗透作用　D. 分散作用

E. 乳化作用

4. 污垢黏附的情况是很复杂的，按其结合力来说，分为（　　　）。

A. 化学结合力　　B. 机械结合力　　C. 静电结合力　　D. 油性结合力

5. 下列纤维属于再生纤维的是（　　　）。

A. 粘胶纤维　　　B. 醋酯纤维　　　C. 聚酯纤维　　　D. 铜氨纤维

E. 聚酰胺纤维

6. 检验合格质量良好的肥皂，如储运环境控制不合理，容易发生的质量劣变有（　　　）。

A. 冒霜　　　　　B. 变形　　　　　C. 开裂　　　　　D. 糊烂　　　E. 酸败

7. 属于服装商品舒适性要求的是（　　　）。

A. 合体舒适性　　B. 触感舒适性　　C. 安全卫生性　　D. 微气候舒适性

E. 经济性

8. 符合服装商品的质量特性描述的有（　　　）。

A. 怕酸碱　　　　B. 易玷污　　　　C. 易吸潮　　　　D. 易虫蛀霉变

E. 易老化

9. 下列质量指标属于定长制的是（　　）。

A. 号数（特克斯）　B. 公制支数　　　C. 纤度(旦尼尔)　D. 英制支数

E. 品质支数

10. 表面活性剂的基本结构包含（　　）。

A. 亲水基　　　　B. 亲油基　　　　C. 憎水基　　　　D. 憎油基

E. 羟基

五、概念题

1. 化妆品

2. PU

3. PVC

4. 污垢

5. 公制支数

6. 纤度

7. 英制支数

六、简答题

1. 服装商品的质量特性与储运养护。

2. 化妆品的储运养护。

3. 塑料制品的储运养护。

4. 肥皂的储运养护。

5. 肥皂与合成洗涤剂的优缺点比较。

6. 肥皂的质量要求与质量变化。

7. 化妆品的分类。

七、论述题

1. 服装商品质量的基本要求。

2. 化妆品的选用与危害防控。

参考文献

［1］苗述凤. 外贸商品学［M］. 北京：对外经济贸易大学出版社，1994.

［2］菲利普·科特勒. 营销管理［M］. 梅清豪译. 上海：上海人民出版社，2006.

［3］白世贞，郭健，姜华珺. 商品包装学［M］. 北京：中国物资出版社，2006.

［4］窦志铭. 商品学基础［M］. 北京：高等教育出版社，2014.

［5］汪永太. 商品检验与养护［M］. 大连：东北财经大学出版社，2005.

［6］塞缪尔·爱泼斯坦，兰德尔·菲茨杰拉德. 化妆品的真相［M］. 卢姝姝译. 重庆：重庆出版社：2011.

［7］叶汉英，李莹. 食品商品学实务［M］. 武汉：武汉理工大学出版社，2013.

［8］陈雁，李莉. 服装进出口贸易［M］. 上海：东华大学出版社，2008.

［9］白世贞，曲志华. 冷链食品商品学［M］. 北京：中国财富出版社，2014.

［10］汪永太. 商品学（第2版）［M］. 北京：电子工业出版社，2013.

［11］朱进忠. 实用纺织商品学［M］. 北京：中国纺织出版社，2011.

［12］戴鸿. 服装号型标准及其应用［M］. 北京：中国纺织出版社，2009.

［13］徐东云. 商品学［M］. 北京：清华大学出版社，2011.

［14］高翔，姜英杰. 食品商品学［M］. 北京：中国轻工业出版社，2014.

［15］白世贞，牟维哲. 基础商品学［M］. 北京：中国财富出版社，2014.

［16］周素萍. 商品包装与标志技术［M］. 武汉：华中科技大学出版社，

2011.

    [17] 谈留芳. 商品学 [M]. 北京：科学出版社，2004.

    [18] 王力平. 物流商品检验与养护 [M]. 北京：科学出版社，2006.

    [19] 周茂辉. 啤酒之河：五千年啤酒文化历史 [M]. 北京：中国轻工业出版社，2008.

    [20] 郑永华. 食品贮藏保鲜 [M]. 北京：中国计量出版社，2006.

    [21] 屠幼英. 茶学入门 [M]. 杭州：浙江大学出版社，2014.